나쁜 감정에 흔들릴 때 읽는 책

나쁜 감정에 흔들릴 때 읽는 책

불안, 분노, 무력감 뒤에 숨은 진짜 감정을 돌보는 심리 수업

권수영 지음

갈매나무

나쁜 감정에 대한 변론

2023년 생성형 인공지능인 '챗GPT'가 사회적으로 큰 반향을 일으켰다. 나는 챗GPT를 보자마자 오래전 내게 큰 실망감을 주었던 실험이 불현듯 떠올랐다. '대화형 인공지능 비서'가 처음 세상에 공개되었을 때다. 그 가정용 인공지능 비서는 혼자 있을 때도 마치 친구와 함께하듯 대화가 가능할 것처럼 보였다. 하지만 정작 내가 가장 실험해 보고 싶었던 한 가지는 바로 인공지능이 내 감정을 얼마나 잘 이해할 수 있을지였다. 초기 버전 인공지능은 영어로밖에 대화가 안 되었지만, 이런 질문으로 대화의 포문을 열었다.

"내가 지금 화가 많이 나 있어! 어떻게 하지?"

그러자, 대화형 인공지능은 즉시 응답했다. "화가 나셨군요. 화가 났다면 천천히 호흡을 시작해 보세요. 긴 숨을 들이마시고 천천히 내뱉으세요." 자초지종도 묻지 않고 갑자기 해결방안부터 들이대니 당황스러웠다. 나는 실험을 이어가기 위해 재차 물었다. "그래도 여전히 화가 나는데, 어떻게 하지?" 대화형 인공지능은 즉시 다음 단계의 해답을 제시했다. "그럼 눈을 감고 고요한 바다를 한번 떠올려 보세요.

그리고 과거 바다에서 즐거웠던 기억을 한번 떠올려 보세요." 아니, 이건 또 뭐지. 명상 같은 걸 시도하는 건가? 나는 약간은 짜증 난 목소리로 다시 외쳤다. "아니, 내가 화가 난다니까?"

"그럼 나도 잘 모르겠어요!I don't know about that!"

두 번 정도 대답을 해 주던 인공지능은 갑자기 대답을 회피해 버렸다. 그저 내 느낌이었는지 모르지만, 인공지능도 약간은 짜증이 났나 하는 생각이 잠깐 들었다. 하지만 그건 인공지능 비서를 과대평가한 기우였다. 재차 묻는 내 질문에 화를 낼 수 있다면 그 인공지능은 화가 났다는 내 질문에 그렇게 기계적으로 답하지도 않았을 것이다. 출시된 지 얼마 되지 않았던 인공지능 비서는 충분히 답변을 학습하지 않은 상태였던 듯하다. 이후 한국어 대화가 가능하게 출시된 버전에 같은 질문을 했더니 답변이 좀 늘어났고, 마지막 답변은 한국어 버전답게 더 예의 있게 바뀌었다. "조금만 더 검색하고 알려드릴게요."

내겐 인공지능 비서와의 첫 대화에서 느낀 실망감이 아직도 진하게 남아 있다. 인간의 뇌를 모방했다는 인공지능이 영 인간답지 않기 때문이다. 누군가 화가 난다고 하면 자초지종부터 물어야 한다. 오늘 무슨 일이 있었는지 그리고 누구를 만났는지, 오늘 경험한 일이나 오늘 만난 사람에게 어떤 기대가 있었는지, 차분히 탐색하는 것이 우선이다. 그래야 화난 마음 뒤에 숨은 진짜 기분을 찬찬히 헤아릴 수 있다.

만약 오늘 여러분이 친한 친구를 만나 반가워 말을 걸었는데 그 친구는 영 떨떠름한 표정을 지으면서 피했다고 가정해 보자. 여러분은 내내 기분이 좋지 않았고 집에 돌아와서도 불쾌한 느낌이 가시지 않았다. 그러자 여러분과의 대화를 기다리고 있는 인공지능 비서가 생각났다. 곧장 그 비서에게 오늘 화가 많이 났다고 털어놓았다고 상상해 보라. 그런데 여러분의 친절한 비서, 인공지능은 복식호흡을 추천하고, 눈을 감고 명상을 해보라고 즉답한다면 어떤 기분이 들겠는가? 여러분의 기분에는 전혀 관심을 두지 않는 그 태도 때문에 더 화가 날지도 모른다. 중요한 건 그날 친구의 행동 때문에 종일 느꼈던 여러 감정, 즉 황당함, 속상함, 그리고 창피함 등을 나눌 길이 전혀 없다는 점이다.

가만 보면, 대화형 인공지능은 빠르게 답변만 던져 주는 기계 같았다. 마치 인간의 두뇌 기능 중 자료를 축적하고 학습하여 가장 적절한 답을 찾아내는 좌뇌형 분석 기능만 살아 있는 반쪽짜리 두뇌라고 할까? 흔히 '예술가의 뇌'라고 하는 우뇌의 기능, 즉 상대방 마음을 미지의 세계를 탐험하듯 헤아려 보고 상상하는 공감 기능은 완전히 죽어 있다.

갑자기 나는 과거 실망했던 인공지능 비서보다 새로 출시된 챗GPT가 좀 더 진화된 우뇌 기능을 탑재하고 있을지 굉장히 궁금해졌다. 나는 다시 똑같은 질문을 입력했다. "내가 지금 화가 많이 나는데, 어떻게 하지?" 챗GPT는 몇 초 만에 화를 가라앉히기 위한 열 가지 전략을 제안했다. 그 답변의 속도가 놀랍기 그지없었다. 게다가 열 가지

씩이나 답변을 주다니. 첫 번째 제안은 역시 인공지능 비서처럼 '깊이 숨쉬기'였다. 다음으로는 잠시 시간을 가져 보기, 운동, 명상, 일기 쓰기 등을 차례로 소개하고 간단한 설명을 덧붙였다. 마지막 문장이 압권이었다. "중요한 것은 화가 날 때 곧바로 반응하는 것이 아니라 감정을 이해하고 조절하려는 노력을 기울이는 것입니다." 하지만 정작 챗GPT는 내 감정을 이해하려는 어떠한 노력도 기울이지 않는 듯했다. 그저 답만 주면 끝인가? 나는 짜증이 제대로 났다. '혹시나' 했는데 '역시나'였다.

사실 인공지능과 인간의 감정에 관한 논의가 뜨거웠던 적이 과거에도 한 차례 있었다. 2016년 구글이 개발한 인공지능 알파고 ^AlphaGo 와 우리나라의 바둑기사 이세돌 9단이 대국을 펼쳤을 때다. 총 5국으로 치러진 이 대국에서 이세돌은 세 번을 내리 패하다 4국에서 극적인 승리를 거두었지만, 결국 둘의 승부는 1승 4패를 한 이세돌 9단의 패배로 막을 내렸다.

이세돌 9단을 이긴 알파고를 보면서, 어떤 이들은 알파고의 불계패를 마냥 부러워하기도 했다. 어떻게 그 많은 정보를 순식간에 파악하고 처리할 수 있을까? 놀라운 점은 많은 사람이 알파고가 이세돌을 이길 수 있었던 요소 중 하나로, 전혀 감정에 휩싸이지 않는 '냉철함'을 꼽았다는 사실이다. 혹자는 어떤 감정에도 흔들리지 않는 그 멘탈이 갖고 싶을지도 모르겠다. 과연 알파고가 보여준 좌뇌의 냉철함이 그렇게까지 대단한 기능이고 부러워해야 할 요소일까?

이에 반해 언론은 이세돌이 집단 지성이 만들어낸 괴물 같은 기계와 싸우면서 부담감과 불안감, 처절한 외로움을 홀로 견디고 처리해야 하는 이중의 과제를 떠안을 수밖에 없었다고 보도했다. 심지어 불쌍한 이세돌의 대국은 처음부터 공정한 게임이 아니었다고들 했다. 여러분도 그렇게 생각하는가? 감정은 정말 합리적인 이성 활동에 방해가 되는 부분이기만 한 것일까? 이세돌의 감정은 그를 패배자로 만든 불행의 원인이기만 할까?

감정 없이는 행복도 없다

인간이 행복감을 느끼는 데 가장 결정적 역할을 하는 것은 바로 인간의 감정이다. 알파고는 이세돌의 합리적 사고를 넘어서는 어마어마한 일을 이루어 냈어도, 알파고 스스로 행복감을 느끼지는 못한다. 인간에게 승리한 알파고가 자신에게 인공지능을 만들어 준 설계자와 뜨거운 감격의 눈물을 흘릴 수 있었을까? 자신의 애환을 잘 아는 동료 슈퍼컴퓨터를 죄다 불러놓고 샴페인을 터뜨리며 감격을 누릴 수 있었을까? 정작 샴페인을 터뜨린 건 알파고 자신이 아니라 그를 만든 사람들이다. 정말로 불쌍한 건 이세돌이 아닌 알파고가 아닐까.

슈퍼컴퓨터 알파고는 이세돌의 패를 읽을 순 있어도, 인간 이세돌의 감정세계를 충분히 이해하긴 어렵다. 인공지능 비서나 생성형 인공지능도 마찬가지다. 복잡한 인간의 내면 감정을 전체적으로 파악하는 시스템 사고systemic thinking를 하지 못하기 때문이다. 수학적 계산 기능으로 상대방의 마음을 알아차릴 순 없다. 마음은 감정과 생각, 그리고 감각 등 다양한 부분이 끊임없이 상보적인 작용을 하는 역동적 시스템이다. 놀랍게도 인간에게는 이런 시스템을 상상할 수 있는 우뇌가 있다. 아쉽게도 인공지능은 아직 인간의 좌뇌 사고 기능에 편중되어 있다. 인공지능이 예술 창작활동을 전담하는 우뇌 사고 기능을 모방하는 것도 가능하다고는 하지만, 쉽지 않은 과제다. 온몸으로 느끼고 상대와 공감하지 않고서는 감동을 안겨 주는 제대로 된 예술 창작은 요원할 수밖에 없다.

알파고와는 달리, 이세돌은 여러 번의 대국을 통해 말로 다 표현할 수 없는 다양하고 복잡한 감정들을 느꼈을 것이다. 알파고가 분석적인 좌뇌만 썼다면, 이세돌은 좌뇌는 물론 느끼고 상상하는 우뇌까지 활발하게 사용할 수밖에 없었다. 결론적으로 알파고는 이세돌과 서로 지능을 겨룰 수는 있어도, 감정을 느끼고 나누기는 어렵다는 얘기다.

그렇다면 이세돌이 대국을 치르는 중에 느끼지 말았어야 할 나쁜 감정이 있었을까? 과연 부담감과 불안이란 감정이 그를 실패자로 만든 직접적 원인이었을까? 만약 부담감을 느끼지 않았으면 과연 그 긴 대국을 끝까지 마무리할 수 있었을까? 전패할지도 모른다는 불안감을 느끼지 않았다면, 꼭 한 번은 승리해야 한다는 각오를 다질 수 있었을까?

시스템을 연구하는 학자들은 시스템을 잘 표현하는 상징으로 종종 거미줄^{web} 혹은 시작과 끝을 알 수 없이 얽힌 연결망^{network}을 언급한다. 마음은 거미줄과 같은 시스템 구조다. 다양한 감정 중에 딱 하나만으로 그의 마음을 전부 판단하고 진단할 수 없는 이유다. 국민들의 엄청난 관심과 성원으로 인한 이세돌의 부담감과 불안함, 하지만 그와 동시에 더욱 많은 국민과 연결된 연대감과 기쁨, 거미줄처럼 얽힌 그의 감정세계는 그야말로 시스템 그 자체다.

알파고에게 세 번을 내리 패하고 슈퍼컴퓨터의 우승이 확정되던 날은 이세돌 9단의 결혼 10주년 날이었다고 한다. 아쉽게도 10주년 기념 파티는 열 수 없었다. 대국이 끝난 건 아니었기 때문이다. 이세돌은 아내의 손을 꼭 잡고, 대신 다음 주말로 예정된 제주도 가족여행에서 축하 케이크를 자르자고 약속했다. 그때 초인종이 울리고, 알파고의 개발자이자 구글 딥마인드 CEO 데미스 허사비스$^{Demis\ Hassabis}$의 친필 사인이 담긴 축하카드와 샴페인이 배달되었다. 뜻밖의 선물을 받고 난 그의 느낌은 어떠했을까? 잠시 뒤 호텔 방에 한 방문객이 찾아왔다. 이세돌 9단의 친누나 이세나였다. 그는 누나에게 "내일은 무조건 이길 것"이라고 다짐했다고 한다.

다음 날 네 번째 대국에서 그는 약속대로 알파고를 이겼다. 그의 승리는 과연 분석적인 좌뇌의 승리였을까? 전날 우승을 기계에 넘겨준 그가 죄송하다며 고개를 숙였을 때 많은 국민은 오히려 더 큰 응원을 보냈다. 그는 마침내 첫 승을 거두고 "정말 무엇과도 바꾸지 않을, 값

어치를 매길 수 없는 1승"이라며 떨리는 목소리로 기자회견을 마쳤다. 숙소로 돌아가는 그의 옆에는 딸 혜림이 함께했다. 왜 우리에게 다양한 감정이 필요한지 확연히 느껴지는 순간이었다.

당시 그 대국을 지켜보면서 나는 문득 이런 생각이 들었다. 우리 인간이 알파고보다 뛰어난 이유는 이세돌 같은 천재가 존재하기 때문이 아니라고. 오히려 평범한 사람들 하나하나가 모두 어마어마하게 다양한 감정을 느끼면서 사는 존재라는 사실만으로도 어느 슈퍼컴퓨터보다 행복할 수 있다고. 설령 당장은 불쾌감을 주는 나쁜 감정이라도 다른 사람들과 함께 느낀다면 견딜 만하며, 남들과 감정적으로 연대할 때 가장 행복하다고.

시스템 사고로 나쁜 감정 살리기

아쉽게도 우리 주위에는 특정 감정 자체를 두려워하는 사람이 의외로 많다. 어떤 불편한 감정 때문에 이웃을 혐오하고, 심지어는 가족을 해치기까지 한다. 아쉽게도 감정을 이해하는 데서 우리는 여전히 '선형적 사고 linear thinking'에 머물러 있는 셈이다. 선형적 사고란 인공지능 이전 산업혁명 시대의 기계가 작동하는 구조와 비슷하다. 예컨대 기계는 인간이 스위치를 켜야 작동을 시작한다. 즉 입력한 대로 결과가 도출되는 인과방식을 따른다. 이런 산업혁명 시대의 자동화 기계에 소외되는 인간 군상을 그린 명작이 있으니, 1936년 제작된

무성영화 <모던 타임스>다.

　이 영화에서 손이 느린 주인공 찰리 채플린 Charlie Chaplin 이 자기 앞에 놓인 너트를 재빨리 조이지 못해도 컨베이어벨트의 속력은 절대로 바뀌지 않는다. 인간의 지능을 제대로 닮은 기계라면 채플린 앞에서는 속력을 약간 줄여야 한다. 하지만 채플린은 변치 않는 컨베이어벨트 속도를 맞추지 못하고 큰 기계 톱니바퀴에 빨려 들어가 버리고 만다. 공장장이 이 기계에 항상 일정한 속도를 내는 단일 값을 입력해 놓았기 때문이다. 이처럼 기계적인 인과관계에 입각한 선형적 사고에 지나치게 몰입하다 보면 마음을 이해하는 방식도 단순해진다. 불행이라는 결과를 일으키는 하나의 결정적 원인이 존재한다고 여기게 되는 것이다. 당연히 불행을 없애려면 어떤 감정은 반드시 조절해야 하고, 어떤 감정은 아예 없어져야 한다고 믿게 된다. 그런 감정은 변명의 여지 없이 '나쁜 감정'으로 전락한다.

　이는 감정을 개별적으로 이해하기 때문에 생기는 큰 오해이며, 어떤 특정 감정들을 아예 없애 버리려고 들수록 우리 마음에는 점점 더 큰 장애가 발생한다. 그 이유가 뭘까? 우리의 마음은 다양한 감정들이 상호작용하는 거미줄 같은 시스템으로 작동하기 때문이다. 이는 한 사람이 드러낸 심리적 문제의 원인을 개인의 기질에서 찾기보단, 그가 속한 가족 내 시스템의 상호작용에서 그 원인이 발생한다고 생각하고 그 시스템 안에서 병인을 찾는 심리치료인 '가족치료 family therapy'의 원리와 비슷하다.

나는 2001년 미국 유학 시절에 가족치료 임상 훈련을 본격적으로 받기 시작했다. 이때 가족에 대한 시스템적인 이해를 개인의 마음 속에도 그대로 적용하려는 흥미로운 시도를 접하게 되었다. 바로 미국 노스웨스턴대학교에서 가족치료를 가르치던 리처드 슈워츠 Richard Schwartz 교수가 제시한 '내면가족시스템 Internal Family System, IFS'이었다. 당시 나는 개인의 이상심리를 병리적으로만 이해하고, 주로 인지와 행동의 변화를 모색하는 심리치료에 염증이 나 있던 상태였다. 그런 상황에서 내면가족시스템 치료는 내 맘속의 갈증을 풀어 줄 단비 같았다.

리처드 슈워츠 교수는 매년 샌프란시스코 금문교 근처 티뷰런 Tiburon 이라는 아름다운 마을에서 가족치료사를 위한 워크숍을 열었다. 시스템 이론의 신봉자였던 나는 마음 안에서 움직이는 가족 시스템을 처음 경험하고 점점 그 매력에 빠져들었다. 특히 뼛속까지 가족주의 문화에 젖어 살아온 한국인 대부분에게는 꼭 필요한 임상적 접근으로 보였다. 실제 가족 구성원 사이의 영향력이 크면 클수록 내 안에서도 나를 관리하고 통제하려는 목소리가 많아지기 때문이다.

"내 속엔 내가 너무도 많아"라는 노래 가사처럼 내 안에는 참으로 많은 내가 산다. 나의 생각, 신념, 욕구, 감정, 감각, 충동 등 나의 많은 부분이 함께 살고 있다. 이 부분들은 때로는 나에게 위로를 전하고 명령을 내리며, 때로는 심한 지적과 비판을 가할 때도 있다. 그래서 슈워츠 교수는 이들이 마치 마음속에서 가족을 이루고 있는 작은 인격, 즉 소인격체 sub-personality 라고 상상했다. 2015년에 개봉된 만화 영화

<인사이드 아웃>에서처럼 말이다.

영화에선 마음속 여러 감정이 각각 하나의 독립된 인격체처럼 존재한다. 정말 만화 영화 같은 상상인데, 절대 웃어넘길 수 없는 일이다. 우리 신체가 시스템으로 움직이듯이, 우리 마음속도 시스템으로 작동한다. 슈워츠 교수의 새로운 시도는 우울증과 중독, 트라우마의 집중치료에 적용되고 종교학과 영성, 신경과학의 영역에서도 적잖은 관심을 받고 있다.

필요 없는 감정은 없다

나는 우리 사회가 이른바, '나쁜 감정들'이 유발하는 극단적인 범죄로부터 더 큰 피해를 입기 전에 하루라도 빨리 스스로 마음속의 자동회로를 바라보는 시스템 사고가 우리에게 절실하다고 믿는다. 언제부턴가 우리 사회 곳곳에서 범죄를 일으키는 주원인으로 지목되며 공개 수배되는 나쁜 감정들이 만연하고 있다. 심지어 이제는 혐오, 분노 같은 감정이 공공의 적이 되었다. 혐오 범죄, 분노 범죄라는 단어 조합마저 익숙하게 들릴 지경에 이르렀다. 진짜 범죄의 원인이 이러한 나쁜 감정 때문일까?

어쩌면 앞으로도 이 감정들은 쉽게 통제되지 않고, 세상을 점점 더 깜짝 놀라게 할지도 모른다. 그렇다면 정말 큰일이다. 이쯤에서 우리는 나쁜 감정들을 없앨 생각만 할 것이 아니라, 나쁜 감정들이 원하는 게 뭔지 좀 더 깊게 들여다볼 필요가 있다. 그 개별 감정들은 더 크고 복잡한 감정 시스템의 일부이기 때문이다.

그러기 위해서는 무엇보다 개별 감정을 따로따로 분리해서 판단하고 속단하지 말아야 한다. 얼핏 극적인 생각의 전환, 역발상인 듯 보이지만 사실은 태초부터 시스템으로 사고해 왔던 인간의 타고난 상호작용 방식을 마음속 감정세계에도 적용해 보자는 것이다. 인간의 이성뿐 아니라 감정도 시스템으로 이해하고 나면 우리 모두가 정말 알파고가 부러워할 행복한 존재라는 점을 더욱 확실히 느끼게 되리라.

이 책의 마지막 장을 펼칠 때쯤 독자들이 우리 안에 살고 있는 모든 감정을 마치 가족처럼 따뜻하게 품을 수 있기를 기대하는 마음으로 글쓰기를 시작해 보려고 한다. 마치 가족 구성원 중 때로는 우리에게 나빠 보이는 이가 있을지라도 그를 결코 없애 버릴 수 없는 것과 같은 이치다. 이제부터, 인공지능은 절대로 알 수 없는 인간만의 신비한 감정의 세계로 여러분을 초대한다. 우리 내면은 물론이요, 우리 가족, 우리가 사는 사회가 모두 하나로 연결되어 있다는 연대감을 느끼면서 진정한 행복감에 한발 더 다가가길 간절히 기도하는 마음으로.

차 례

Part 3 나쁜 감정과 화해하는 5단계 심리 코칭 연습

PART 1

나쁜 감정은
나쁘지 않다

CHAPTER 1

사람의 마음이
'시스템'이라고?

내 속에 내가
너무도 많아

'시스템'은 의외로 복잡한 용어다. 그 의미를 제대로 모르고 쉽게 입에 올리는 단어이기도 하다. 국가에 시스템이라는 말을 붙이고, 사회에도 시스템이란 말을 붙이곤 한다. 이런 맥락에서 여러 개체가 모여 만들어진 집단을 시스템이라고 이해할 수도 있다. 하지만 실상은 그리 간단치 않다. 일상에선 오히려 개인이 모여 만들어진 총합으로써의 단순 집단과 구별할 때 쓰는 용어로 '시스템'을 사용하는 경우가 많기 때문이다.

그렇다면 우리는 시스템이란 용어를 어떻게 이해하면 좋을까? '시스템 사고'란 다양한 구성원의 상호작용을 이해한 다음 그 패턴을 관찰해 적절하게 대응하는 방식이다. 앞서 '선형적 사고'의 예로 말했던 <모던 타임스> 속 컨베이어벨트는 작업자의 작업 속도가 어떻든 이미 입력된 속도를 유지한다. 하지만 그보다 훨씬 복잡한, 시스템적 사고가 가능한 인간이라면 각 작업자의 기능과 특성에 따라 기계 작동 속도를 조절할 수 있다.

초기 인공지능 연구자들은 인간의 생각이 움직이는 방식을 기계에 탑재하기 위해 이 시스템 사고에 관한 연구를 진행했다. 인과관계를 선형적으로 이해하는 게 아닌, 다양한 변인들 사이의 상호작용으로 이해하는 시스템 사고 연구는 다양한 학문 분야에 지각변동을 일으켰다. 심리치료 분야도 예외는 아니다. 선형적 원인을 중요시했던 정신의학 연구 역시 현재는 다양한 변인들이 얽힌 시스템 구조에 주목하고 있다.

나는 이제 인간의 시스템적 사고로 우리 마음을 다시 찬찬히 들여다보기를 제안한다. 그러려면 먼저 우리 마음속 감정세계와 비슷한 시스템 구조를 갖춘 또 다른 관계를 살펴보는 것이 필요하다. 바로 가족 시스템이다. 우리 안에 있는 '나쁜 감정'을 다루는 적절한 방법이 가족 내에서 '문제아'로 취급받는 구성원과의 갈등을 해결하는 과정과 매우 닮았기 때문이다.

감정 시스템이 작동하는 방식

전통적인 방식의 정신의학 연구는 한 사람이 어떤 심리적 위기를 경험하는 이유엔 큰 유발 사건이 있거나 개인의 타고난 성격 기질이 한몫한다고 보았다. 하지만 현재는 어느 학문 분야나 문제의 원인을 오직 한 가지라고 여기지만은 않는다. 그런데도 가장 유력한 원인을 찾아내려 하고 그 원인에만 목을 매는 경우를 보면, 아직도 선형적 인과관계를 따르는 모습이 여전한 것이 현실이다. 마치 자살의 원인을 우울증에서만 찾으려는 것처럼.

1950년대 초 정신의학자들은 인공두뇌학 연구자들이 집중 연구한 시스템 사고의 영향을 받아, 당시 개인의 기질로 인한 정신질환이라고 믿었던 조현병의 발병 원인을 새롭게 이해하고자 하였다. 예컨대, 아이의 조현병은 가족 내에서 상호작용이나 소통에 어려움을 겪으면 더욱 극심하게 발병한다는 점을 발견했다.

그 결과 정신의학자들은 시스템 사고를 적용하여 심리치료를 업그레이드한 '가족치료 family therapy'를 태동시켰다. 아이만 따로 떼어서 심리치료를 하기보다는 아이가 가족 내에서 어떻게 상호작용하는지 가족 구성원 전체를 만나 봐야 한다는 것이 가족치료의 핵심이다. 한 아이의 심리적인 문제를 가족과는 아무런 상관이 없는 별개의 문제라고 여기면 시스템 사고는 가동되지 않는다. 가족 전체의 상호 역동 관계에서 아이의 문제가 드러났다고 보는 관점이 시스템 사고의 기본 맥락이다.

가족들 사이에서 전혀 주목받지 못하던 막내딸이 갑자기 우울 증세를 보인다고 가정해 보라. 그때부터 막내딸 아이 한 명만을 진찰하여 진단하고 약물치료법을 제시할 수도 있다. 그러나 이는 다분히 선형적인 접근이다. 시스템적 접근을 위해선 가족 구성원들 사이에서 상호작용하면서 혼란을 겪어온 막내딸의 역할과 가족 전체의 패턴을 먼저 이해해야 한다. 그래야 딸의 우울증 증상이 드러내는 가족 구성원 전체와 얽힌 역기능을 바로 잡아 아이를 제대로 도울 수 있기 때문이다.

가족 시스템을 이해하고, 나아가 감정 시스템이 작동하는 방식을 알려면 먼저 시스템의 생성 원리를 알아야 한다. 이 원리를 다음 사례에 등장하는 세 명의 가족 구성원을 놓고 이해해 보자.

내 안에 쌓인 감정이
엉뚱하게 분출될 때

여섯 살 여자아이 미진이가 엄마와 함께 아동상담실을 찾았다. 아동상담을 진행하는 놀이치료실에서 미진이는 치료실 벽면에 빼곡하게 진열된 멋진 장난감을 보고도 별로 관심을 보이지 않는다. 한눈에 보기에도 잔뜩 주눅이 들었고, 마지못해 몇 가지 장난감을 가지고 놀이를 시작할 때도 주도성을 찾아볼 수 없었다. 소꿉놀이 같은 역할놀이에서는 엄마의 역할을 유난히 강하게 표현했다. 놀이에서 엄마는 주로 소리를 지르고 야단치는 역할이었다. 당연히 놀이치료사는 이 소극적인 아이가 엄마와의 관계에서 불안감을 경험하고 있을 가능성을 예측할 것이고, 주위 친구들과 어울리려는 사회성도 떨어지리라고 추측할 수 있다.

놀이치료사는 상담을 마치고 미진이 엄마를 만났다. 예상대로 미진이의 엄마는 자리에 앉자마자 아이에 대한 푸념을 늘어놓았다. 집에서는 물론 유치원에서도 아이가 주도적으로 뭔가를 하는 일이 전혀 없어, 엄마가 일일이 신경 쓰고 도와주어야 할 때가 많다며 언성을 높여가며 불편함을 호소했다. 당신이 놀이치료사라면 엄마와 아이 중 누가 문제라고 하겠는가? 매사에 소극적이고 주도성이 낮은 기질을 타고난 아이의 문제인가? 아니면 아이를 그 지경으로 몰아가고 있는 엄마의 공격적인 양육 방식이 문제인가? 그것도 아니면 양쪽 모두에게 문제를 악화시키는 요소가 있을까?

가족 구성원의 문제를 이렇게 어떤 한 사람의 문제냐, 혹은 다른 사람으로 인한 문제냐, 아니면 둘 다의 문제냐 등등으로 보는 관점은 사실 시스템을 제대로 알지 못하는 데서 비롯한 지극히 단순한 접근 방법이다. 문제 당사자가 가족 시스템을 이루는 구성원 가운데 한 명이라면, 시스템의 전체적인 역동 관계를 적절히 고려해야만 문제의 본질을 이해할 수 있다. 따라서 시스템의 역동성을 잘 아는 전문가라면 가족 시스템을 구성하는 세 번째 사람을 찾아야 한다.

그렇게 하여 아이와 엄마, 그리고 아빠까지 세 명이 모두 아동상담실에 모였다고 가정해 보자. 만약 이들이 3인 가족이라면 이제 온전한 가족 시스템이 서서히 보이기 시작할 것이다. 먼저 숨겨져 있던 제3의 인물인 아빠와 아이와의 관계를 파악할 필요가 있다. 아빠와 있는 미진은 엄마와 달리 아빠에게는 친근하게 대한다. 그런데 왠지 엄마와 아빠 사이에 싸한 냉기가 흘렀다. 알고 보니 미진의 엄마와 아빠는 평소 집에서 다정한 대화를 나눈 적이 거의 없고, 아주 기본적인 소통에도 관심조차 보이지 않는 부부였다. 연애 결혼했냐고 물으니, 연애한 지 두 달 만에 갑자기 아이가 생겨서 계획에 없던 결혼을 서둘러 하게 되었노라고 대답했다.

아빠와 있는 미진은 비교적 적극적이었고, 심리치료가 필요한 아이처럼 보이지 않을 정도였다. 심지어 아빠는 미진이가 이렇게 치료실에 온 이유는 순전히 엄마의 양육 방식이 잘못된 탓이라고 한탄스러워하기까지 했다. 그러자 미진이 엄마도 되받아치기 시작했다. 아빠가 잘 알지도 못하면서 지나치게 아이를 감싸기 때문에 미진이가 아빠 말고는 아무하고도 놀지 않으려 한다는 것이다. 유치원에서 친구와 잘 지내지 못하는 것도 모두 아빠 때문이라며 불만을 드러냈다.

미진이 담당 치료사는 매일 저녁 남편이 퇴근한 후에 이 집안에서 일어날 일을 상상해 보았다. 종일 아빠를 기다렸을 미진은 아빠가 오자마자 품으로 달려가 어리광을 부린다. 어쩌면 낮에 엄마에게 야단 맞은 일을 아빠에게 고자질할지도 모른다. 미진이 엄마와 아빠는 어떻게 소통할까? 아마도 언성을 높여 서로의 양육 방식을 놓고 잘잘못을 따질 가능성이 크다.

세 명의 가족 구성원이 만들어 내는 가족 시스템은 자동회로와 같다. 엄마는 주로 낮에 아이에게 잔소리를 하거나 불평을 드러낸다. 저녁에 아빠가 퇴근해서 집에 오면 아이는 낮에 혼난 일을 고자질하며 아빠를 통해 엄마에게 복수한다. 엄마와 아빠는 아이의 문제로 저녁마다 다툰다. 이러한 패턴은 매일매일 자동 반복된다. 시간이 지나면서 이 자동회로의 전력량은 한층 늘어날 수밖에 없다. 다음 날, 엄마는 전날 아빠와 다툰 후 남겨진 상처로 아이에게 더 모질게 감정풀이를 하기 마련이다. 이에 저녁이 되면 아이는 다시 아빠의 힘을 빌려 낮에 당한 일을 상기하며 더욱 강하게 엄마에게 반격할 것이다. 결국 엄마와 아빠의 다툼으로 이어지고 그 강도 역시 배가 될 가능성이 높다.

가족 시스템의 패턴을 읽을 수 있는 가족치료사는 가족 구성원 전체의 변화에 대한 접근도 달라진다. 바뀌어야 하는 건 아이의 기질이나 엄마의 양육 태도가 아니다. 문제의 본질은 오히려 엄마와 아빠의 소통 방식에 있을 가능성이 높다. 엄마와 아빠 양자의 관계는 결국 아이를 개입시켜 삼자가 소통하는 방식으로 엉뚱하게 바뀌고 말았다. 두 고래, 엄마와 아빠의 싸움에 아이만 새우등이 터지는 꼴이다.

문제아인가, 순교자인가

20세기 중반 북미에서 가족치료를 시작한 임상가들은 문제를 가진 가족 구성원을 '규정된 환자 Identified patient, IP'라고 불렀다. 이 말의 의미는 무엇일까? 말 그대로 그 환자는 사실 진짜 환자가 아니라, 다른 가족 구성원들이 문제가 있다고 규정한 환자라는 뜻이다. 부모들은 주로 자신의 아이에게 문제가 있다는 판단하에 가족치료실을 찾아온다. 그러나 아이는 자신의 문제를 통해 가족 시스템의 패턴을 보여줄 뿐이다.

아이는 주위에서 문제라고 지적하는 증상을 되풀이하면서 가족 내 자동회로 시스템을 유지해 나간다. 어쩌면 가족 구성원 모두가 문제라고 지적하는 아이의 증상은, 아이가 자신을 희생해 가족 시스템을 유지하고자 하는 목적에서 비롯한 건 아닐까?

미진이는 언제부터인가 자신이 주도성을 가지기보다는 다소 소극적인 태도를 보일 때마다, 남남처럼 지내던 엄마와 아빠가 일시적이나마 서로 연결된다는 사실을 무의식적으로 느꼈을지도 모른다. 물론 아이가 자신의 소극성을 무기로 엄마와 아빠를 소통시켜야겠다고 미리 계획을 짜고 추진한 행동은 결코 아니다. 하지만, 미진이는 무의식적으로 자신의 소극성이라는 문제 원인을 유지하면서 엄마와 아빠를 소통시키고 있었다. 그러지 않고는 엄마와 아빠가 영영 소통하지 않는 남남이 될지도 모른다고 내심 불안했을 수도 있다.

또 미진이의 엄마와 아빠는 서로에 대한 불만을 건강하게 표출하고 소통하는 법을 전혀 몰랐던 듯하다. 내면에 쌓인 감정을 서로에게 표현하는 유일한 방법은 아이를 중간에 둔 간접적인 소통이었다. 평소 엄마와 아빠가 전혀 대화하지 않고 각자 딴 방에서 생활하는 데에 무의식적 불안감을 가진 어린아이가 있다고 가정해 보자. 저녁마다 싸우는 엄마와 아빠의 상호작용을 아이는 비교적 편안하게 받아들일 수 있다. 아니, 저녁마다 엄마와 아빠가 싸워야 안심할 수도 있다. 부모가 말없이 각 방에서 조용히 지내는 저녁은 다투는 소리보다 오히려 아이를 더 불안하게 만들지도 모른다.

유학 시절 가족치료사 훈련을 받을 때 귀에 딱지가 앉도록 들은 이야기가 있다. 가족 구성원 한 사람의 문제나 증상은 절대로 그 자신에게서 나온 게 아니라는 점을 주지시키는 말이었다. 그래서 개인의 문제를 진단할 때 '이즈 is'를 써서 성급하게 단정하지 말고, 대신 '쇼우

show'를 쓰라고 교육받았다. 예컨대 수련 중 내가 '아이가 소극적이다 is'라고 말하면, 바로 '아이가 소극성을 보인다 show'고 바꿔 말하도록 지적받았다. 왜일까? 바로 한 가족 구성원의 문제는 개인의 문제가 아닌, 가족 전체가 가진 시스템을 '보여 주고' 있기 때문이다.

일찍이 가족치료의 선구자들은 문제의 당사자처럼 보이는 가족 구성원이 사실은 시스템 전체를 위한 희생양이요, 순교자 같은 역할을 한다고 지적한 바 있다. 진짜 문제는 그 구성원의 희생을 모른 채 계속 전력을 높여 가는 가족 구성원의 자동회로 시스템이다.

어떤 감정 에너지가 숨겨져 있을까

가족 내 자동회로 시스템을 작동하게 하는 전력은 바로 감정이다. 앞의 사례에서 미진은 아주 어릴 적부터 자주 다투는 엄마와 아빠의 관계에서 무의식적인 불안을 느끼기 시작했을 터다. 이때가 바로 가족 내의 시스템 자동회로에 전력이 공급되는 순간이다.

언젠가 아주 우연히 미진은 자신의 불안을 적절히 낮추는 방법을 찾아낸다. 자신이 친구들과의 관계에서 소극성을 보이자 엄마와 아빠가 거친 소통을 시작한다는 점을 발견한 거다. 물론 서로 다투는 대화이기는 하지만, 아이는 엄마와 아빠가 아무런 대화 없이 밥을 먹는 식탁에서보다 훨씬 안전감을 느낀다. 그래서 미진은 자연스럽게 소극성을 유지하려는 태도를 지니게 되었고, 불안할 때면 더욱 소극적으로 변한다. 이렇게 미진은 불안을 느낄 때마다 소극성을 드러내는 패턴으로 가족 내에 자동회로를 구성하였다.

부부에게는 어떤 감정 에너지가 숨겨져 있을까? 연애다운 연애도 못 해보고, 급하게 결혼한 아내는 여성으로서 자신의 존재감을 충분히 느끼지 못했다. 하루아침에 애인도 아내도 아닌 아이 엄마로 돌변한 자신의 모습에 초라함마저 느껴졌다. 그럴 때 내밀한 감정을 남편과 솔직하게 나눌 수 있으면 좋으련만, 야근이 잦은 무뚝뚝한 남편과 그럴 기회는 전혀 없었다. 절절한 외로움이 쌓여 이러다가 우울증에 걸리는 게 아닌지 불안하기까지 했다. 내면의 감정은 날이 갈수록 격하게 변하고, 어느샌가 남편에 대한 원망과 외로움을 남편 대신 아이에게 표출하게 되면서 시스템은 더욱 강화됐다.

그렇다면 연애 기간에 갑자기 아이가 생겨서 얼떨결에 결혼한 남편은 어떤 감정으로 부부생활을 하고 있을까? 늘 아내가 자신을 사랑해서 결혼한 게 아니라고 여겼다. 성생활에 있어도 아내를 충분히 만족시키지 못한다고 생각했다. 그러다 보니 매사에 자존감이 낮았다. 남편 역시 남성으로서의 부적절감*feeling of inappropriateness*과* 아내를 만족시키지 못한다는 열등감 등을 당사자인 아내와 터놓고 대화로 해결

....

* 　자존감이 낮은 이들에게 주로 나타나는 '부적절감'은 자신의 존재를 늘 부적절하다고 여기는 감정이다. 주로 어린 시절 부모나 중요한 대상들로부터 학대를 경험하거나, 충분히 수용되지 못하고 늘 비난받고 비교당할 경우 이러한 감정을 가지기 쉽다.

하지 못하고, 엉뚱하게도 아이를 통해 자신의 존재감을 간신히 유지하고 있었다.

이렇게 가족 내 자동회로 시스템에는 구성원들의 온갖 감정 에너지가 흐르고 있다. 그래서 가족치료사가 이 시스템을 느슨하게 만들려면 제일 먼저 주의를 기울여야 할 부분이 바로 감정이다. 아이의 불안, 아내의 외로움, 남편의 부적절감을 제대로 다루어야 시스템의 전력을 적절하게 조절할 수 있다. 물론 가족치료사가 시스템의 스리쿠션 three cushions 패턴을 찾아냈다고 해서 변화가 시작되는 건 아니다. 각 가족 구성원이 서로의 감정을 함께 공감해야 가족 내 자동회로의 전력이 낮아지고 가족 시스템이 변화하기 시작한다.

먼저 아이의 불안을 충분히 공감하고, 엄마와 아빠도 아이의 불안을 이해하고 공감해야 한다. 아내의 외로움을 남편이 공감하는 것도 중요하고, 남편이 느끼는 부적절감을 아내가 공감하는 것도 중요하다. 그러면서 가족 배후에 흐르고 있는 감정 에너지가 얼마나 강력하게 가족 내 자동회로를 움직여 왔는지 깨닫게 된다. 그럴 때 비로소 셋이 만들어 낸 어색한 자동회로를 변화시키는 진정한 힐링이 시작된다.

지금 느끼는 감정은
하나가 아니다

우리의 감정 역시 셋 이상이 모이면 가족과 같은 시스템을 구성한다. 미진이 사례에서 엄마의 분노, 원망, 외로움, 초라함, 수치심 등 각각의 감정은 마음속 시스템에서 자동회로를 만들고 있다. 엄마가 가장 자주 느끼는 분노 감정은 진짜 문제 감정이 아닐 수 있다. 분노 감정이 보여 주는 날카로운 공격성 때문에 분노 자체를 나쁜 감정이라고 판단해서는 안 된다. 분노 감정은 엄마의 마음속 전체적인 내면 시스템을 '보여 주는' 기능을 하고 있기 때문이다.

내 안에 존재하는 감정들은 마음속에서 수없이 많은 상호작용을 하고 있지만, 정작 내 머리는 이를 모두 인식하지 못한다. 우리가 머리로 인식하는 감정은 몇 가지 정도다. "아, 짜증 나!" 또는 "열받네!"처럼 평소 외부로 자주 표출하는 감정은 머리로 인식하기 쉬운 감정이다. 대표적인 게 분노 감정이다. 분노 감정은 우리 자신도 인식을 빨리 하고, 상대방도 쉽게 알아차린다. 아이들은 자주 "짜증 나!"라는 말을 하고, 부모도 "제발 짜증 내지 마."라는 말을 한다. 그런데 여기서 아이가 느끼는 감정이 분노뿐이라고 생각하면 오산이다.

상대방에게 하나의 커다란 감정만 있다고 생각하면 그 마음속에서 작동하는 유기적인 시스템을 자주 놓치고 만다. 그만큼 쉽게 오해도 하고 사소한 싸움도 자주 벌어진다. 실은 단순히 화만 나서 화를 내는 게 아닌데도 말이다. 왠지 불안해서 슬슬 짜증이 일어나기도 하고, 때로는 창피함을 느꼈을 때도 화가 난다. 내면의 불안과 창피함은 분노와 시스템을 이루는 구성 요소다. 그런데 대개는 분노만 인식될 뿐, 자동회로 속 다른 숨겨진 감정들은 꼭꼭 숨어 있어 내면을 깊게 들여다보지 않으면 느끼기조차 어렵다.

감정도 시스템이다. 우리의 감정세계는 주연만 존재하는 연극이 아니다. 등장인물들이 무수히 많다. 그중에는 조연도 꽤 있고, 그냥 스쳐가는 행인도 많다. 한 사람이 자주 등장하고 그 사람의 목소리가 가장 크다고 하여 그 사람만 보게 되면 전체 연극의 흐름을 놓치기 쉽다. 아이러니하게도 우리는 마음속 감정들이 만들어 내는 시스템을 전체적으로 인식하는 데에 장애가 있는 듯하다. 그러다 보니 몇 가지 강렬한 감정만을 인식하게 되고, 안으로 숨겨진 감정들이 생겨나게 마련이다. 한마디로 여러 감정이 얽힌 시스템 패턴을 보는 일은 누구에게나 정말 어렵다는 뜻이다. 그렇다면 모두가 지닌 감정 시스템 인식 장애를 극복할 방법은 없는 걸까?

2015년 디즈니 픽사에서 개봉한 만화 영화 <인사이드 아웃>은 우리 내면 시스템에 존재하는 여러 감정을 의인화하는 상상력을 발휘한다. 모든 사람의 마음속에는 감정컨트롤본부가 있고, 그곳에는 여러 감정이 모여 있다는 설정이다. 영화에서는 기쁨joy, 슬픔sadness, 버럭 ^anger, 까칠 ^disgust, 소심 ^fear 이란 다섯 인물이 감정컨트롤본부에 근무하며 주인공인 라일리의 감정을 조절한다. 사실 감정을 임상적으로 다루는 치료사에게는 이렇게 내면의 감정을 하나의 소인격체로 간주하는 일이 전혀 어색하지 않다.*

모든 감정이 다 필요한 이유

영화 <인사이드 아웃>을 좀 더 자세히 들여다보자. 영화에서 묘사하는 마음속에는 감정컨트롤본부가 있다. 대표급인 다섯 가지 감정들은 반상회를 하듯 어떤 감정이 먼저 나설지 모임을 가진다. 활달하게 반장 역할을 하는 감정은 '기쁨'이다. 주인공 라일리가 어떤 경험을 할 때마다 제일 먼저 나서고 강경한 역할을 하는 것은 역시 '버럭'이다. '버럭'은 이름처럼 늘 충동적이다. 그때마다 '기쁨'이 나서서 '버럭'을 진정시킨다.

그런데 영화 내내 풀이 죽어 있는 감정이 있다. 바로 '슬픔'이다. 자신이 나서면 주인공 라일리의 분위기가 어두워진다고 생각하고, 본부에서도 늘 막 뒤에 숨어 있다. 과연 라일리의 감정컨트롤본부에서 열심히 일하는 소인격체 중에서 주인공의 행복을 위해 가장 필요한

....

* 　마음속 다양한 감정이나 생각 등을 소인격체로 이해하는 방식은 이 책을 참고하라. 톰 홈즈·로리 홈즈, 이진선·이혜옥 옮김, 《소인격체 클리닉》, 시그마프레스, 2013.

존재는 '기쁨'일까? 반대로 가장 불필요한 인물은 정말로 '슬픔'인 것일까?

영화에서 어느 날 다섯 감정에게 작은 문제가 발생한다. 우연한 실수로 '기쁨'과 '슬픔'이 함께 감정컨트롤본부를 이탈하고 만다. 그러자 주인공 라일리의 마음속에도 큰 변화가 찾아온다. 이때 나머지 감정 중 더욱 강경하게 자신을 드러내는 인물이 생겼으니, 바로 '버럭'이다. '기쁨'의 감정은 물론, '슬픔'의 감정도 사라진 라일리의 마음속에 '버럭'의 세상이 온 것이다. 늘 사랑이 넘쳤던 가족과의 대화에서도 라일리는 갑자기 짜증을 내기 시작한다. 예전에는 결코 없던 일이다. 사이가 좋았던 부모님과도 서먹해지고 점점 멀어져 간다.

영화의 마지막에서, 이사 후 새로운 환경에 적응하느라 어려움을 겪던 주인공 라일리가 잠시 가출했다가 돌아오는 장면이 등장한다. 깜짝 놀란 부모에게 안긴 라일리는 힘들게 자신의 '슬픔'을 고백한다. 엄마와 아빠는 함께 라일리의 '슬픔'을 그대로 받아들이는 모습을 보여 주었다. 라일리는 오랫동안 부모님의 품에서 슬픔을 나누었다. '슬픔'이 안전하게 자신을 드러내는 순간, 아픈 만큼 성장하듯이 비로소 힐링이 시작된다. 이렇게 영화는 그동안 불필요하다고 여겨져 왔던 '슬픔'이 라일리의 삶에 주춧돌 역할을 했음을 깨닫게 된다는 내용으로 끝이 난다.

온건하여 자꾸 숨어드는 감정, '슬픔'을 마음속에 혼자 오래 품고 있기란 물론 힘이 빠지는 일이다. 하지만 스스로 먼저 '슬픔'의 이름을 불러 주고, 사랑하는 사람들도 그에 호응하여 함께 '슬픔'의 이름을 불러 주면, 그 감정의 무게를 함께 견디며 어마어마한 힘이 생긴다. 사람도 상대의 이름을 정답게 불러 줄 때 서로에게 힘이 되는 새로운 관계가 시작되는 것과 흡사하다.

만약 라일리가 어렵게 '슬픔'을 꺼냈을 때, 엄마나 아빠가 별일 아닌 듯이 웃으면서 "걱정 마! 모든 게 잘 될 거야!"라고 외쳤다면 어떻게 되었을까? 아니면, "뭐 이 정도로 힘들어하냐?"고 버럭 화를 냈다면 어떻게 되었을까? 당연히 영화는 행복한 결말을 향해 가지 못했으리라. 아니, 다음날 라일리가 제대로 작정하고 가출하는 더 큰 파국이 왔을지도 모른다.

우리에게는 누구도 자신의 존재를 받아들이지 못하고 공감하지 못하리라는 걱정 탓에 숨어 있는 감정이 있다. 그런데 이런 온건한 감정이야말로 누군가 자신의 이름을 불러 주기를 기대하는 감정이다. 유약해 보이는 감정이라고 우리에게 불필요한 나쁜 감정이 아니다. 그런 감정이 공감받지 못한 채 늘 숨은 존재로 있다는 게 진짜 문제다. 이런 감정을 함께 공감할 때 오히려 상상을 초월하는 연대감이 생긴다.

영화에 등장하는 '버럭'은 어떨까? 이 역시 불필요한 나쁜 감정만은 아니다. 때로는 '버럭' 감정을 통해, '버럭'이 방어하는 우리 안에 숨겨진 감정을 찾아낼 기회를 얻기도 한다. 지금 스스로 혹은 상대방에게 슬픔이나 외로움 같은 감정을 드러내지 못할 형편이라고 여기면 여길수록 더더욱 '버럭' 화가 나는 경우가 많기 때문이다.

나쁜 감정이
나에게 물었다

주변 심리학자들이 '긍정 정서' 혹은 '부정 정서'라는 표현을 쓰는 걸 종종 본다. 신경과학자들은 칭찬받는 사람의 뇌와 질책받는 사람의 뇌 사진을 각각 찍어 보고, 두 상황에서 뇌의 서로 다른 부위가 활성화된다는 점을 발견했다. 이에 인간의 뇌에서 긍정 정서가 유발되는 장소와 부정 정서가 유발되는 장소가 다르다는 과학적 설명을 덧붙일 수도 있겠다.

하지만 인간의 감정을 그저 쾌감을 주는 긍정 정서, 불쾌감을 주는 부정 정서로 단순하게 나누는 것은 거미줄처럼 얽힌 감정 시스템을 이해하는 데 별 도움이 안 된다. 일찍이 생물학자 찰스 다윈은 감정에 진화론적 생존 가치가 있다고 주장했다. 특히 어떤 특정 감정은 인간의 생존과 긴밀하게 연결되어 있다고 보았다. 예컨대 두려움이나 분노의 감정은 외부 위험이나 다른 사람의 위협에 대처할 때 나타나는, 생존을 위한 유기체적 반응이라는 의미다. 우리는 어두운 길을 걸을 때 작은 소리에도 두려움을 느끼며 모든 신체감각이 예민해진다. 마치 밀림에서 생존해야 하는 작은 포유류 동물과 흡사한 감정과 감각을 느낀다. 이런 인간의 두려움은 생존을 위한 오랜 진화과정에서 발

달해 왔다는 게 진화론의 설명이다.[*]

　이런 진화론적 관점을 주장하는 학자 중에는 심지어 어린아이들이 우울감을 느끼고 이를 드러내는 것 역시 돌봐주는 사람의 반응을 불러일으켜 생존하려는 욕구에서 비롯되었다고 주장하는 사람도 있다. 어쩌면 우리가 말하는 소위 부정 정서도 다 생존을 위해 필요한 감정일지도 모른다. 그런데 인간의 모든 감정을 동물의 경우처럼 생존 가치로만 평가하기는 어렵다. 인간의 경우 감정 발달에서 사회화 과정의 영향을 결코 도외시할 수 없기 때문이다.

　그래서 사회학자들은 다른 사람과의 상호작용을 바탕으로 한 사회화를 통해 구성되는 감정을 '이차적 감정'이라고 부르기 시작했다. 두 달밖에 안 된 아기가 엄마와의 상호작용 속에서 두려움을 느끼고 화를 내는 것은 '일차적 감정'이라고 할 만하다. 이는 분명 생존을 위해 신체에서 오랜 기간 축적되어 온 일차적인 의사 표현 수단이다. 하지만 자부심이나 수치심, 그리고 죄책감 등은 아이가 유치원 등에서 사회생활을 시작하면서 자신의 자아와 타자의 관계를 만들어 가며 구성되는 또 다른 차원의 감정이다.[**]

....

[*]　인간 감정의 진화 과정에 대한 다윈의 설명은 이 책을 참고하라. Charles Darwin, *The Expressions of Emotions in Man and Animals*, Chicago: University of Chicago Press, 1965.

[**]　감정의 사회화 과정에 대한 설명은 이 책을 참고하라. Theodore D. Kemper, *A Social Interactional Theory of Emotions*, New York: Wiley, 1978.

우리말로 정서^{情緒}나 정동^{情動}이라는 심리학적 표현***은 영어의 이 모션^{emotion}보다는 어펙트^{affect}에 더 가까운 번역이다. 정서 혹은 정동은 진화적 관점에서 오랜 기간 인간의 신체와 연관된 느낌이다. 가령 다이어트 중에 배가 고파서 허해지는 느낌은 '정서^{affect}'에 가깝다. 하지만 종교인이 수도원에서 금식을 통해 성결해지는 느낌이 든다면 이는 '감정^{emotion}'에 해당한다. 오랫동안 음식을 섭취하지 않아서 생기는 배고픔의 정서는 누구에게나 동일한 경험이겠지만, 수도자의 경우 종교적인 해석이 가미된 의도적인 금식이므로 이때의 느낌은 사회적 감정이라고 할 수 있다. 이는 사회학자들이 감정을 '일차적 감정'과 '이차적 감정'으로 나누는 것과 비견할 만하다. 개인이 종교 공동체에서 신과 관계를 맺으며 종교적 행동^{motion}을 밖으로^{ex} 유발하는 것이 바로 감정^{e-motion}이다. 비슷한 정서적 경험을 하는 이들이라도 다양한 사회적, 문화적 경험을 통해 각기 다른 감정적 경험을 하게 된다.

인간의 본능과 신체 반응에 충실한 정서에는 좋고 나쁘다는 평가를 내리기 어렵다. 그저 우리의 신체와 신경계에 편안함을 주는 정서와 불편함을 주는 정서가 있을 뿐이다. 하지만 우리가 사는 사회의 사

*** 'affect'라는 영어 단어는 주로 몸의 감각과 연결된 느낌을 뜻한다. 이러한 느낌은 인간이 본격적인 사회생활을 시작하기 전에 이미 영아기 때부터 느낄 수 있다. 심리학자들은 이러한 감각적이고 동물적인 느낌을 '정서'라고 번역한다. 또한 신경심리학자들이나 정신의학자들은 대뇌의 명령과 사고기능과는 별개로 반사적으로 움직이는 감각적인 느낌을 '움직일 동'(動)을 사용하여 '정동'이라고 부르기도 한다.

회문화적인 기준에 의해 해석된 감정은 다르다. 따라서 특정 감정이 '밖으로 드러내는 행동의 결과'를 가지고 긍정적인 혹은 부정적인 감정이라는 평가를 내리기도 한다. 앞서 말했던 영화 <인사이드 아웃>의 예를 보자. '버럭'은 남에게 오해받기 십상인 캐릭터다. 왜냐하면 '버럭'이란 감정이 겉으로 표현되는 방식은 누가 봐도 공격적이기 때문이다. 남들이 깜짝 놀랄 정도로 불쑥불쑥 튀어나오는 불예측성도 부정적인 평가에 한몫한다. 어떤 상황에서라도 분노 감정이 갑자기 등장하면 주변 사람들의 반응도 부정적일 수밖에 없다.

하지만 시스템 안으로 들어가 보면, '버럭'의 등장은 복잡한 자동회로 패턴의 일부에 불과하다. '슬픔'이 스스로 자신을 드러낼 준비가 되어 있지 않아 숨었을 때, '슬픔'을 자극하는 사건이 발생하면 '버럭'이 갑작스럽게 등장해 '슬픔'을 보호하는 기능을 담당한다. '버럭'은 '슬픔'이 아직 유약하여 밖에 나가면 주변의 이해를 받기는커녕 놀림감밖에 되지 못할 것 같다고 여길 때 대신 과도한 기능을 자처한다. '버럭'의 강력한 활동 상황만 가지고 성급하게 판단하여 '버럭'을 자주 드러내는 사람을 다혈질이라고 오해하기 쉽다.

직장 내에 사사건건 모든 사람과 부딪히고 문제를 일으키는 다혈질인 사람이 있다고 치자. 걸핏하면 회의 중에 뛰쳐나가고, 매번 대인관계에서 갈등을 일으키는 그 사람을 상급 관리자는 어떻게 평가할까? 불을 보듯 뻔하다. 마음속 시스템에 '버럭'만 데리고 사는 성격 파탄자쯤으로 여기지 않겠는가? 이처럼 부정적 감정을 자주 드러내는 사람은 의심의 여지 없이 부정적 평가를 받게 마련이다. 심지어는 부정적 감정을 가진 당사자들도 자기 안의 부정적인 감정으로 인해 괴로워한다. 나는 왜 이렇게 화를 잘 낼까? 나는 왜 이렇게 성격이 괴팍할까?

그렇다고 너무 자책하지는 말자. 시스템의 관점에서 보면 사실 나쁜 감정, '버럭'은 나름대로 이유가 있어서 작동된 것이다. 오히려 시스템 전체를 유지하기 위한 '긍정적인' 역할을 한다고도 볼 만하다. 겉으로 볼 때 부정적인 감정이 시스템 안에서는 오히려 긍정적인 기능을 수행한다면 모두 의아해할 것이다. 우리가 눈에 보이지 않는 마음속 시스템 안 자동회로에 조금만 더 관심을 가진다면, 부정적 감정을 무조건 나쁜 감정이라고 몰아붙이진 못할 것이다. 더불어 부정적인 감정인 '버럭'이 돌연 고개를 든 이유를 찬찬히 살펴보는 여유를 얻는다면 금상첨화다.

분노 뒤에 숨은 수치심이 하는 말

직장 생활 중 갑자기 '버럭'이 예기치 않은 사고를 쳐서 인간관계에 큰 어려움을 겪는 경우가 종종 있다. 화를 내고 싶은 일이 있어도 몇 년을 꾹꾹 참다가 어느 날 갑자기 자신도 모르게 팀장에게 대들어 관계가 꼬여 버린 팀원을 찾는 건 어렵지 않다. 기업 팀장들 입장에서도 마찬가지다. 갑자기 분노 조절을 못 하는 팀원이 생겼다는 이야기를 자주 듣곤 한다. 화를 내는 당사자 역시 그간 잘 참던 자신이 왜 갑자기 화가 났는지 모를 때가 더 많다. 가끔 나 자신도 그런 '버럭'이 세상 밖에 출연할 때, '버럭'을 탓하기 전에 마음속 시스템 속사정을 살피려고 애를 참 많이 쓴다. 물론 쉽지 않은 일이지만 말이다.

첫 딸아이가 중학생 때 일이다. 어느 날 저녁 같은 방에서 등을 맞대고 책상에 앉아, 딸아이는 수학 숙제를 하고 나는 컴퓨터 작업을 하고 있었다. 한참 공부에 열중하던 아이가 등을 돌려 내게 다가와 수학 문제 하나를 물었다. 내 부실한 수학 실력으로는 좀처럼 풀기 어려운 심화 문제였다. 아빠 체면에 어떻게든 풀어보려고 노력했으나 역부족이었다. 결국 포기하고 백기를 들었다. 아이는 내가 알면서도 일부러 안 풀어 준다고 느꼈는지, 등을 돌리면서 한 마디를 툭 던졌다. "아니, 무슨 대학교수가 이런 문제도 못 풀어!"

나는 이미 돌아앉은 아이의 등에 대고 냅다 소리를 질러댔다. 내 안에서 '버럭'이 깜짝 등장한 것이다. 나는 아이한테 어디 어른에게 그따위로 말을 하냐며 분노 게이지를 올리고 있었다. 듣고 있던 아이는 눈이 휘둥그레졌다. 그러고는 이런 말을 하는 게 아닌가. "아빠, 그렇게 화낼 일은 아니신 것 같은데." 나는 다시 화가 머리끝까지 올랐다. 더 큰 '버럭'으로 응수하려는 순간, 아이는 말을 이었다. "내가 이런 말, 아빠랑 오늘 처음 한 것도 아닌데……"

갑자기 나는 머릿속이 하얘졌다. 맞다. 나는 딸아이와 이런 대화를 평소에 자주 주고받았다. 아이는 아빠와 장난칠 때 대학교수가 모르는 게 많다며 놀리기 일쑤였고, 나는 대학교수는 원래 아는 것만 안다고 되받아치기 일쑤였다. 그런데 그날은 대체 무슨 일이 있었던 걸까? 그날 '버럭'은 무슨 연유로 갑작스레 그리도 거친 등장을 불사했던 걸까? 나는 '버럭'이 더 난동을 부리기 전에 내 마음속 시스템을 살펴야 했다. 일단 방을 빠져나왔다. 그리고 내 안에서 '버럭'이 어떤 다른 감정과 연결되어 있는지 곰곰이 생각하기 시작했다. 머지않아 그날 학교 수업 시간에 있었던 일이 생각났다.

학부 수업이었다. 특히 내가 속한 학과 학생들뿐 아니라, 타과 학생들이 많이 수강하는 수업이었다. 나는 평소 다른 전공 학생들에게 더욱 친절하게 수업 내용을 전달하려고 노력해 왔기에 타과 학생이 선호하는 강의를 한다고 스스로 자부하고 있었다. 그런데 그날은 뜻밖의 경험을 했다. 수업 중 계단강의실 맨 위에 앉아 있던 다른 학과 학생 한 명이 질문을 해 왔다. 나는 친절하게 답변을 시도했다. 답변을 듣고도 학생은 답변이 이해되지 않았는지 고개를 갸우뚱거렸다. 나는 재차 조금 더 쉽게 답변을 시도했다. 학생은 아직도 이해되지 않는 듯한 표정을 했다. 내가 세 번째로 설명하려는 순간, 학생은 이제 괜찮다고 말을 전했다. 나는 수업이 끝난 후에 잠시 남으면 다시 설명하겠다고 친절하게 말하고 수업을 진행했다.

마침내 수업이 끝나고 나는 강의실 위쪽을 향해 빠르게 걸어 나갔다. 질문을 한 학생에게 마저 설명해주기 위해서였지만, 출입문도 그쪽에 있었기 때문이다. 그런데 질문했던 학생은 갑자기 등을 돌리고 출입문 쪽으로 나가는 게 아닌가. 나는 더욱 빠르게 걸음을 재촉하면서 학생을 불렀다. 학생은 뒤를 한번 돌아보더니, 이젠 설명이 필요 없다고 말하고 밖으로 나가 버렸다. 나는 약간 당황스러웠지만 그 학생에게 바쁜 일이 있겠지 생각하며 애써 마음을 정리하려고 했다.

그런데, 나만 속으로 느꼈는지는 모르겠지만, 내 등 뒤에서부터 불쾌한 느낌이 스멀스멀 올라왔다. 내 뒤에 있는 몇몇 학생들이 수군거리는 느낌이었다. 특히 내가 속한 학과 학생들이 웃으며 속삭이는 말소리가 들리는 듯했다. "천하의 권수영 교수가 당했네." 돌이켜보면, 아마 마음속 소리였는지도 모른다. 하지만 그 직후 나는 뒤도 돌아보지 않고 빠르게 연구실로 직행해야만 했다. 평소보다 몇 배나 발걸음을 서두르도록 만든 뭔가 설명할 수 없는 감정들이 내 안에 있었던 게 분명하다. 그래서인지 방 안에 들어가서는 여러 복잡 미묘한 느낌이 몰려와 약간은 멍한 느낌으로 앉아 있었다.

이때 보통 사람들이 자주 쓰는 방법이 있다. 불편한 느낌에서 속히 벗어나기 위해 나름 합리화하면서 생각을 정리하는 것이다. 첫째, 전혀 기분 나빠 할 필요 없다. 왜냐하면 학생은 학생 나름대로 일정이 있어서 나간 것뿐이니까. 둘째, 이런 일로 기죽을 게 전혀 없다. 누가 뭐래도 나는 교수니까. 나는 내 연구실에 있는 여러 '우수강의 교수상' 상패를 뚫어지게 쳐다보면서 내 감정을 가라앉혔다. 아마 속으로 이렇게 외쳤는지도 모른다. '뭐가 문제야? 너는 강의로 상도 받은 적 있는 교수야! 어떤 느낌도 가질 필요 없어!' 이렇게 합리적으로 던진 질문 몇 개에 스스로 대답하고 나면 어느새 마음이 진정되었다고 느끼게 된다. 그런데 과연 그럴까?

　나는 아이와의 소동이 일어난 후에야 내가 그날 겪은 감정 경험이 어떠했는지 찬찬히 살펴볼 수 있었다. 나는 늘 타과 학생들이 선호하는 강의를 제공하는 교수라는 자부심이 있었다. 그런데 그날 이런 자부심이 흔들리는 경험을 한 것이다. 내 내면에는 갑자기 불안이 생긴다. 이젠 내가 타과 학생들에게 충분히 설명을 잘하는 교수가 아닌 듯한 존재의 불안이 생기면 부끄러움까지 느껴질 수 있다. 내가 그날 내가 속한 학과 학생들의 비웃음을 등 뒤로 느낀 것은 아마도 이런 수치심 탓이리라.

　내가 방 안에서 아이에게 갑작스레 '버럭'이 발동한 포인트가 생각났다. 아이가 갑자기 등을 돌리면서 내게 던진 말, "대학교수가 이런 문제도 못 풀어?" 앗, 내가 애써 살짝 묻어 놓은 불안과 수치심이 건드려지는 순간이었다. 그런데 '버럭'의 거칠고 갑작스런 등장에 나는 그런 다른 감정들은 전혀 알아챌 수가 없었다. 내 마음속 시스템은 참 희한한 방법을 구사한다. '버럭'이 깜짝 등장하여 다른 여타 감정들이 드러나지 않도록 방어 전략을 구축하는 것이다. 이는 '버럭'이 마음속 시스템에서 자주 사용하는 방식이다. 마음속 시스템의 대원칙이 바로 숨은 감정들은 계속 숨어 있어야 한다는 믿음이다. 그러다 보니 겉에서 보면 가장 자주 등장하는 감정은 바로 '버럭'이다.

　그래도 당시 나는 감정의 세계를 공부하려는 연구자여서 천만다행이었다. 다른 감정들이 거미줄처럼 얽힌 내면 시스템에 대한 깊은 관심이 있었으니 말이다. 만약 내가 계속 방안에 머물러서 '버럭'에만 집중했다면, 아마도 아이의 등짝이라도 치면서 지나친 공격성을 표출했을지 모른다. 그러고는 '버럭'은 폭력을 부른 '나쁜 감정'이라고 폄하하며 진짜 중요한 다른 감정을 전혀 느끼지 못했을 것이다.

시스템의 시각에서 보면 그저 나쁜 감정이란 없다. 단지 마음속 시스템의 자동회로 안에서 자주 과도하게 기능하는 감정이 자칫 나쁜 감정으로 비춰져 오해받기 쉬울 뿐이다. 그래서 자주 불쑥불쑥 나타나는 '버럭'은 여러분이 마음속에 얌전히 숨어 있는 다른 감정들에 별관심이 없는 한, 겉으로는 내내 그저 나쁜 감정의 누명을 쓰고 살 운명이다.

CHAPTER 2

마음에도
내시경 검사가 필요하다

마음을 들여다보는 렌즈,
호기심

몸과 마음이 아주 다른 구조를 가졌다고 상상하는 사람들이 의외로 많다. 그런데 조금만 공부해 보면 몸과 마음이 움직이는 원리가 매우 흡사하다는 점을 쉽게 깨닫게 된다. 정신분석을 창시한 프로이트 Sigmund Freud 도 원래는 신경을 연구하는 생리학도였다. 신체의 생리적인 역동을 인간의 성격과 마음에 그대로 적용한 것이 바로 그의 '정신역동' 이론이다.

나는 가끔 위 내시경 검사를 한다. 겁이 많은 탓에 처음 내시경 검사를 할 때 수면검사를 택했다. 두 번째 검사 때부터는 수면검사를 하지 않기로 결심했다. 작은 카메라로 의사 선생님이 나의 위장 안을 샅샅이 들여다본다는데, 나도 한번 내 몸속을 관찰해 보고 싶었기 때문이다. 그래서 한번은 아는 의사 선생님께 특별한 부탁을 드렸다. 내시경 검사를 하는 동안 곁눈으로 내 몸속을 들여다볼 수 있게 해달라고. 의사 선생님은 이런 희한한 요청은 처음이라고 반색했다. 마침내 고개를 바닥에 힘들게 붙인 채로, 내 위장 안을 곁눈질하여 관찰하는 데 성공했다. 내겐 실로 묘한 경험이었다.

내시경 검사를 할 때마다 혼자 재미있는 상상을 해본다. 마음을 샅

샅이 관찰해 볼 수 있는 내시경이 있다면 얼마나 좋을까? 마음에 어떤 상처가 있는지, 마음 한구석에 어떤 은밀한 감정이 숨겨져 있는지 내시경으로 찾아낼 수 있다면 심각한 마음의 병을 미리 방지할 수도 있지 않을까?

마음속 시스템을 들여다보는 내시경이 실현 불가능한 것은 아니다. 다만 우리가 가진 일반적인 선형적 판단 의식을 가지고는, 도저히 우리 안에 내재한 유기적인 시스템에 다가갈 수 없다. 가장 주의해야 할 판단은 우리 안의 어떤 느낌이나 생각을 무턱대고 부정적으로 여기는 것이다. 게다가 아예 없애 버리려고 하는 감정이 있다면 마음의 내시경 검사는 애당초 불가능하다.

"넌 누구니? 언제부터 내 안에 있었니?"

가족치료학을 가르쳤던 리처드 슈워츠 교수는 대중 강연을 준비할 때마다 찾아오는 두려움으로 늘 염려와 걱정이 많은 사람이었다. 지나치게 두려움에 휩싸이는 자신에게 주로 사용한 방법은 바로 '합리적인 자기대화rational self-talk'였다.

이 방법은 앞서 이야기한 내 사례에서도 내가 불편한 감정을 처리하기 위해 사용한 방법이다. 즉, 합리적인 질문과 답변을 스스로 던지면서 자연스레 그 불편감을 제압하는 형식이다. "수영아, 왜 그깟 학생 한 명 때문에 교수가 고통을 받고 있어? 어떤 학생도 너에게 해를 끼칠 수 없어. 왜냐? 너는 학생이 아니고 교수야! 게다가 '우수강의 교수상'도 받는 교수! 내 말 맞지?"

슈워츠 교수도 나와 똑같은 합리적인 자기대화를 시도했다. "걱정마, 리처드! 넌 할 수 있어! 혹시 강연 중에 작은 실수를 한다 해도 경력에 흠집을 낼 만한 큰일은 아니잖아!"라고 스스로 되새겼다. 그러나 매번 강연만 시작하면, 그 강경하고 압도적인 감정에 사로잡히는 느낌을 받았다. 남부러운 것 없는 대학교수인 그에게 '두려움'이란 정말 지긋지긋한 감정이었다. 제아무리 합리적인 방법을 동원하여 두려움에서 벗어나려 해도 강연을 마치고 나면 다시 혹독한 자기비판이 이어졌다. 결국에는 강의 자체도 점점 힘들어졌다. 아무리 없애려 해도 두려움의 위력은 더욱더 강력해졌다.

두려움으로 힘들어하던 슈워츠는 어느 날 갑자기 자신을 떠나지 않는 그 '두려움'이란 감정이 궁금해지기 시작했다. 왜 그렇게 자신에게서 떠나지 않는지, 언제부터 자신 안에 자리 잡았는지 제대로 알고 싶어진 것이다. 이러한 태도는 그로서는 실로 놀라운 변화였다. 우리가 자주 느끼는 특정 감정을 스스로 불편하게 생각하면 그 감정은 바로 나쁜 감정으로 낙인찍힌다. 그래서 어떤 특정 감정에 대한 부정적인 판단을 내려놓고, 그 존재를 궁금해하는 일은 생각보다 정말 중요하고 의미 있다.

감정에 대한 여러 접근 중 심리상담사가 가장 자주 사용하는 미러링 mirroring 기술이 있다. 영어 의미대로라면 '거울 되어 주기' 혹은 '반영하기'라고 번역하곤 한다. 이는 감정에 대한 어떠한 판단도 다 내려놓고 있는 그대로 비춰 주는 일을 의미한다. 이때 가장 중요한 태도가 바로 깊이 알고 싶어 하는 호기심이다. 이미 어떤 감정을 나쁘다고 판단하고 나면, 그 깊은 마음속을 들여다볼 길은 꽉 막히고 만다. 마음을 들여다보는 내시경이 있다면 호기심은 그런 내시경의 특수 렌즈다. 마음속 시스템을 유기적으로 볼 수 있는 절호의 기회를 제공하기 때문이다.

슈워츠는 또 한 가지 재미있는 시도를 했다. '두려움'을 하나의 인격체처럼 여기고 말을 건넨 것이다.

"너 누구니? 언제부터 내 안에 있었니? 그리고 무엇 때문에 그렇게 두려워하는지 알고 싶어."

남들에겐 다소 낯간지러운 일처럼 보이겠지만, 슈워츠는 꽤 진지하게 자신의 감정과 첫 번째 대화를 시도했다. 내 안에 수많은 감정들이 또 다른 나의 모습으로 유기적인 시스템을 구성한다는 전제만 있다면 누구나 이런 대화를 시도할 수 있다. '두려움'이라는 감정도 나를 구성하는 여러 소인격체들 중의 하나이기 때문이다.

슈워츠는 두려움에 대한 그간의 부정적인 판단을 버리고, 자신 안 두려움에게 자꾸 말을 건넸다. 자신의 마음 어디쯤 두려움이 있는지 느껴보기도 했다. 전 존재의 세포 하나하나까지 그 두려움을 느껴보려고 애를 썼다. 그러자 몸의 한 부분에서 두려움이 유독 강하게 느껴졌다. 다시금 그 두려움에게 묻기 시작했다.

"난 네가 무슨 일을 하는지 정말 알고 싶어. 내게 알려 줄 수 있겠니?"

그로부터 얼마 후 마침내 슈워츠의 귀에 어떤 내면의 목소리가 들리기 시작했다.

"나는 실패할 것이고, 다시 엄청난 창피를 당할 거야!"

도대체 이게 무슨 뜻이지? 그 의미를 알 수 없어 당황해하고 있는 사이, 불현듯 어린 시절의 한 장면이 떠올랐다. 초등학교 교실 안에서 일어난 일이었다. 자신이 뭔가를 발표하는 중에 작은 실수를 하자, 발표를 듣던 친구들이 전부 다 깔깔거리면서 웃는 모습이 눈에 들어왔다. 그중에는 조롱 섞인 웃음소리도 간간이 들렸다. 그 와중에 선생님을 쳐다보니 선생님마저도 비웃는 듯 웃고 있는 게 아닌가? 쥐구멍에라도 들어가고 싶은 최악의 순간이었다. 그때 일이 생각나자 온몸에 전율이 느껴졌다. 그 일은 지난 수십 년간 까맣게 잊고 지냈던 사건이었다. 당시의 충격은 말로 표현할 수 없을 정도로 엄청났는데, 조금 전까지도 기억저장소에 아주 오랜 세월 꼭꼭 숨겨져 있었다. 그런데 갑자기 섬광처럼 뇌리에 떠오른 이유는 무엇일까?

슈워츠는 어린 시절 그 사건 이후, 자신의 마음속 시스템에서 그 기억을 완전히 지워 버리려고 했을 것이다. 그 기억은 어린 마음에 너무도 큰 수치심과 모멸감을 안겨 주었기 때문이다. 그 기억을 완전히 없앨 수는 없지만, 기억저장소 가장 어두운 구석에 유배할 수는 있었다. 마음속 시스템은 유배해 놓은 가장 취약한 감정인 이 '수치심'을 감추기 위해 특단의 조처가 필요했다. 그렇게 하지 않으면 학창 시절 내내 발표할 때마다 당시의 수치심이 되살아나 그를 괴롭힐 테고, 그러면 학창 시절이 엉망이 될 뿐더러 대인관계의 질도 현저히 떨어질 게 분명했기 때문이다. 그래서 내면의 수치심을 안전하게 지켜내기 위해서 감정 하나가 자원한다. 그 자원군이 바로 두려움이다.

마음속 시스템 안에서 두려움은 마을의 치안을 유지하고자 애쓰는 자율방범대와 매우 흡사하다. 즉, 발표할 때나 남 앞에 나설 때 혹시라도 오랫동안 숨겨 놓았던 수치심이 드러나 또 그때처럼 참혹한 마음속 시스템의 붕괴가 올까 봐 늘 시스템을 철통같이 보호하는 마음 지킴이다. 어느 시점부터인가 마음속 시스템의 주인인 슈워츠는 항시 시스템을 순찰 중인 두려움이라는 감정에 몰두하느라, 어린 시절 겪은 그 치욕스러운 기억은 서서히 잊을 수 있었다.

그러던 어느 날 두려움이 그 과도한 기능을 잠시 멈출 일이 생겼다. 슈워츠가 '두려움'이라는 마음 지킴이를 나쁜 인물로 여기지 않고, 그 실체를 진정으로 궁금해하는 마음으로 다가선 것이다. 두려움은 자신의 숨은 공로를 알아주는 주인 덕에 무장해제를 하듯 자신의 과도한 방어 기능을 살짝 내려놓았다. 그러자 마음속 시스템의 전력이 살짝 떨어지면서 오랫동안 숨겨 왔던 수치심과 연관된 사건들의 이미지가 기억저장소에서 빠져나왔다.

앞서 말한 바와 같이 마음을 비추는 내시경의 렌즈는 바로 호기심이다. 그런데 이 호기심에는 어떠한 부정적인 의심의 마음도 없어야 한다. 마음 내시경은 마음 안에 존재하는 모든 감정이 나름대로 자신의 역할을 다하는 착한 감정임을 전제한다. 다소 강경해 보이고 위험해 보이는 감정일지라도 그 감정이 마음속 시스템을 지키기 위해서 아주 오랫동안 해온 일을 진정 알고 싶어 해야 한다. 그러면 마음의 내시경이 작동을 시작한다.

우리 내면에 숨어 있는 여러 소인격체들

가족치료학 교수인 슈워츠는 가족 시스템을 연구하고 가족치료에 적용하던 방식을 인간의 내면에도 적용할 수 있으리라 믿었다. 우리의 마음 안에도 가족이 살고 있다는 뜻이다. 가족 구성원이란 나와 함께 사는 가족 시스템의 구성원이다. 나의 내면에 존재하는 여러 소인격체도 내 안에서 가족처럼 지낸다고 상상해 보라. 이것을 슈워츠는 '내면가족시스템Internal Family System, IFS'이라고 불렀다.[*]

앞에서 이야기했듯 나의 감정 시스템을 구축하는 작은 소인격체는 수도 없이 많다. 유행가 가사처럼 '내 속에 내가 너무도 많은' 탓이다. 그래도 크게 분류하자면, 나의 수많은 감정들을 강경파hard emotion 와 온건파soft emotion 로 나눌 수 있다. 강경파 감정들은 외부로 강하게, 자주 표출되는 감정이다. 분노 감정이 강경파의 대표주자다. 온건파 감정들은 웬만하면 자신을 잘 드러내지 않지만, 그렇다고 존재하지 않는 줄 알면 큰코다친다.

....

[*]　Richard C. Schwartz, *Internal Family Systems Therapy*, New York: Guilford Press, 1995. 《내면가족체계치료》(김춘경·변외진 옮김, 학지사, 2010)로 번역되었다.

조직을 예로 들어 보자. 어느 조직이든 과격하게 자신을 드러내는 이들만 있지는 않다. 조직의 배후에서 조용히 자신의 목소리를 내려고 하는 온건파들이 있기 마련이다. 온건파는 강경 세력이 목소리를 드높일수록 더욱 안으로 숨어든다. 시스템 안에서 과잉 기능하는 부분이 많으면 그만큼 기능이 약해지는 부분도 생기게 마련이다. 이는 시스템의 기본 속성이다. 앞서 미진이를 야단치며 분풀이하는 엄마의 분노 감정은 누가 봐도 강경파 감정이다. 그렇다고 엄마에게 강경파 감정만 있는 건 물론 아니다. 온건한 감정은 내내 숨어 있다가 어르고 달래야만 슬며시 얼굴을 드러낸다. 대표적 온건한 감정인 '외로움'은 좋은 심리상담사를 만나야 그 본색을 조금씩 드러내는 경우가 많다.

갈등을 겪는 부부를 위한 상담에서, 변화의 기회는 강경파 감정이 강력하게 방어하고 있어서 좀처럼 밖으로 나오지 못하고 있는 온건파 감정들을 끌어내는 데서 출발한다. 내면 깊숙한 곳에 자리 잡은 서로의 온건파 감정을 찾아낼 때 비로소 진정한 상담이 시작되는 셈이다. 미진이의 아빠는 평소 아내의 몰랑몰랑한 내면의 감정을 만나본 적이 없을 터이다. 늘 자신에게 냉랭하고, 아이에게 핀잔주는 아내의 강경한 모습에만 익숙하기 때문이다.

이 부부상담의 하이라이트를 상상해 보라. 아내가 처음으로 눈물을 흘리면서 엄마로서가 아닌, 여성으로서 그동안 느꼈던 자신의 외로움을 상담사에게 털어놓기 시작한다. 남편은 그런 아내의 모습을 난생처음 본다. 흐느끼는 아내를 바라보는 남편의 눈에도 눈물이 고인다. 남편은 드디어 아내를 품에 껴안고 미안하다는 말을 건넨다. 아내는 더 큰 소리로 흐느낀다.

반대의 상황도 가능하다. 남편이 그동안 말하지 못했던 자신의 남성성에 관한 이야기를 힘들게 꺼낸다고 상상해 보자. 남편은 서로 사랑해서 함께 사는 것이 아니라, 아이가 생긴 탓에 자의 반 타의 반 결혼했다고 믿는 자신이 얼마나 작고 부족하게 느껴졌는지 그간의 이야기를 시작한다. 직장에서 매일같이 작아지는 경험을 하는 것도 모자라 지친 마음으로 집에 돌아오면 소리 지르는 아내가 기다린다. 아내 앞에서도 한없이 작아지는 경험을 자주 했다는 말을 꺼내면서 남편의 눈에도 눈물이 흐른다. 눈물을 흘리는 남편의 모습을 보고서야 아내의 입에서도 "그랬구나, 몰랐어! 미안해."라는 말이 함께 새어 나온다.

이러한 모습은 TV 리얼리티 프로그램에서나 볼 법한 드라마틱한 연출 장면 같지만, 마음속 시스템을 파악했을 때 너무도 자연스럽게 이어지는 과정이다. 오랫동안 꼭꼭 숨어 있던 온건파 감정들은 밖으로 뛰쳐나와 자유롭게 외부로부터 공감을 얻고 싶었는지 모른다. 그리고 온건파 감정들이 세상 밖으로 나오면 신기하게도 강경파 감정들 역시 한결 부드러워진다. 마침내 더는 강경파와 온건파의 구분이 필요하지 않은 상황이 된다. 마음속에서 힐링이 무르익는 순간이다. 비슷한 상황은 모든 사례에서 반복된다. 슈워츠 교수의 경우 그가 감추고 싶었던 온건파 감정인 어린 시절의 '수치심'을 지키기 위해, 강연을 준비할 때마다 강경파 감정인 '두려움'이 과도하게 나섰다. 두려움을 없애려고 하는 대신 알아 주고 충분히 인정해 주자 그제야 비로소 시스템 안에서 숨었던 수치심을 찾아낼 수가 있었다.

온건파 감정은 왜 자꾸 숨어드는 걸까? 온건파 감정은 겁이 많다. 나 자신은 물론, 남들에게 알려지면 자기 자신에게 큰 해가 생길지도 모른다는 걱정이 앞서서 아예 존재를 숨긴다. 외로울수록 더 크게 웃고, 창피할수록 더 강하게 역정을 내는 이유는 바로 이러한 온건파 감정 수호를 위한 방어 전략이다. 온건파 감정이 드러날 위기에 처할 때마다 강경파 감정이 대신 앞으로 나서 주는 역할을 하는 것이다. 어쩌면 온건파 감정은 스스로 숨을 수 있는 게 아니라, 강경파 감정 덕분에 안전하게 숨어 있는지도 모른다.

온건파 감정이 자기 존재에 대한 지나친 걱정에 싸여 있는 동안에는 강경파 감정이 과도하게 나서 주는 것도 도움이 될 수 있다. 그래서 강경파 감정도 때로는 필요하다. 하지만 과잉기능의 강화는 시스템 과부하를 가져오기 마련이다. 과잉기능에 밀려 기능이 멈춘 듯 보이는 부분이 적절한 기능을 회복할 때 전체 시스템이 원활하게 운용되는 법이다.

그래서 우리 안에 '버럭'하는 감정이 자꾸 생긴다면 그 안에 어떤 온건파 감정들이 숨어 있는지 찬찬히 살펴보는 지혜가 필요하다. 마음속 감정 시스템이 원활하게 잘 기능하려면 온건파 감정도, 강경파 감정도 꼭 필요한 감정이다. 이 감정들은 누구는 좋고 누구는 나쁜 관계가 아닌 상호 보완해 주는 관계이기 때문이다.

감수성은 공감하는 능력이다

그렇다면 우리 안에 자리잡은 수많은 감정을 모두 꺼내 볼 방법이 있다면 얼마나 좋을까? 타고르의 《까비르 명상시》 중에는 아래와 같은 말이 나온다.

'앎'은 두뇌적이다. 그러나 '느낌'은 전체적이다.

느낄 때는 머리만으로 느끼지 않는다.

가슴만으로 느끼지 않는다.

그대 전 존재의 세포 하나하나가

그대로 느낌 그 자체가 되어 느낀다.

느낌은 전체적이다.

느낌은 유기적이다.

감정세계를 시스템적 사고로 살펴보려는 이 책의 논지를 이렇게 잘 표현해 놓다니 놀랍기만 하다. 이 글에서처럼 머리만으로 느끼지 않으려면 어떻게 느껴야 할까? 과연 우리 같은 평범한 사람도 유기적인 느낌을 시스템으로 경험하는 일이 가능할까?

나는 가끔 '감수성 훈련'이라는 집단 상담*을 진행한다. 감수성 훈련은 대부분의 상담전문가나 심리치료 전문가가 필수적으로 경험하는 집단 훈련 중 하나다. 그런데 감수성 훈련이란 용어 자체가 오해를 불러일으키기 쉽다. 마치 감수성이 무뎌진 사람들이 모여서 시 한 편을 읽고 느낌을 나누는 낭만적인 훈련처럼 느껴지기도 한다. 하지만 내가 뜻하는 감수성 훈련이란 우리가 그동안 얼마나 강경과 감정들에 현혹됐는지 살펴보고 진단하는 것으로부터 시작한다. 내가 표현하는 만큼의 감정, 혹은 내 밖으로 드러나는 감정만 내 안에 있는 게 아니다. 우리가 인식할 수 있는 감정보다 훨씬 더 많은 숨겨진 감정들이 존재한다.

감수성 훈련에서 '감수성'이란 나 자신이나 상대방이 느끼는 감정을 세밀하게 미분화하여 감지하는 능력이다. 이때 감수성을 최대한 발휘하려면 앞에서 언급했듯이 머리나 가슴이 아닌, 내 전 존재의 세포 하나하나가 모두 필요하다. 전 존재의 세포를 모두 동원해야 마음 한구석에 숨은 미미한 온건과 느낌들도 찾아낼 수 있다. 참석자들의 숨겨진 감정들은 집단이 충분히 안전하다고 여겨질 때 비로소 밖으로 나온다. 자신의 숨겨진 온건과 감정을 처음으로 경험한 이들은 이

....

*   집단 상담은 상담자와 내담자가 일대일 면담으로 만나는 개인 상담과는 달리, 보통 5명 이상에서 많게는 15명까지 소그룹으로 만나는 상담 유형이다. 집단 상담의 진행을 맡은 심리상담사는 참석자들이 각자 내면의 역동을 탐색하고 그룹 내에서 안전하게 내면의 감정을 나눌 수 있도록 촉진자의 역할을 한다.

제 다른 이들의 온건파 감정도 공감할 수 있는 새로운 계기를 마련한다. 그래서 나는 심리상담사를 위한 감수성 훈련을 '공감 훈련'이라고 바꿔 부르는 것을 선호한다.

나는 감수성 훈련을 시작하는 첫 시간에 참가자들의 심정을 먼저 묻곤 한다. 그럴 때마다 제일 먼저 등장하는 감정이 주로 강한 기대감이나 긴장감 같은 강경파 감정들이다. 소외감이나 외로움을 느끼는 참가자들이 있다고 하더라도 이러한 감정은 잘 드러나지 않는다. 나의 경험에 비추어 보면, 집단을 진행하는 교수를 향한 기대감으로 부풀어 있다고 말하는 참석자가 대부분이다. 이런 상태에선 자기 안에 숨겨져 있는 온건파 감정인 소외감이나 외로움 등을 느낄 틈이 전혀 없다. 참가자 중 몇 명 정도가 기대감도 있지만, 긴장감도 살짝 느껴진다고 얘기할 뿐이다.

나는 많게는 열두 명 정도의 참석자들과 감수성 훈련을 시작하면서 먼저 모임이 있는 방 안에서 느껴지는 감정들을 모두 칠판에 적어 보자고 제안한다. 가령 내 안에서 느끼는 감정들, 나 말고 다른 사람에게서 느껴지는 감정들, 혹은 나와 다른 사람들 사이에서 느껴지는 감정들 등을 말로 표현하게 한다. 어떤 이는 쉽게 자신의 감정을 느끼고 말로 표현하지만, 어떤 이는 감정이 잘 떠오르지 않아 다양한 감정들을 표현하는 이들을 부럽게 쳐다보기도 한다. 시간을 충분히 주면 참석자들이 느끼고 말한 감정의 종류는 어느새 커다란 칠판에 가득 찬다. 많게는 서른 개가 훌쩍 넘는 감정 이름들이 칠판에 빼곡한 것을 보면 다들 어안이 벙벙해진다. 처음 그 방에 들어선 순간에는 아무도 그토록 다양한 수십 가지의 감정이 자신과 다른 사람들 마음속에, 그리고 그 방안에 복잡하게 얽혀 있는지 몰랐을 것이다.

첫 시간에 그 집단의 공간과 시간 안에 존재하는 감정 경험을 찬찬히 말로 표현하고 칠판에 적는 이유가 뭘까? 앞서 이야기한 바와 같이 감정을 하나의 소인격체로 상상해 보자. 자기 안에 숨어 있는 감정들, 그리고 한 공간 안에 있는 감정들을 모두 집합시키려면 한 명씩 출석을 부르듯 이름을 정성껏 불러 주어야 한다. 학교에서 수업을 시작할 때 학생들의 이름을 한 명씩 불러 주는 일이 중요한 것처럼 감정이라는 이름의 소인격체도 이와 마찬가지로 대접받길 원한다. 흥미롭게도 수업 시간에 떠드는 아이들의 이름이 자주 불리듯, 감정 역시 자주 드러나는 감정일수록 주위에서 이름을 확실하게 불러 주는 경우가 많다. "화내지 마!" "짜증 좀 그만 내!" 이름 불리는 것이 신나서 분노 감정은 더욱더 자주 자신을 드러낸다.

이에 비해 온건파 감정들은 이름을 불러 주는 이들이 적다. 예컨대, 현재 자신의 감정에 대해 "내 마음이 참 외롭다." 혹은 "내 인생이 너무 비참해."라는 표현으로 이름 붙이는 대신, 이런 마음을 들키지 않으려는 듯 대개는 "뭐, 그냥 그렇게 사는 거지."라며 안 그런 척하기에 바쁘다. 혹시라도 다른 사람들이 자신의 숨겨진 감정의 이름을 부를까 봐 두려워서 오히려 밖으로는 안 그런 척, 남들 앞에선 당당한 척, 강한 척 연기를 한다.

이렇듯 많은 사람이 온건파 감정들에 대한 감수성이 무뎌져 버렸다. 너나없이 강경파 감정들에만 집중하다 보니 교실 안에는 마치 강경파 감정들만 존재하는 것처럼 여겨진다. 마찬가지로 우리 아이들이 짜증을 자주 내는 모습만 보고, 우리 아이의 감정세계에는 오직 짜증만이 도사리고 있다고 단정하곤 한다. 물론 절대로 사실이 아니다. 실은 눈에 금방 띄는 짜증만 매일같이 출석 체크를 했을 뿐이다.

우리 안에 모여 있는 온갖 감정들, 강경파와 온건파 감정들 모두를 불러내려면 머리가 필요한 게 아니다. 그러니 생각을 오래 할 필요가 없다. 서로 유기적으로 연결된 감정의 시스템을 온몸으로 느끼고 받아들이려는 마음이 더욱 필요하다. 내면의 감정을 온몸으로 느끼려면 먼저 경직되지 않은 편안한 분위기를 만들어야 한다. 시험 보는 교실처럼 긴장된 분위기에서는 온건한 감정은 몸을 사린다. 편안하게 쉬고 놀 수 있는 분위기가 되어야 숨었던 유약한 감정들도 슬며시 머리를 드는 법이다. 그래서 제대로 된 감수성 훈련은 숨어 있는 감정의 경직성을 이완시키고 편안하게 놀이를 하는 시공간을 만드는 일부터 시작한다.

어린 시절을 떠올려 보라. 밖에 나가서 놀기 위해서는 친구들의 이름을 불러야 한다. 지금은 핸드폰이 있어서 전화 한 통이면 다 밖으로 모이지만, 예전에는 친구들 집 앞에 가서 "민수야 놀자! 은주야 놀자!" 이름을 불렀던 기억이 선명하다. 우리의 숨은 온건파 감정들도 이렇게 하나하나 이름을 불러 주어야 한다. 그래야 밖으로 나와서 우리와 놀 수 있다.

내가 왜 이런지
문득 궁금해질 때

30대 초반의 미숙은 남편 대호와 결혼한 지 5년 차 젊은 부부다. 최근 미숙은 밤낮으로 열심히 직장 생활을 해 온 부지런한 남편 덕에 5년 만에 작은 내 집 마련을 하고 들뜬 기분으로 살고 있다. 미숙은 결혼 전 초등학교 교사를 하다가 최근까지 파트타임으로 방과 후 교사를 하고 있었다. 남편과 상의한 끝에 이제 미숙은 직장 생활을 접고 첫 아이를 가지기로 마음먹었다. 5년 전 비용을 절약하기 위해 제주도 신혼여행을 선택했던 미숙은 아이를 임신하기 전 남편과 단둘이서 첫 해외여행을 계획했다. 이미 항공편과 호텔 예약까지 마친 상태였다.

그런데 여행 일주일 전 남편 대호로부터 전화 한 통을 받았다. 갑작스러운 회사의 인사이동 조치로 남편이 팀장으로 승진이 되었다는 기쁜 소식이었다. 그런데 기쁜 소식 다음에는 또 다른 비보도 함께 전달되었다. 승진 후 바로 팀을 개편해야 하므로 동남아 여행을 위한 휴가를 반납해야겠다는 내용이었다. 아래는 그들이 나눈 대화 일부다.

미숙: 당신은 여행 취소하겠다는 말을 어떻게 그렇게 쉽게 해? 그

러면 애초에 이런 일주일 해외여행 계획을 잡지 말든가?

대호: 내가 일부러 그랬어? 다 이유가 있는 거잖아. 당신은 어떻게
그런 말도 안 되는 트집을 잡고 그래? 남들은 남편 승진했다
고 하면 축하한다고 난리를 칠 텐데, 안 그래? 지금 내가 팀장
이 된 거는 최소한 이삼 년을 당겨서 된 거라고 알기나 해?

미숙: 지금 말 다 했어? 뭐? 내가 트집을 잡는다고? 미안하다는
말 한마디 없이 약속을 깬 게 누군데?

대호: 왜 그렇게 말을 못 알아들어? 일부러 여행을 안 가겠다는
거야, 내가? 회사에서 갑자기 팀을 새로 개편하라니까 어쩔
수 없이 휴가를 반납해야 한다는 거 아냐? 이런 것도 이해
못 해?

미숙: 아니, 조금 전까지 신나서 히죽거리더니, 이제 안타깝지만 어
쩔 수 없이 약속을 어긴다고 말을 바꾼 거야? 정말 기가 막혀!

대호: 정말 트집 잡는 데 사람 미치겠네. 신나서 히죽거려? 그럼
승진했는데 이런 꼴을 당하는 건 정상이냐?

미숙: 다 필요 없어! 당신 말대로 휴가도 반납하고 그냥 회사에서
숙식하면서 열심히 팀장이나 하셔! 잘났어, 정말!

남편과 심하게 다툰 미숙은 그날부로 숙식을 회사에서 하라면서
대호에게 침낭까지 집어 던지고 안방으로 들어갔다. 마루에서 소리
를 지르던 남편도 잠시 후 옷가지를 챙겨 입고 집을 나섰다. 승진한

날 그토록 싸웠으니 대호도 마음이 편할 리 없다. 친구들과 만나 과음하고 외박한 뒤 곧장 출근했다. 다음 날 집으로 들어오긴 했지만, 대호는 침낭을 펴고 마루에서 잠을 잤다.

미숙은 며칠간 냉전을 이어가다가 도저히 화가 가시지 않자 가까운 친구들에게 전화해 속마음을 털어놓기 시작했다. 그런데 놀랍게도 친구들은 미숙의 미성숙한 행동을 탓했다. 승진하고 나서 마루로 쫓겨난 대호가 불쌍하다는 말까지 했다. 미숙은 다시금 친구들에게 분통을 터뜨렸지만, 친구들의 한결같은 반응이 왠지 석연치 않았다. 결국 미숙은 초등학교 교사 시절 도움을 받은 적 있었던 상담센터를 찾았다. 미숙은 당시 도움을 받았던 심리상담사와의 상담을 신청했다.

상담사는 첫 회기에 예약 상담을 하게 된 경위를 물었다. 미숙은 대호가 승진하던 날 너무 화가 나서 대화를 망친 이야기, 그리고 여행 약속 취소를 너무 쉽게 했던 남편에 대한 원망 등을 털어놓았다. 상담사는 미숙이 첫 회기에 드러낸 감정들이 다 밖으로 강하게 표출되는 강경파 감정들임을 눈치챘다. 그런데 미숙은 상담사에게 자신도 스스로가 왜 그렇게 화가 났는지 무척 궁금하다는 이야기를 전했다. 화가 아직도 머리끝까지 나는데 친한 친구들까지 모두 자신이 문제라고 하니까 갑자기 자신의 속마음이 궁금해졌다는 것이다. 내담자의 호기심! 상담사에게는 최고의 기회다. 이제 미숙의 마음속 시스템에 숨겨져 있는 온건파 감정을 함께 살펴야 할 때이다.

강경파 감정의 수고를 인정하자

일단 상담사는 미숙에게 마음을 보는 내시경 검사에 대해 설명했다. 덧붙여 마음의 내시경으로 들어가서 그 안의 감정들과 하나씩 대화를 시도하는 것은 전혀 이상한 일이 아니라고 재차 강조했다. 이제 미숙의 갑작스러운 화를 향해 조심스레 다가가 보아야 한다.

상담사는 미숙에게 눈을 감고 남편이 승진하던 날 느꼈던 화를 다시 떠올려 보라고 했다. 그리고 그 느낌이 지금은 신체 어디쯤 있는지 한번 찬찬히 느껴 보라고 요청했다. 눈을 감고 가슴을 만지던 미숙은 그 화가 아마도 가슴 깊숙이에 있던 것 같다고 했다. 그리고 강도는 약해졌지만 지금도 그 분노가 그곳에 남아 있다고 전했다. 상담사는 먼저 그 분노 감정의 이름을 붙이라고 했다. 미숙은 즉시 '진짜 화'라고 감정에 이름을 붙였다. 상담사는 미숙에게 자신이 말하는 대로 그 가슴 속에 자리 잡고 있는 '진짜 화'에게 말을 걸어 보도록 권했다.

"진짜 화야, 네가 그날 갑자기 그렇게 나온 건 분명 내 안에 네가 꼭 해야 할 일을 한 거라고 믿어."

미숙은 천천히 상담사가 한 말을 따라하며 '진짜 화'에게 말을 걸기 시작했다. 상담사는 다시 이런 이야기를 '진짜 화'에게 전하도록 했다.

"진짜 화야, 내 친구들은 너를 이상하다고 뭐라고 해도, 나는 절대 그렇지 않아. 나는 어렴풋이 알아. 너는 분명 네가 내 마음속에서 꼭 해야 할 어떤 일을 하고 있다는 걸. 그래서 나는 네가 내 안에서 하는 일이 무엇인지 정말 알고 싶어.”

'진짜 화'가 어떤 반응을 보이는지 상담사가 조심스레 물었다. 한참 동안 침묵을 지키던 미숙은 '진짜 화'가 아무런 반응이 없는 것 같다고 답변했다. 상담사는 괜찮다고 말하며 즉시 미숙과 미숙의 '진짜 화'를 안심시켰다. 그러면서 다음과 같이 재차 마음속 시스템을 지키는 '진짜 화'를 인정해 주고 안심시키는 말을 하도록 조언했다.

“그래, 아직은 말하기 힘들지도 몰라. 내게 좋지 않은 일이 생길까봐 아직도 많이 불안할 테니까. 그래도 상담사 선생님과 지금 하는 일에 대해선 조금만 인내심을 가지고 지켜봐 줄래?”

상담사가 보기에 내담자는 마음속 감정과 나누는 대화가 아직 약간 어색한 듯 보였다. 상담사는 다시 미숙에게 가슴 속 '진짜 화'가 상담사와 미숙이 함께 건넸던 말에 어떤 느낌을 받았는지 느껴 보라고 했다. 그녀는 '진짜 화'가 자신이 나쁘다고 무턱대고 비판하지 않고 인정해 주는 말에는 고마움을 느끼는 것 같다고 말했다. 상담사는 처음엔 그 정도만 느껴도 성공이라며 미숙의 감정과의 첫 대화를 격려했다. 그리고 그 '진짜 화'의 영역 안에 잠시 머물러 있도록 당부했다.

마음속 시스템 안에서 '진짜 화'의 느낌 속에 잠시 머무는 동안, 놀랍게도 미숙은 갑자기 어린 시절의 장면 하나를 떠올렸다. 거의 20년 전의 일이었다. 그 장면은 열 살 남짓 된 미숙이가 아빠와 제과점에서 마주 앉은 장면이었는데, 아빠 옆에는 처음 보는 중년 여성이 앉아 있었다. 당시의 장면을 설명하는 미숙의 눈에 갑자기 수도꼭지처럼 눈물이 줄줄 흘러내렸다.

그녀는 자신이 일곱 살 때 부모님이 이혼했다고 말문을 열었다. 미숙은 엄마와 함께 살게 되었는데, 아빠는 이혼 이후에도 미숙을 정기적으로 만났고 사랑을 듬뿍 주었다. 이혼 직후 미숙은 아빠와 만날 때면 함께 공원도 가고 영화관도 갔다고 기억했다. 당시 미숙은 언젠가는 자신이 징검다리 역할을 잘해서 엄마와 아빠를 다시 연결하여 가정을 회복하고 싶었다.

그런데 이혼 후 2년여가 흘렀고 상황은 점점 생각과 다르게 흘러갔다. 어느 날 아빠는 미숙에게 큰 놀이공원에 놀러 가자고 약속을 했다. 그때까지 미숙은 한 번도 놀이공원을 간 적이 없었다. 아빠와 함께 하는 놀이공원이라니, 미숙은 부푼 마음을 안고 그날만을 기다렸다. 그런데 아빠가 당일 아침 전화를 하더니, 갑자기 일이 생겨서 놀이공원 약속을 취소해야 하겠다고 통보했다. 미숙은 그날 이후로 아빠를 다시 만날 날을 기다렸지만 아빠와의 약속은 그 이후에도 몇 번이나 미뤄졌다. 그리고 엄마로부터 충격적인 소식을 들었다. 아빠가 최근에 여자를 만나 새로운 가정을 이루게 되었다는 소식이었다. 미숙은 겉으로는 엄마의 이야기를 담담히 들었지만 마음속은 만 가지 생각으로 요동쳤다.

그 이후 다시 아빠를 만났을 땐 아빠 옆에 처음 보는 낯선 여자가 함께 있었고, 아빠는 미숙에게 낯선 여자를 새엄마라고 부르도록 했다. 게다가 아빠는 자신과의 놀이공원 약속도 새엄마와의 결혼 준비 때문에 몇 번이나 미뤄졌던 거라고 아무렇지도 않게 말하는 게 아닌가. 당시 장면을 설명하던 미숙은 그만 오열하기 시작했다. 갑자기 떠오른 장면은 바로 이때 미숙의 모습이었다.

온건파 감정의 상처에 공감하자

상담사는 당시 미숙의 감정을 찬찬히 탐색하기 시작했다. 아빠에게 그런 말을 듣던 미숙은 순간 화가 올라오고 말로 다 할 수 없는 배신감을 느꼈다고 했다. 열 살 미숙의 가슴은 불덩어리 같았지만 도리어 아빠를 낯선 사람 보듯 차갑게 대하고 집에 돌아왔다. 그날 이후 몇 번이나 아빠가 연락했지만, 미숙은 엄마 앞에서 다시는 그 사람을 보고 싶지 않다고 울부짖었다. 그간 아빠에게 정을 준 것에 대해 마음 깊이 엄마에게 죄송스럽게 느껴지기도 했다. 그 후 아빠와의 만남을 회피하게 되고 몇 년 후 아빠와의 연락은 점점 소원해졌다.

미숙은 어렸지만 그때부터 집이 경제적으로 어려워지고 있다는 것을 절감하기 시작했다. 엄마는 가정을 유지하기 위해 점점 더 많은 일을 해야 했다. 당시 미숙은 엄마를 밤늦게까지 기다리며 '혹시 엄마가 영영 돌아오지 않으면 어떡하지'라는 두려운 마음을 가지기 시작했다고 한다. 그리고 혼자 집에 있을 때면 공포에 가까운 지독한 외로움을 느꼈다고 했다. 그때마다 아빠가 원망스러웠다.

그렇게 미숙은 성인이 되었다. 미숙은 성인이 되어서도 외로움을 많이 느꼈다. 이때 자신에게 다가왔던 한 남성이 있었고, 그 남성이 바로 대호였다. 그녀가 느끼기에 대호는 아주 어렸을 때 자신에게 따뜻한 미소를 보내 주고 힘껏 안아 주었던 아빠의 믿음직스러운 모습과 많이 닮아 있었다. 미숙은 대기업에서 큰 역할을 했던 아빠의 가장으로서의 듬직한 모습을 대호가 꼭 빼닮았다고 느꼈다. 하지만 정작 미숙이 대호에게 간절히 기대했던 건 그런 사회적 성공이 아니었다. 갑작스럽게 자신을 떠난 아빠와는 다르게, 남편은 항상 필요할 때 곁에 있어 주고 약속을 반드시 지키는 사람이길 뼛속까지 깊이 바랐는지 모른다.

마음속 시스템을 탐색하던 중, 미숙은 스스로 자신의 '진짜 화'가 바로 자신이 숨겨놓은 외로움과 버려짐의 두려움을 철저히 방어하고 있었음을 알게 되었다. 미숙이 오랜 세월 마음속 깊은 곳에 묻어둔 온건파 감정을 다시금 찾아내어 보듬는 일이 무엇보다 시급했다. 상담사는 미숙에게 남편을 상담실로 초대하도록 격려했다. 대호는 며칠 후 상담사와 함께 부부상담에 참여했다. 이때 다시 미숙은 이전 상담 회기에서 떠올리게 된 열 살 때의 장면을 남편에게 처음으로 설명했다. 그리고 당시 미숙이 경험한 온건파 감정을 꺼내어 남편에게 찬찬히 소개했다. 외로움, 버려짐의 두려움 등 오랫동안 숨어 지낸 온건파 감정의 이름이 다시금 불릴 때마다 미숙의 눈에는 눈물이 하염없이 흘렀다. 어느새 대호의 눈에도 눈물이 가득 맺혔다.

CHAPTER 3

우리가 숨은 감정의
이름을 불러 주었을 때

중요한 건
마음속 시스템의 균형

나는 가족치료를 연구하는 학자들이 자주 사용하는 '역기능 가족'이라는 말을 좋아하지 않는다. 일반적으로 역기능은 순기능에 맞서는 부정적 의미로 쓰이는 경우가 많기 때문이다. 가족 시스템은 순기능만 하는 경우도, 역기능만 하는 경우도 없다. 어느 가족 내에서나 순기능과 역기능이 공존하기 마련이다. 감정도 마찬가지다. 어떤 감정이든 부정적이기만 하거나 없애야만 하는 감정은 없으며, 모든 감정은 감정 시스템 안에서 각자의 역할을 충실히 하고 있다. 감정 내에서도 순기능과 역기능은 언제나 공존한다. 한마디로 역기능은 거꾸로 움직이는 기능이라기보다는 다소 과도하게 드러나는 기능일 뿐이다.

매사에 강경하게 대처하는 부모 밑에서 자란 자녀는 자연스레 의기소침하고 기죽은 모습을 유지하기 쉽다. 부모의 강압적인 주도성이 심해지고 도를 넘으면, 안 그래도 기가 꺾인 자녀는 점점 더 무기력해진다. 이 상황은 누군가가 거꾸로 기능하는 게 아니라 한쪽은 지나치게 과도하게, 다른 한쪽은 지나치게 무력하게 기능하는 상황이다. 이런 부자연스러운 상태가 계속되면 균형은 한쪽으로 기울어지기 마련이다. 이때 한 구성원의 기능 저하가 눈에 띌 정도로 심해지면 과도한 기능을 하는 가족 구성원이 상담 전문가를 찾는 경우가 발생한다. 과도한 기능을 하는 목소리가 높은 구성원을 강경파라고 하고, 기가 꺾인 기능 저하 구성원을 온건파라고 불러보자.

강경파에 의해서 온건파는 문제가 있는 '환자'로 규정된다. 온건파 구성원 하나 때문에 가족 전체가 걱정이라고 너스레를 떨기도 한다. 가족치료에서 '규정된 환자'는 이렇게 주로 강경파 가족 구성원들로부터 문제가 있는 존재로 지목된다. 하지만 그 규정된 가족 구성원 자체가 문제가 아니다. 문제는 바로 가족 간의 균형을 잃은 가족 시스템인데, 이를 구성원 스스로 알아채는 경우는 드물다. 결국 가족 구성원 개개인의 역할이 과하지도 모자라지도 않는 균형감을 이루도록 돕는 일이 가족치료의 목적이다.

내면 시스템을 치료하는 과정도 크게 다르지 않다. 앞선 사례에서 미숙은 친구들로부터 과도한 분노 감정이 문제라는 지적을 받아 충격을 받았다. 자기 편을 들어주리라고 예상했던 친구들이 자신의 화를 나쁜 감정이라고 규정하면서, 졸지에 자신은 남편을 이해하지 못하고 방에서 내몬 나쁜 아내로 전락했다. 이때 미숙의 내면을 제대로 이해하려면 미숙의 분노를 '규정된 문제'로 몰아붙이면 안 된다. 미숙의 분노를 역기능 감정이라고만 규정해 버리면, 분노가 마음속 시스템에서 해내고 있는 순기능을 놓치게 되기 때문이다. 사람들은 외부에 드러난 행동만 보고 나쁜 감정의 역기능을 지적한다. 겉으로 보면 남편을 공격하고, 침낭을 던져 내쫓는 행동은 부정적으로 평가할 수밖에 없다.

호기심을 가지고 마음속 시스템을 살펴보면 분노는 시스템을 지켜내기 위해 가장 열심히 일하는 강경파 감정이자, 여러 온건파 감정들을 안전하게 보호하려는 순기능을 수행한다는 사실을 알게 된다. 분노는 시스템 내에서 기능을 과도하게 한다는 점에서는 부정적인 평가를 받을 수도 있다. 하지만, 거의 기능을 잃은 듯 보이는 온건파 감정들이 다시 그 죽은 기능을 회복할 수 있다면 언제든지 마음속 시스템은 균형을 유지하게 된다.

부정적 감정에도 순기능이 있다

1980년대 대학생으로 한국 사회를 경험하면서, 나를 포함한 동시대를 살았던 사람들은 국가나 사회라는 외부적 시스템에 더 많이 노출되어 있었다. 1988년 서울 올림픽 개최가 확정되자 정부가 제일 먼저 시작한 일은 도심의 판자촌과 노점상 철거였다. 당장 보이는 외관을 개선하는 일에 엄청난 예산을 투자했다는 말이다. 이런 외적인 개발 논리가 판을 치다 보니 개인의 내면까지 세세하게 살펴볼 틈이 없었다.

하지만 세상은 완전히 바뀌었다. 이제 인간의 내면 심리나 힐링이 모두의 관심사가 되었으니 말이다. 개발도상국의 경우 국가나 사회 시스템의 발전이 주로 외관을 갖추는 데에 치중되어 있다면, 민주화를 이룩한 선진국의 경우엔 개인의 인권이나 내면 관리에 관심을 가지는 경향이 있다. 하지만 외부 시스템과 마음속 시스템이 연결고리 없이 따로 존재한다고 생각하면 큰 오산이다. 이전 시대에는 외부 시스템에 대한 과도한 관심 탓에 상대적으로 내면 시스템에 관한 관심이 부실했을 뿐이다. 도가 지나치면 다시금 균형을 잡아 가려는 시스템의 속성상, 때가 되어 자연스럽게 마음속 시스템에 대한 관심이 서서히 고개를 든 것일 수 있다. 외부 시스템과 내면 시스템은 동전의 양면처럼 떼려야 뗄 수 없는 관계이기 때문이다.

우리는 국가나 사회 시스템과 내면 시스템을 긴밀하게 연결하여 설명할 수 있다. 시스템의 공통된 특징을 보유하고 있다는 면에서다. 국민 한 사람 한 사람이 각기 자기 목소리를 낼 때 국가의 민주주의가 완성되듯이, 진정한 힐링이란 내면 시스템의 민주화를 의미한다. 강경파들이 오랫동안 주도했던 과도한 기능을 멈추고, 시스템 내 구석자리로 추방된 채 숨죽여 왔던 온건파들이 고개를 들면 내면세계에도 민주화의 봄이 찾아온다.

한 가지 예를 들어 설명해 보자. 내가 어릴 때만 해도 남자는 절대 울지 않는다고 가르쳤고 그렇게 믿던 세상이었다. 지금처럼 남자도 얼마든지 울어도 괜찮다는 세상이 오기 전까지 남성들의 내면세계에 숨어있던 온건파 감정인 슬픔은 밖으로 나올 수 없었다. 그 긴 세월 동안 슬픔은 어디에 꼭꼭 숨어 있었을까? 강력한 남성성을 요구하는 사회 탓에 마음속 시스템의 한쪽 구석에 숨었던 것일 뿐, 슬픔이라는 온건파는 아주 오래전부터 은밀하게 존재해 왔던 감정이다.

'힐링'이라는 제목이 붙은 TV 토크쇼의 순간 시청률이 급증하는 순간은 바로 출연자들이 참았던 눈물을 흘릴 때다. 진행자가 출연자의 마음속에 억눌려 있던 온건파 감정을 공감하고 수용해 줄 때 비로소 힐링은 시작된다. 그런데 현실세계가 그렇게 수용적으로 돌아가기란 결코 쉬운 일이 아니다. 만약 힘들게 고개를 들고 밖으로 나온 슬픔이라는 온건파를 향해 "울지 마! 괜찮아!"라고 외치면 어떻게 될까? 슬픔이라는 감정이 용기를 얻어 기사회생할까? 아쉽게도 그럴 가능성은 높지 않다. 오히려 수치심이라는 온건파 감정이 슬픔까지 데리고 다시 마음속으로 숨어 들어갈 가능성이 크다.

힐링이라는 말을 자주 쓴다고, 힐링이라는 단어를 붙인 상품이나 방송 프로그램이 많아진다고 힐링의 시대가 오는 건 아니다. 마음속 시스템에 민주화 바람이 불어야 진정한 힐링의 시대가 열린다. 과연 그날은 올 수 있을까?

내면의 감정들이 고루 목소리를 낸다면

강경파들이 득세하는 세상에서 오랜 세월 눌려 살아온 온건파들은 본능적으로 두려움에 싸여 있다. 앞서 감정을 연구하는 사회학자들이 생리적 기반을 바탕으로 일차적 감정을 분류한다고 언급했다. 이들은 두려움을 대표적인 일차적 감정으로 꼽는다. 두려움은 인류가 진화과정 중 스스로 생존하는 데 중요했던 감정이고, 모든 문화에서 보편적이라는 특징이 있다. 그래서 배우지 않아도 유아기 시절부터 동물적 감각처럼 가지고 태어나는 일차적인 자율신경의 반응이기도 하다.

마음속 시스템의 내막을 가만히 들여다보면, 긴장감이 흐르는 시스템을 애서 유지하기 위해 두려움이라는 관리자가 아주 오래전부터 대기하고 있었다는 걸 알 수 있다. 항상 긴장 상태인 매니저 역할을 도맡아 하는 두려움이 매 순간 바쁘게 모든 온건한 감정들을 단속하는 패턴이다. 이때 마음속 매니저의 역할은 당연히 내면 시스템을 안전하게 관리하는 것이다. 매니저는 외부 시스템을 내면화하는 기능을 하며, 쉼 없이 "세상은 원래 무서운 곳이야!", "약한 모습 보이면 절대 안 돼!" 등의 메시지를 던진다.

두려움이라는 매니저가 시도 때도 없이 내부를 단속하느라 바쁜 이유는 뭘까? 바깥세상에서의 사회적 생존을 위해 마음속 시스템 한 구석의 가장 깊숙이 숨겨져 있는 온건파 감정을 안전하게 지키기 위해서다. 마음속 시스템 내에서 가장 취약한 온건파 감정을 하나 꼽으라면 바로 '수치심'이다. 극적인 힐링의 순간을 맞으려면 먼저 수치심을 방어하려는 매니저 감정들을 안심시켜야 한다. 힐링 프로그램에 출연하는 사람들이 온건파 감정을 쉽게 드러내며 눈물을 흘릴 수 있는 이유는 무엇일까? 결론적으로 두려움이 덜 움직였다는 얘기다. 이유는 간단하다. 공중파 방송의 진행자는 출연자를 창피하게 만들거나 무안하게 만들 가능성이 전혀 없다고 믿기 때문이다.

만약 당신이 이런 '힐링 프로그램'에 출연 섭외를 받았다고 가정해 보자. 출연하기 전에 이전 프로그램을 모니터링해 볼 것이다. 과거 여러 출연자가 온건파 감정을 노출하고 눈물 흘리는 장면을 보다 보면, 마음속 시스템의 경보장치나 자동회로 시스템이 느슨해질 가능성이 크다. 사실 그래야 안심하고 출연을 최종 결정할 수 있으리라. 이처럼 매니저 역할인 두려움 역시 추방된 감정을 방어하려는 자신의 과도한 기능을 잠시라도 줄일 수 있어야 한다. 그래야 우리도 두려움에 싸인 매니저의 과도한 방해 없이, 내면 깊숙이 있던 수치스러운 기억을 노출하며 숨어 있던 슬픔이 보다 쉽게 밖으로 나오도록 만들 수 있다.

가끔 힐링 프로그램의 진행자가 출연자들과 함께 눈물을 지어 줄 때가 있다. 모든 카메라 감독들이 놓치지 않고 줌인을 하는 장면이자, 프로그램의 하이라이트에 해당하는 최고의 장면이다. 이때 마음속 시스템에도 엄청난 변화가 일어난다. 출연자의 온건파 감정인 수치심이나 슬픔이 이전에는 결코 겪어 보지 못한 새로운 외부 시스템을 경험하기 때문이다. 이때 출연자의 힐링은 시동이 걸린다. 마침내 출연자의 마음속 시스템에서 두려움을 품고 살던 매니저도 오랜 신념을 바꾸게 된다. "앗! 세상이 다 위험하고 무서운 곳은 아닌가 봐!" 오랫동안 감춰진 채 유배되어 있던 온건파 감정들도 평생 숨어 지내야만 할 것 같았던 마음속 시스템의 구석 자리에서 나오게 된다. "아, 두려움의 매니저가 그동안 너무 오버했구나! 내 편이 이렇게 많은 줄 이전에는 미처 몰랐었네!" 존재하지 않는 듯 죽어지내던 온건파 감정이 살아나는 순간이다.

진정한 힐링이 넘치는 사회가 되려면, 이처럼 서로의 마음속에서 잠자고 있을 온건파 감정들을 품어 주는 안전감이 확보되어야 한다. 세상이 모두 나를 비난할 것 같은 냉랭함이 감도는 싸늘한 외부에서는 내면 시스템의 온건파들이 꼭꼭 숨을 수밖에 없다. 드라마 <응답하라> 시리즈가 사람들의 마음을 따뜻하게 만드는 이유는 옛날에 쓰던 물건이나 유행이 새삼 그리워져서가 아니다. 서로를 품어 주는 마음이 넉넉한 이웃들이 있다는 점, 이웃끼리 서로의 마음속에 숨은 온건파 감정들을 마음껏 내놓고 나누는 모습을 보여 준다는 점 때문이다. 바로 그런 점이 우리가 그 시절을 그리워하게끔 만든다. 이웃에 누가 사는지조차 모르고 사는 오늘날 우리의 마음속 시스템은 이전보다 훨씬 경직되어 있다.

같은 원리로 가족 시스템과 이에 속한 구성원들의 마음속 시스템도 긴밀하게 연동되어 움직인다. 부모로부터 따뜻한 사랑과 신뢰를 받고, 자라면서 안전감을 많이 경험한 자녀들은 누구에게나 자신의 온건파 감정을 쉽게 꺼내 놓는다. 형제끼리 소리 지르고 싸울 일이 있어도 거기서 끝나지 않는다. 추후 자신의 마음속 억울함이나 외로움, 그리고 창피함도 꺼내서 서로에게 표현할 수 있다. 눈물을 흘리고 사과하는 일도 얼마든지 가능하다. 온건파 감정들이 언제든지 자유롭게 나서는,

마음속 시스템에 민주화가 이루어진 상태라고 하겠다.

반대로 동생들 앞에서 큰소리로 윽박지르는 아버지와 살아온 아들을 상상해 보라. 그 아들의 가장 취약한 수치심 같은 온건파 감정이 다른 사람들 앞에서 쉽사리 모습을 드러낼 수 있겠는가? 만약 아버지가 외출하고 동생들과 있을 때, 동생들이 갑자기 형에게 언성을 높였다면 어떤 감정이 제일 먼저 튀어나올까? '버럭'하는 분노 감정이 모든 온건파 감정들을 뒤에 숨기고 자폭할 가능성이 높다.

더하여 아버지에게 심한 구박을 받아온 아들은 세상에 나가서, 특히 다른 친구들 앞에서는 가정에서 느꼈던 수치심을 감추려고 애쓸 것이다. 친구들의 장난스러운 면박도 받아들이기 힘들지도 모른다. 장난기 심한 친구들과 함께 있으면 왠지 마음이 불편하고 불안감을 느낀다. 이런 상황을 한두 번쯤 참다가, 어느 날 더는 못 참고 갑자기 버럭 화를 냈다고 하자. 그리 크게 화를 낼 상황이 아니라고 여긴 친구들은 하나둘씩 그를 떠나갈 터다. 아니, 어쩌면 친구들이 자신을 싫어한다고 느끼기 전에 먼저 친구들에게 분개하며 아들이 스스로 그들 곁을 떠날지도 모른다.

과연 이 아들을 어떻게 힐링할 수 있을까? 가족 시스템을 뚝딱 바꿔 따뜻하고 자상한 아빠를 만들어 줄 수도 없고, 학교 친구들을 모두 장난이라고는 전혀 모르는 착한 친구들로 바꾸어 줄 수도 없으니 어쩌랴? 다행히 방법은 있다. 힐링은 마음속 시스템의 민주화라는 점을 다시 한번 상기하자. 바깥세상이 바뀌지 않더라도, 아들 자신의 내면세계부터 서서히 바꾸면 된다. 강경파 분노 감정만으로 가득한 세상이 아니라 온건파 수치심도 떳떳하게 나올 수 있는 마음속 시스템을 만드는 것이 힐링이다. 한 가지 명심할 점은 강경파를 모두 물리치는 건 민주화가 아니라는 사실이다. 강경파나 온건파 모두 내면가족 시스템을 구성하는 필수 요원들이다. 힘없이 주저앉아 있던 온건파 감정들이 고개 들고 살 수 있는 평등한 내면의 세상이 열리는 것이 바로 힐링의 본질이다.

내면 시스템의 세 구성원,
유배자·매니저·구급대

방송 드라마의 단골 주제는 출생의 비밀이다. 결말 부분에서 주인공의 태생적 비밀을 드러내는 드라마가 많다. 주인공을 괴롭히던 악역이 알고 보니 주인공과 피를 나눈 배다른 형제라든가, 자신을 낳아준 친부라든가. 마음속 시스템은 이런 '막장 드라마' 같다. 강경파 감정들은 겉으로 악역을 담당하고 있는 듯 보이지만, 시스템 내에서 생겨나게 된 출생의 비밀이 있다.

강경파 감정들을 지나치게 드러내면 모두 비정상이라 여긴다. 분노 감정이 불쑥불쑥 나오면 다혈질 인간이라고 손가락질한다. 두려움의 감정이 지나쳐 밖에 나가지 못할 정도가 되면 정신과 진료를 받아보라고 권유한다. 이처럼 과도한 강경파 감정은 시스템을 붕괴시키는 폭도라고 여겨진다. 이들을 빨리 제압하려고 시도하면 할수록 소요 사태는 더욱 심화할 뿐이다. 혹시라도 가족이나 주위 사람들까지 가세하여 강경파 감정을 당장 없애라고 난리법석을 떨면 최악의 상태가 온다.

사실 강경파는 원래 온건파와 적대적인 관계가 아니었다. 강경파도 전체 시스템을 위해서 이유 있는 악역을 맡고 있다는 점을 기억해야 한다. 그래야 강경파의 시위를 원천 봉쇄하지 않을 여유가 생긴다. 강경파 감정은 절대로 시스템을 뒤흔드는 폭도가 아니며, 오히려 그 반대다. 시위하는 이들이 아무런 이유도 없이 거리로 나오겠는가? 다 이유가 있다. 그러니 그들의 소리를 진지하게 경청해야 한다. 진지하게 경청하려면 강경파들에 대한 선입견부터 버리는 게 순서다.

슈워츠 교수는 내면 시스템을 설명하면서, 방어 기능을 하는 부분을 두 가지 범주로 나누었다. 마음속 시스템에서 '유배자 the exile'를 방어하기 위해 평소에 끊임없이 기능하는 부분을 '매니저 manager'라고 한다. 그리고 유배된 부분이 갑자기 노출될 위험 상황에 처했을 때, 긴급하게 활동하는 부분을 '소방대원 fire fighter'이라고 불렀다. 때로는 시스템 전체를 안전하게 유지하기 위해 두려움이란 감정이 쉼 없이 일한다. 두려움이란 감정은 큰길에 어린아이를 내놓은 심정으로 사는 매니저다. 한마디로 시스템 전체의 안전을 책임지는 관리자인 셈이다. 시스템에 갑작스런 비상사태가 발생하면, 다름 아닌 분노 감정이 119 구급대가 되어 출동한다. 즉 분노 감정은 폭도가 아니라 소방대원 같은 존재다.

엄격한 아버지로부터 "남자는 절대로 울면 안 된다."라는 말을 수없이 듣고 자란 남자아이를 상상해 보자. 이 아이는 절대로 울면 안 된다는 아버지의 목소리를 내면화한다. 아버지의 목소리는 '난 강해! 난 사나이야! 절대로 울지 않아!'라고 아이의 내면에 자리 잡는다. 언제부터인가 슬픔이란 감정은 자연스럽게 마음속 시스템에서 바깥 활동이 금지되는 '유배자'로 낙인이 찍힌다. 유배된 감정이 생기면 마음속 시스템에는 관리자의 일상 업무가 강화된다. 평소에도 아버지의 목소리는 자신의 정체성을 구성하는 신념으로 정착하여 시스템 안에서 메아리친다. 내면 시스템에서 자기 정체성에 관한 신념은 매니저의 중요한 관리 지침이다. 이 남자아이의 경우, 평소 자기 정체성에 대한 신념은 강한 남자로서의 '자부심'이라는 감정을 느끼게 할 것이다. 때때로 여자 친구들과 함께 슬픈 영화를 보고도 울지 않으면 묘한 자부심을 느낄 수도 있다. "넌 안 슬퍼?"라고 묻는 여자 친구들의 질문에 한껏 남자답게 우쭐거리며 대답할지도 모른다. "내가 계집애냐? 이런 것 갖고 눈물이나 짜게?"

그런데 언젠가는 이 남자아이가 정말로 감당할 수 없는 큰 슬픔을 경험할 날도 있을 것이다. 아이를 정말 아껴 주던 할아버지가 돌아가셨다고 가정해 보라. 그런데 이번에도 아버지가 "장손인 네가 울면 안 된다."라며 장례식 내내 울지 말라고 명령했다면, 이 남자아이의 마음속 시스템에는 어떤 일이 일어날까?

장례식장에 들어서자 아이에게 갑자기 왠지 모를 불안이 엄습해왔다. '남자는 울지 않아'라고 믿는 매니저의 신념이나, 강한 남자가 가지는 '자부심'이 지금 이 순간 제 역할을 하기가 힘들어질 것 같다는 불안감이 몰려온다. 슬픈 음악이 흘러나오고 간간히 울음소리가 들리는 공간 안에서, 남자아이는 왠지 오늘 슬픔이란 유배자가 꿈틀거릴 것만 같았다. 이때 마음속 시스템을 관리하는 매니저는 갑자기 매서운 군기반장처럼 돌변했다. '정신 바짝 차려! 너 아빠한테 바보 소리 듣고 싶어?' 두려움의 전력이 점점 높아지면서 매니저를 긴장시킨 탓이다. 여전히 사방에서 흐느끼는 소리가 들리는 장례식장에서 아이는 슬픔을 느낄 틈도 없이 알지 못할 불안에 휩싸인다. 일단은 마음속 시스템의 작전 성공이다. 장례식 기간 내내 유배된 슬픔이 나오지 못하도록 막아야만 하는 절체절명의 미션 앞에, 두려움은 매니저가 평소보다 훨씬 바쁘게 움직이도록 작용한다. 결과적으로 아이의 이유 없는 불안이 유배자인 슬픔을 잘 커버한 것이다.

이쯤에서 이 남자아이에게 여동생이 있다고 가정해 보자. 여동생의 마음은 오빠의 마음과는 다른 구조를 지니고 있다. 여자아이로 태어나 슬픔을 추방할 필요가 적었던 여동생의 마음속 시스템에서는 슬픔이 언제든지 자기 모습을 드러낼 수 있다. 그러니 여동생은 오빠와 달리 할아버지의 죽음 앞에 충분히 울 수 있었다. 아빠 옆에서 의연하게 서 있는 오빠가 의아해질 즈음, 여동생이 오빠에게 묻는다.

"할아버지가 오빠를 제일 아끼셨는데, 오빠는 슬프지도 않아? 할아버지가 많이 속상하시겠다. 오빠 진짜 나빠!"

생각지도 못했던 여동생의 기습 공격이다. 안 그래도 할아버지의 영정사진을 보고 있자니, 자신을 품에 안고 사랑을 듬뿍 주었던 할아버지의 기억이 떠올라 몇 번이나 슬픔의 감정이 슬금슬금 느껴지려는 순간이 있었다. 장손이니 조문객 앞에서 울면 안 된다는 매니저의 강력한 신념과 불안감으로 지금껏 간신히 버텨 왔는데, 이제 정말 눈물이 터져 나올 수도 있을 듯하다. 그때 이 아이는 갑자기 여동생에게 버럭 화를 내고 악담을 퍼붓는다.

"야! 넌 알지도 못하면서 무슨 말을 그따위로 해. 너 죽을래?"

여동생은 눈에 불을 켜고 악담을 퍼붓는 오빠를 보고는 어안이 벙벙하리라. 그런데 오빠의 마음속 시스템에서는 분노라는 구급대원이 깜짝 등장하여 슬픔이 밖으로 노출되는 것을 극적으로 막아 내는, 눈물겨운 구조를 하는 순간이다.

이렇게 외부 노출이 잦은 강경파 감정인 불안과 분노는 모두 온건파 감정인 슬픔을 지키기 위해 존재하는 요소들이다. 매니저 감정은 주로 평소에 활동하고, 구급대 감정은 긴급 상황 시에 출동하는 강경파 대원들이다. 이처럼 보이는 것과는 달리 강경파 대원들은 온건파 유배자와 적대관계가 아니라 공생관계에 있다. 강경파와 온건파는 태생적으로 한편이었다.

유배된 감정이 생기는 이유

강경파 감정들이라고 원래부터 강경하진 않았다. 유배된 감정들이 생기면서 그 고유의 기능이 강화되기 시작한 것이다. 유배된 감정은 특별한 상황이 아니면 겉으로 드러나지 않기 때문에 마치 존재하지 않는 듯 숨어 있게 마련이다. 유배된 감정이라는 게 아예 없으면 좋으련만, 왜 이런 감정이 생기는 걸까?

인간의 마음속 시스템은 그 어느 동물보다도 부모의 영향을 크게 받는다. 포유류 동물 대부분은 어미의 품에서 그리 오래 머물지 않는다. 심지어 태어나자마자 어미의 품을 떠나 걸어 다니는 동물들도 숱하게 많다. 그러나 인간은 다르다. 갓난아이는 오랜 기간 보호자 없이, 즉 가족 없이 살 수 없다. 그래서 인간은 동물들과는 다르게 마음속 시스템을 구성하는 운명을 맞는다. 인간의 마음은 부모와 가족들에게 인정받고 받아들여지기 위한 과정에서 세 가지 소인격체를 만들어 낸다. 즉, 유배된 부분이 생겨나고, 이를 평소에 관리하는 매니저와 위급할 때 방어하는 소방대원이 생겨난다. 결국 인간의 마음은 이러한 세 가지 소인격체군을 이루고 사는 '내면가족 시스템'으로 작동할 수밖에 없다. 이것이 동물과 인간의 확연한 차이점이다.

신체적으로 독립하기까지의 시간으로 따지자면 인간은 다른 동물들보다 한참 열등해 보인다. 태어나고 열 달이 넘도록 자기 다리로 서기조차 하지 못하는 동물은 인간 이외에 없지 않는가? 한술 더 떠 심리적 독립이나 경제적 독립까지 따지자면 한 인간이 세상에 태어나 부모의 품을 떠나는 데 20년도 훨씬 넘는 시간이 필요하다. 이러한 사정을 지구상의 포유류 동물들이 안다면 모두 비웃을지도 모른다.

이처럼 인간은 유아기 시절 부모의 지속적인 관심과 돌봄이 없다면 한마디로 죽은 목숨이기에, 가족 시스템 내에서 느끼는 부모와의 연대감은 남다르다. 그렇기에 앞서 말했듯 부모와의 관계는 개인의 마음을 구성하는 시스템에도 절대적인 영향력을 끼친다. 그래서 인간은 동물처럼 숨을 쉬는 데 필요한 산소뿐만 아니라, 마음의 숨을 쉬기 위한 '심리적 산소psychological oxygen'도 필요한 것이다. 정신분석학자 하인즈 코헛Heinz Kohut은 유아기부터 수용되는 초기 양육환경에서 경험하는 공감이 '심리적 산소'를 공급한다고 지적한 바 있다. 유아의 분노도, 유아의 울음도 모두 엄마의 품 안에서 다독여진다. 부모에게 자신의 모든 감정이 받아들여질 때 '심리적 산소'는 유아에게 가장 풍성하게 제공된다.

동물과 달리 인간만이 자신의 목숨을 스스로 끊을 수 있는 존재라는 점은 무엇을 의미하는가? 이 역시 심리적 산소와 무관하지 않다. 물리적으로 맑은 공기와 산소가 충분해도 심리적 산소가 충분치 않을 때 인간은 살 이유를 상실한다. 스스로 세상을 등진다는 극단적인 선택을 하는 이유는 동물과는 다른 마음속 시스템과 직결된다. 유아가 부모와 쌓은 유대관계의 질에 따라 마음속 시스템이 전혀 다르게 구성된다. 자라는 동안 부모와 형제, 자매간의 관계가 부실했던 이들은 다른 사람들과의 관계에서도 심리적 산소 공급이 어려워진다. 그 이유가 무엇일까?

인간의 경우, 유아기 시절 부모의 품에서 느끼는 감정 경험은 자신의 생존과 밀접한 관계가 있다. 약간 과장을 하자면 유아기에는 목숨을 걸고 부모와 연대감을 느끼고자 한다. 엄마의 존재가 느껴지지 않으면 죽을힘을 다해 운다. 아마도 이때 유아가 제일 혐오하는 느낌이 있다면 그건 바로 단절감일 것이다. 잠시라도 엄마와의 연대감이 느껴지지 않으면 아이는 정신적 충격에 빠진다. 늘 엄마와 한 몸처럼 지내던 갓난아이가 처음으로 엄마로부터 분리 경험을 하면, 아이는 거의 정신분열에 가까울 정도의 충격을 경험한다고 정신분석학자들은 말한다. 게다가 더 오랜 시간 엄마가 나타나지 않으면 아이는 자지러지게 울다 지쳐 거의 졸도 직전 상태에 이른다.

다행히 엄마들 대부분은 잠깐 뒤 돌아와 다시 아이를 품에 안고 진정시킨다. 정신분석학자들은 갓난아이가 이제 자신의 일부인 줄 알았던 엄마를 대상으로 느끼게 되고, 이후에는 엄마가 보이지 않으면 우울 단계에 빠지게 된다고 표현하기도 한다. 엄마라는 존재 덕분에 아이는 충격적인 단절감에서 벗어나 다시금 엄마와의 일치감을 경험하는 일을 반복한다.

이쯤 되면 유아는 엄마와 자신이 서로 다른 존재라는 점을 서서히 깨닫게 된다. 하지만 서로가 완전히 남남이라는 생각을 하게 되는 건 결코 아니다. 엄마와 아이는 더욱 자주 서로의 느낌을 공유하려고 시도한다. 유아기 아이가 엄마와 까꿍 놀이를 즐기는 일이 바로 그 증거다. 아이는 엄마라는 거울에 자신을 비추듯이 엄마를 느낀다. 엄마가 웃으면 안전감을 느끼며 따라 웃는다. '까꿍'하는 엄마의 표정이 굳어 있으면 아이도 표정이 일그러진다. 마치 엄마를 거울에 비친 자기 자신이라고 느끼듯이 말이다.

'굳은 표정 실험 still face experiment'이라는 유명한 심리학 실험이 있다. 이 실험에서 아이는 엄마의 웃는 얼굴에 거울처럼 반응한다. 엄마가 한참 동안 웃으면서 반응을 보이면 아이는 안정적으로 기쁨을 표현한다. 그러다가 갑자기 엄마가 굳은 표정을 짓기 시작한다. 아이는 당황스럽지만 전처럼 웃음을 지으며 엄마의 반응을 유도한다. 그래도 엄마는 일부러 굳은 표정을 바꾸지 않는다. 아이의 눈에 갑자기 엄마라는 거울이 이상해졌다. 자신의 웃는 얼굴을 앞에 있는 거울에 비춰볼 수 없으면 아이는 점점 혼란스러워한다.

이제 아이는 불안과 웃음이 섞인 얼굴로 실험 진행 중인 엄마에게 적극적으로 다가간다. 별다른 반응이 없자 거울을 정상으로 되돌리려는 최후의 발악이라도 하듯이 극도로 신경이 날카로워지면서 소리를 꽥 지르기 시작한다. 유튜브 동영상에 소개된 실험을 보면, 이쯤에서 실험자가 다시 웃는 얼굴로 돌아오는 경우가 대부분이다. 웃는 얼굴로 되돌아온 엄마에게 반응하는 아이는 거짓말처럼 다시 웃는 얼굴로 변한다. 바로 직전까지 신경질적으로 흥분하며 소리를 지르던 아이는 오간 데 없다. 보통 실험은 이 정도로 마무리하지만, 좀 더 오랫동안 실험을 진행하다 보면 아이는 거의 졸도 직전 상태에 이른다. 나중에는 엄마와 눈을 마주치지 못하고 어깨를 축 늘어뜨린 채 저각성 상태에 빠진다. 우는 아이가 엄마와의 연대를 오랫동안 경험하지 못하면 우울 상태에 이른다는 앞의 설명처럼 말이다. 실험을 이런 상태까지 진행하면 아이의 뇌에도 치명적인 영향을 미치기 때문에, 그전에 실험을 끝내는 것이 좋다.

아이가 저각성 상태에 빠져 마치 졸도하듯 몸이 늘어진다면, 이는 아이의 마음속 시스템이 엄청난 공포를 경험했다는 의미다. 뇌의 진화를 연구해 온 신경과학자들은 이런 상황을 주로 파충류 동물들이 극도의 공포 앞에서 죽은 듯 움직이지 못하는 '긴장성 부동화^{tonic} ^{immobility}' 현상과 같은 반응으로 이해한다. 포유류 동물은 죽은 동물을 먹지 않기 때문에 파충류는 위험에 처하게 되면 온 힘을 다해 죽은 척한다. 적을 코앞에서 만났을 때 갑자기 얼음처럼 몸이 굳어 죽은 것처럼 보이는 부동화 현상은, 파충류들이 극단적인 죽음의 공포 앞에서 자신을 방어하는 최후의 수단으로 진화되었다. 인간의 신경 시스템도 예외가 아니다. 극도의 공포감 앞에서는 시스템의 전력을 꺼 버리는 부동화의 잔재가 남아 있다. 갑자기 눈앞에서 맹수를 만나면 손 하나 까딱할 수 없이 온몸이 마비되는 것처럼 말이다.

'굳은 표정 실험'에서 아이는 과연 무엇을 경험했을까? 이 실험은 아이가 엄마와 감정적인 조율을 하지 못하면 순식간에 심리적 산소가 중단되는 현상을 보여 주는 의미 있는 실험이다. 거울 같은 엄마가 갑자기 눈앞에서 없어지는 경험, 아이에게는 분명히 죽음과도 같은 충격적인 경험일 것이다. 유아의 마음속 시스템 안에는 '엄마와 단절되는 경험이 느껴지면 절대로 안 된다'라는 자동회로가 구성되어 있다. 아이는 일찍이 마음속 시스템의 한구석에 이 단절감을 유배시켜 놓았는지도 모른다. 그런데 갑자기 이 추방된 느낌을 겪을 수 있는 상황이 발생한다면 자동회로는 어떻게 기능할까?

마음속 모든 감정의 치유를 위하여

이런 상황이 발생하면 가장 먼저 매니저 감정인 불안이 등장하여 외부 시스템을 복구하려고 시도한다. 마음속 시스템도 내부에서 동요가 일어나지 않도록 단속하면서 웃는 엄마를 되돌리려 최선을 다한다. 그런데 상황은 변하지 않았다. 죽을 것만 같은 극도의 공포가 느껴지는 막판이 되면 결국 구급대가 출동한다. 이때 극도의 분노 감정과 돌발적인 울화증이 발발한다. 아이는 급기야 온몸을 흔들면서 의자 뒤로 쓰러지려고 한다. 발작이나 이상행동처럼 보이겠지만, 이 또한 아이 스스로 죽음 같은 단절감을 느끼지 않으려는 최후의 수단을 쓰는 중이라는 점을 알아야 한다.

유아기 때부터 인간은 자신을 지켜 주고 사랑해 주는 존재와 연결되고자 하는 특별한 열망을 가지고 자라난다. 상대방과 함께 감정을 공유할 때 생기는 안정감과 행복감 때문에, 가족뿐 아니라 다른 주위의 중요한 대상들과도 감정을 조율하며 살아가는 운명을 타고났다. 자라면서도 중요한 상대방에게 인정을 받고 받아들여지는 연대감을 누리기 위해 자연스럽게 유배시키는 감정들을 만들어 낸다. 내가 인정받고 싶은 대상인 아빠가 울지 말라고 하면, 나는 슬픔을 마음속 구석으로 추방한다. 내가 노래하는 모습을 보고 친구들과 믿었던 선생님까지 비웃는다고 느껴지면, 나는 수치심을 마음속 구석으로 추방한다. 그때부터 내 인생에는 남 앞에서 울거나 노래하는 일이 금지된다.

이렇게 내가 경험한 가족관계나 중요한 인간관계에서의 경험은 몇몇 감정을 철저히 떼어 놓고 유배시켜야만 마음속 시스템을 안전하게 유지할 수 있다고 믿게 만든다. 이러한 왜곡된 신념은 점점 나의 자동회로 시스템을 강화하게 된다. 그래야 외부 시스템에서 다른 사람들과의 관계에도 최소한의 심리적 산소가 공급되어 살아남을 수 있다고 믿기 때문이다. 그러나 국가나 사회구조 속에서도 그렇듯이 불평등은 붕괴를 초래하기 쉽다. 지나치게 강경파 감정들만 활동하면 불평등이 따르기 마련이므로, 가끔은 유배되어 숨은 온건파 감정들도 살펴야 한다. 이들도 평등하게 자기 목소리를 낼 수 있는 날이 오면 좀 더 평등한 시스템이 만들어질 것이다. 그래야 내면의 민주화, 온전한 마음의 힐링이 완성되지 않겠는가.

PART 2

나를 힘들게 하는
감정에게 말 걸기

CHAPTER 4

불안
"늘 조마조마해서
한시도 못 살겠어요!"

나는 불안하다,
고로 생존한다

우리에게 기쁨이라는 감정만 있다면 어떻게 될지 한번 상상해 보자. 세상이 온통 행복감으로 가득 차고, 인간관계는 지금보다 훨씬 부드러워지리라는 성급한 기대를 하는 이가 있을지도 모르겠다. 과연 그럴까? 어떤 사람이 두려움을 느끼지 않고 차량이 오가는 도로를 겁도 없이 건너려고 하면 어쩌랴? 건너편에서 친구가 손을 흔들며 반갑게 불렀을 때 기쁨의 감정만 느끼는 사람에게 얼마든지 일어날 수 있는 일이다. 극단적인 경우, 사랑하는 사람이 갑자기 사고로 목숨을 잃었는데도 기쁘기만 하다면 정말 큰일이다.

갈수록 개인주의가 심화하고, 1인 가구가 늘어나는 요즘에도 다양한 구성원들이 모인 사회 시스템에서까지 완전히 벗어날 수는 없다. 우리 마음도 마찬가지다. 한 감정만 따로 떨어져 나와서 살아갈 수 있는 세상이 아니란 얘기다. 그래서 기쁨만 느끼면서 살기를 바라는 것은 무리요, 억지다.

앞서 나는 우리의 마음속에도 가족 시스템이 존재한다고 상상해 보자고 했다. 그 안에는 내 일정과 행동을 일일이 관리하고 통제하는 엄마 같은 매니저가 있고, 늘 기죽은 채 밖에 나가는 걸 두려워하는 자녀 같은 부분도 있다. 물론 위기가 생겼을 때 자녀를 지키기 위해 몸을 던지는 아버지 같은 해결사도 있다. 그중 누구 하나 질이 나쁜 가족 구성원은 없다. 다만, 한 사람의 기능이 지나친 나머지, 다른 구성원들이 점점 자기 기능을 제대로 하지 않는 경우가 있을 뿐이다.

우리가 느끼는 다양한 감정을 한집에 사는 가족 구성원들에 대입해 보면 눈에 보이지 않는 우리의 마음을 이해하기도 훨씬 쉽다. 흔히 어떤 감정을 나쁜 감정이나 좋은 감정이라고 나누고 심리학에서도 편의상 긍정 정서와 부정 정서를 나누기도 하지만, 사실 그런 분류 자체가 사람을 더 헷갈리게 한다. 마음속 시스템에서 유기적으로 관계하는 다양한 감정들의 상호작용을 지나치게 단순화하기 때문이다.

나쁜 감정, 진짜로 나쁜 걸까? 많은 사람이 왠지 불편하게 느껴지는 감정을 자꾸 나쁘다고 평가한다. 2부에서는 일상생활에서 불편하게 여겨지는 감정, 이른바 나쁜 감정이라고 오해하기 쉬운 부정적인 감정 여섯 가지를 살펴본다. 대표적인 여섯 가지 감정으로는 불안, 죄책감, 분노, 미움, 무력감, 슬픔이 있다. 겉으로만 봐서는 알 수 없는 마음속 가족 시스템의 속사정을 탐색해 보자.

두려움과 불안은 다르다

불안만 없어지면 살 것 같다는 순진한 생각을 하는 사람이 많다. 하지만 그런 꿈은 지금 당장 버리는 게 좋다. 사실은 그 정반대다. 우리가 생명을 유지하고 있는 이유는 두려움을 적절하게 느낄 수 있어서다. 불안이나 두려움을 전혀 느끼지 않는 사람이 있다면 앞서 이야기했듯 길 건너에 있는 사랑하는 사람의 얼굴만 보고 인생을 마감할 수도 있다. 누구나 이런 상황은 절대로 원치 않을 것이다.

우리가 혼동하기 쉬운 대표적 감정이 두려움fear과 불안anxiety이다. 정신의학자들은 이 두 감정을 쉽게 구별하는 법을 알려 준다. 바로 감정을 유발하는 분명한 요인이 있느냐 없느냐 그 여부다. 먼저 분명한 환경의 위험이나 외부의 위협으로 인한 감정은 두려움이다. 마음속 시스템의 감정 인물들 중 가장 오래된 이를 찾는다면, 나는 단연코 두려움을 꼽을 것이다. 자신을 보호할 장비나 안전한 환경 없이 들판을 떠돌아다녔을 최초의 인류가 가장 먼저 경험한 일차적 감정은 바로 두려움일 가능성이 크다. 지금도 깜깜한 밤, 험한 산길을 별다른 안전 도구도 없이 등반할 땐 두려움을 느낄 수밖에 없다.

이에 비해 불안은 특별한 이유나 구체적인 위협을 특정할 수 없어도 느끼게 되는 두려움의 감정이다. 예컨대, 군대 간 아들이 사고를 당할까 봐 노심초사하는 감정은 두려움이라기보다는 불안에 가깝다. 군대에 입대한 이들이 모두 치명적인 위험 상황이나 실제 전쟁의 위협 가운데 있는 게 아니기 때문이다. 단순화해서 말하면, 불안은 '이유 없는 두려움'이라고 볼 수 있다. 그래서 정신의학적으로도 불안은 기분장애를 일으킬 수 있는 문제 감정이라고 본다. 하지만 무조건 장애를 일으키는 나쁜 감정은 없는 법이다. 모두 과잉 기능이나 과소 기능의 결과로 보아야지, 감정 그 자체가 문제가 되는 건 아니다. 적절한 두려움이나 불안은 외부 위협에 대한 만반의 준비를 하도록 돕기 때문에 도움이 되면 모를까 결코 해가 되지 않는다.

나는 자녀 공부에 유난히 관심이 많은 부모에게 자기주도 학습에 가장 중요한 요건은 뛰어난 지능이나 좋은 학원 선정이 아니라고 힘주어 말하곤 한다. 자기주도 학습의 관건은 바로 학습자의 두려움이나 불안을 조절하는 능력이다. 두려움이나 불안을 전혀 느끼지 못하는 학생은 결코 자기주도 학습의 성과를 낼 수 없다. 시험 전에 전혀 불안을 느끼지 않는다면, 압박감이나 긴장감 없이 시험 준비를 허술하게 할 가능성이 크기 때문이다.

이는 학생 시절에 국한되는 이야기가 아니다. 나는 가끔 국내 기업의 임원들에게 일대일 코칭을 제공할 때가 있다. 정말 최고의 자리까지 올라간 우리나라의 리더들이다. 나는 이들이 어느 정도 고등교육을 받았는지, 얼마나 높은 직업적 전문성을 가졌는지 잘 모른다. 게다가 나는 비즈니스 경험도 전무한 사람이다. 내가 그들을 코칭할 수 있는 영역은 딱 한 가지다. 그들을 움직이는 가장 중요한 마음속 자원을 함께 살펴보고 변화를 도모하는 것이다.

지난 여러 해 동안 임원 코칭을 하며 알게 된 사실이 하나 있다. 기업을 이끄는 리더들의 마음속 시스템에서 적극적으로 활동한 감정은 다름 아닌 불안이었다. 이유 없는 두려움이 그들을 끝까지 현장에 남아 있게 했고, 남들보다 더 빨리, 더 먼저 움직이게 했다. 하지만 고위

직 리더들이 스스로 겪는 내면 현실은 결코 긍정적이지 않다. 이런 마음속 불안 감정의 역할을 긍정적으로 인정하거나, 불안이란 감정을 고마워하는 이는 단 한 사람도 없었다. 심한 경우, 자신의 마음속에 잠재된 이 불안이야말로 자신의 삶에서 반드시 없어져야 할 악당이라고 취급하는 경우도 많았다. 임원 코칭이 더 진행되면 간혹 고객들이 배우자 이외에는 아무도 모른다는 비밀 하나를 내게 알려 주곤 했다. 불안장애로 남몰래 의학적인 도움을 받고 있다는 사실이었다. 이렇게 약물치료가 필요할 정도가 되면, 당연히 자신의 불안 감정을 큰 장애의 주된 요인이라 여길 법도 하다.

하지만 불안 자체를 무조건 나쁜 감정 취급하고 없애 버리려는 것은 문제를 해결하는 게 아니라 그냥 덮어 버리려는 시도다. 앞서 말한 바와 같이 그 불안 덕분에 성과를 내고 지금의 자리에 왔는지도 모르는데, 무조건 악당 취급을 하면 불안 감정은 당연히 섭섭할 수밖에 없다. 문제는 마음속 시스템의 균형이다. 그래서 단순히 장애 요인을 제거하는 게 해답은 아니란 점을 기억해야 한다. 앞서 강조한 바와 같이 불안을 둘러싸고 얽힌 마음속 시스템의 다른 감정들도 함께 찬찬히 돌아보아야 한다. 그래서 불안이 심하게 자신을 괴롭힌다고 해도, 약물치료로 자신의 불안을 무조건 통제하려고만 하면 안 된다. 우리의 생존은 물론 개인적 성과 달성에도 나름 공헌을 해온 불안의 숨은 기능을 이해하고 인정하는 일이 더욱 중요하다.

불안의 원인을 외부에서만
찾으면 안 되는 이유

최근 'MZ세대'가 겪는 마음속 불안은 현실세계라는 외부적 요인에 기인한 것처럼 보인다. 불안정한 사회 환경은 특히 미래를 준비하는 젊은 세대의 불안감을 가중할 수밖에 없다. 사회학자 대부분은 한국 사회에 불안감을 확산시키는 원천을 '실직'과 '고용 불안'이라고 지적한다. 이는 1997년 IMF 외환 위기로 시작해, 이후 호전되지 않고 고착된 국내 경제 현실이다. 대졸 청년이 구직을 염려할 필요가 없었다는 이야기는 아주 옛날이야기가 되어 버렸다. 이제는 그나마 구할 수 있는 직업도 점차 비정규직화되면서 불안을 가중하고 있다.

외부세계가 주는 불안까지 우리가 막을 도리는 없다. 하지만 우리 마음속 불안은 외부 현실보다 훨씬 더 복잡한 내면 현실을 반영한다. 마음속 불안이 우리에게 던지는 메시지를 우리가 면밀하게 살펴야 하는 이유다. 인류 최초의 감정인 두려움이 개개인의 생존을 위하여 진화했던 것처럼 우리 마음속 시스템의 불안 감정 역시 우리의 가족 내 생존, 그리고 사회적 생존을 위해 남몰래 기여한 감정이라는 점을 기억해야 한다.

서울 소재 대학에서 대학원 진학을 준비하는 26세 대학생 철주가 학생상담센터를 찾았다. 상담사는 예약 신청 사이트에 취업준비생 진로상담 표시를 한 졸업 학기 재학 중인 철주를 만났다. 첫 회기, 유난히 어두운 표정을 한 철주에게 자발적으로 상담 신청을 하게 된 이유를 다시금 물었다. 철주는 취업 대신 대학원 진학을 준비하는데 학업 동기가 점점 무너져 힘들다는 이야기를 털어놓았다. 명문 대학의 대학원 진학을 목표로 삼고 있는데 합격 가능성이 희박한 듯해 불안해진다는 게 주요 호소 문제였다. 흔히 듣는 진로 문제 같아 보였지만, 상담사는 철주가 말하는 불안을 좀 더 알아보기 위해 가족관계부터 물었다.

철주의 전공은 도시공학이었다. 원래 문학도 지망생이었는데, 집안이 모두 이과를 전공하여 본인도 자연스럽게 이과 선택을 했다고 말했다. 상담사가 대학 진로 선택에 관해 조금 자세한 정보를 원하자 철주는 부모님과 누나의 직업부터 이야기했다. 아버지는 IT 계열의 대기업 중진연구원이고 어머니는 약사라고 했다. 그리고 누나는 명문대 의대를 졸업하고 병원에서 레지던트로 근무 중이라고 했다.

상담사는 철주가 어린 시절부터 학업이나 진로에 관한 부모의 기대로 부담스러웠을 것이라 예상하고, 어린 시절 부모의 양육 태도를 물었다. 그는 자신의 부모가 다들 바쁜 분이라 오히려 방임형 부모에 가까웠다고 대답했다. 게다가 인생이란 자기 분수대로 능력껏 사는 거라는 말을 자주 했다고 덧붙였다. 자신이 인문 분야에 관심이 있다고 이야기했을 때도 부모는 어떤 선택도 상관없다는 식이었다. 그래도 아버지는 미래를 생각하면 이공계를 택하는 편이 조금 더 유리할 거라고 권고했다. 결국 최종 선택은 철주 본인 몫이었다는 이야기다. 하지만 상담사는 왠지 부모님이 철주의 선택을 기꺼이 지지해주었다기보다는 무언의 압박을 가했을 거라고 짐작했다.

철주는 공학 분야 중 자신의 인문학적 특징을 잘 살릴 수 있는 도시공학 분야를 찾은 것은 큰 발견이었다고 힘주어 말했다. 하지만 이내 소위 일류대학 진학에 실패했기에 부모님들이 크게 실망하셨을 거라고 고개를 떨궜다. 상담사가 대학 진학 후 부모님들의 반응을 묻자, 부모님들은 자신에게 어떠한 실망의 표현도 하지 않았다고 첨언했다.

지나친 방임은 존재감을 갉아먹는다

상담사는 내담자가 스스로 명명한 소위 방임형 부모들과 감정적 교류가 거의 없었음을 직감했다. 바쁜 부모님은 자녀와의 대화가 부족했음은 물론이고, 자녀의 진로에도 과도한 관심을 보이지는 않았다. 그 점에서는 의대에 진학하여 의사로 살고 있는 누나의 경우도 마찬가지였다. 철주는 누나가 스스로 알아서 잘하는 스타일이라고 표현했다. 하지만 부모님이 누나에게 갖는 신뢰는 자신에게 비해 훨씬 컸다는 이야기도 덧붙였다.

철주는 상담사와 심리상담의 구체적 목표를 합의할 때 두 가지를 강조했다. 첫째는 공부 동기 부여였지만, 두 번째 목표는 친밀한 인간 관계를 쌓을 수 있도록 도움을 받고 싶다는 것이었다. 상담사는 직감적으로 두 번째 목표가 철주에게 훨씬 절실하고 필요한 주제라고 생각했다. 가족사를 말하는 철주의 얼굴에는 가족과 연결된 친밀한 느낌보다는 뿔뿔이 흩어져 있는 단절감이 더욱 강하게 느껴졌기 때문이다.

첫 번째 목표와 두 번째 목표는 서로 연결되어 있었다. 왜냐하면 철주는 1학년부터 2학년까지 2년 동안은 꽤 좋은 성적을 유지하다가, 그 이후 전공 분야 공부가 시작되면서 학업 성과가 점점 떨어졌기 때문이다. 도시공학에 더해 이중 전공을 원하는 전기전자공학 분야도 수강하기 시작할 때였다. 철주는 입학할 때도 장학생으로 입학했고, 1학년 때는 2학기 내내 수석과 차석에게 주는 전액 장학금을 받을 정도로 학업 성적이 좋았다고 했다. 그는 성적을 최대한 올려 부모님에게 명문 대학 대학원 진학이라는 결과를 보여 주고 싶었다고 강조했다. 그런 철주의 학습 동기가 점점 떨어지게 된 이유가 뭘까? 이런 경우 전공 적합성이 가장 큰 이유라고 추정하기 쉽다.

상담사는 먼저 철주 스스로 생각하는 이유부터 물었다. 철주는 주저하지 않고 관계 형성 문제 때문일 거라고 답했다. 철주는 학과 내 친구들이 많지 않을 뿐더러, 전혀 지인이 없는 전기전자공학 분야 수업을 듣기 시작했다. 가능하면 대학원 진학 시 전공을 바꾸기 위해서였다. 전기전자공학 분야는 철주 아버지의 전공 분야이기도 했다.

아버지가 전공 변경을 권고하신 적 있느냐고 물으니, 철주는 그런 적은 한 번도 없었다고 답했다. 그냥 오래전부터 아버지가 하는 전공을 하면 아버지와 대화를 나누거나 도움을 받을 수 있을 것 같다고 막연하게 기대했다고 한다. 그래서 자신의 능력과 적성을 시험해 볼 겸 전기전자공학 수업을 듣게 되었다고 말했다. 상담사는 전공 선택과 복수 전공 고려 역시 다 철주 개인의 선택이었다지만, 무의식적으로 철주가 아버지와의 연결을 간절하게 기대하는 마음이 느껴졌다.

팀을 구성하여 수업이 진행되는 전공 수업에서 철주는 점점 팀과 협업하는 데 어려움을 느끼기 시작했다. 시간이 갈수록 팀이 하는 과제에 자신은 어디에도 낄 수 없을 것이란 불안감이 들었다. 심지어는 이유 없이 수업에 빠지기 시작했고, 나중에는 학교에 출석하는 일조차 어려워졌다. 4학년 들어서면서는 공대 건물 앞에 모르는 학생들이 서 있으면 출입 자체에 심한 어려움을 느낄 정도였다.

상담사가 그 이유를 묻자, 사람들이 자신이 지나갈 때 비웃거나 수군거릴 것 같은 불안이 생겼다고 했다. 물론 근거 없는 두려움이다. 이는 정신의학적으로 사회공포증이나 사회불안장애를 겪는 이들이 호소하는 문제와 유사해 보였다. 조금 더 심해지면 대인공포 증세나 공황장애를 겪게 되는 이들도 있다. 실제로 철주는 가끔 도서관에서 공부하다가 문제가 잘 안 풀릴 때 숨이 잘 쉬어지지 않는 느낌이 들 때가 있다고 답했다.

불안을 장애가 아닌
가이드로 삼아라

상담사는 철주가 최근 겪는 사회공포증은 분명 마음속 가족 시스템과 밀접한 관련이 있으리라고 확신했다. 가족 내 생존의 어려움을 겪은 이들은 사회적 생존에도 훨씬 민감하게 반응하기 때문이다. 상담사는 철주의 현재 상태를 단순히 사회불안장애로 간주하여 약물치료를 권하기보다는, 그의 마음속 시스템에 천천히 들어가 보기로 마음먹었다. 상담사는 제일 먼저 철주에게 불안이라는 감정이 그가 대학 입학 초기 보였던 학업 성취를 이루는 데 큰 역할을 했고, 명문 대학원 진학을 목표로 동기를 부여하는 요소였다는 점을 강조했다. 불안 감정 자체가 지금 그가 호소하는 문제의 주범이 아니란 것을 알리기 위해서였다.

대신 상담사는 철주 마음속 시스템의 불안이 꽤 오래된 감정이라는 점을 상기시켰다. 그리고 마음의 내시경 비유를 통해 불안이라는 감정과 만나 보고 싶은 호기심을 가지도록 유도했다. 철주는 주저하지 않고 동의했다. 본인도 평소 불안감을 자주 느꼈지만, 대학원 진학을 계획하기 시작할 때부터 그 강도가 점점 강해진 이유를 알고 싶다고 했다. 불안이 점점 불어나 결국 대학원 진학과 전공 변경도 불가능해질 것 같다는 막연한 불안이 더욱 자신을 힘들게 한다는 이야기도 했다.

상담사는 지금 그가 겪는 불안은 전공 선택과는 전혀 무관할 수 있다며, 그 불안 감정을 깊이 이해해 보려는 노력을 함께해 보자고 강조했다. 불안은 철주 마음속 세계를 좀 더 명확하게 보여 주는 통로가 될 수 있다고 덧붙이기도 했다. 상담사는 불안을 마음속 시스템으로 들어가도록 돕는 '가이드'라고 상상해 보라고 했다. 철주는 빙그레 웃으며 고개를 끄덕였다. 지시를 따라 눈을 감고 불안이라는 감정의 위치를 신체에서 찾던 철주는 불안이라고 하는 감정이 자신의 온몸을 뒤덮고 있는 갑옷같이 느껴진다고 말했다. 상담사는 바로 맞장구를 쳤다. 불안은 어쩌면 갑옷처럼 철주가 극단적인 공포 상황으로 빠지지 않도록 보호하는 기능을 할지도 모른다고 말이다. 상담사는 최근 그 불안이 가장 극심하게 활동했던 때를 떠올려 보라고 했다.

철주는 며칠 전 교실 앞에서, 잘 모르는 수강생 서너 명 앞을 지나갈 때 불안이 온몸에서 소름끼치듯 엄습했던 기억을 떠올렸다. 결국 바보처럼 그 길로 바로 귀가하고 말았다고 했다. 상담사가 지금 가만히 그때 그 느낌에 머물러 볼 수 있겠냐고 물으니, 철주는 잠시 몸을 움츠리더니 약간 몸을 떨기 시작했다. 철주는 눈물을 글썽이더니 이 감정은 정말 자신을 극도로 무섭게 만든다고 털어놓고는 눈에 띌 정도로 몸을 심하게 떨기 시작했다. 그가 방금 말한 공포감이 느껴지는 듯했다. 상담사는 그 불안 감정과 좀 더 깊은 대화를 나누기 위해서는 약간 거리를 둘 필요가 있다고 느꼈다.

상담사는 다시 철주에게 불안 감정을 유리 창문이 있는 방 안에 들어가도록 하고, 창문을 통해서 그 감정과 대화를 시도해 보자고 했다. 안전한 장소에서 창문으로 그 감정의 실체를 볼 수 있지만, 그 감정은 밖으로 나올 수 없다고 안심시켰다. 잠시 후 철주는 몸을 떠는 행동을 멈추었다. 이제 방 안에 그 불안 감정이 잘 들어가 있냐고 물었더니 그런 것 같다고 대답했다. 철주는 지시에 따라 깊은 심호흡을 몇 번 했다. 상담사는 철주가 아까 경험했던 공포와 두려움이 약간 가라앉기를 기다렸다가 창문 앞으로 다가가 보라고 했다. 그리고 불안이란 감정에게 다음과 같이 대화를 시도해 보라고 했다.

"나는 네가 내 안에서 참 많은 일을 했다고 생각해. 너는 결코 나를 해칠 마음은 없었고, 오히려 나를 도와주려고 했던 걸 난 잘 알아."

철주는 눈물을 글썽이면서 상담사가 했던 말을 따라 하기 시작했다. 안에 있는 느낌이 자신의 말을 듣고 있는지 느껴 보라고 했더니 철주는 듣고 있는 것 같다고 답했다. 상담사는 재차 다음과 같이 말을 건네 보라고 요청했다.

"나는 오늘 상담사의 도움을 받아서 너를 꼭 만나고 싶어. 그리고 너에 대해서 알고 싶어. 네가 나를 어떻게 돕고 있었는지 보여줄 수 있겠니? 너는 내가 잘못되는 걸 바라지 않고, 나를 지켜주는 감정이라는 걸 내가 잘 알아."

철주는 그 말을 그대로 따라하면서 방 안에 있는 감정에게 말을 건

넀다. 철주는 불안이 그간 철주 자신의 생존을 위해 무단히도 애써 온 감정이었다는 점을 이해할 필요가 있었다. 상담사는 철주에게 그저 말뿐 아니라, 진정 마음속 시스템 안의 불안 감정이 철주의 안전과 생존을 위해 남몰래 애써 온 감정인 점을 느낄 수 있느냐고 물었다. 그러자 한참 동안 침묵을 지키던 철주는 갑자기 얼굴을 감싸고 흐느끼기 시작했다. 꽤 오랜 시간 그는 눈물을 흘렸다. 한참을 울던 철주는 눈을 떠도 되냐고 물었다. 약간 당황한 상담사는 그렇게 하라고 했다.

잠시 울음을 정리하던 철주는 지난달에 있었던 일을 이야기하기 시작했다. 그가 들려준 이야기는 상담사가 귀를 의심할 만큼 충격적이었다. 자신이 공대 건물 한 실험실에서 손목을 그었다는 이야기였다. 그는 붉은 피를 보자마자 너무 무서운 생각이 들어 손수건으로 지혈을 하고 즉시 실험실을 빠져나왔다고 했다. 그리고 조금 전 상담사가 마음속 시스템 내 불안이라는 감정이 자신의 생존을 위해 애썼다는 점을 강조하면서 불안의 느낌에 머물러 보라고 했을 때, 철주는 상상 속 방 안에 있던 불안 감정이 철주에게 어떤 말을 전하는 것 같았다고 했다.

"철주야, 미안해! 너를 싫어한 게 아니야! 다만 네가 이 이상 고통받는 걸 더는 볼 수가 없었어!"

그 말은 처절한 외로움을 느끼면서 실험실 안에서 자해를 시도했던 자신에게 던지는 말 같아서 눈물을 참을 수 없었다고 했다.

자살 시도를 했던 바로 전날 철주는 학교 도서관에서 전화 한 통을 받았다. 철주에게는 도시공학과에서 유일하게 소통하고 지냈던 친한 친구가 한 명 있었다. 군 복무 중이던 그 친구가 군대 포상휴가를 나왔다가 전화 받은 그날 복귀했다는 이야기를 다른 친구로부터 전해 들었던 것이다. 심지어는 전화를 한 친구는 그 친구가 복귀하기 전 여러 과 친구들과 따로 모임을 가졌다는 이야기까지 전했다. 물론 철주에게는 전화 한 통 없었다. 철주는 친구의 전화를 끊고 나서 하늘이 무너지는 느낌이었고, 자신의 전 존재가 없어지는 느낌을 받았다.

철주는 상담을 통해 비로소 그의 불안이 단순히 진로에 대한 것이 아님을 알게 되었다. 학과에서도 늘 존재감이 없다는 느낌이 들었고, 이제 다른 전공으로 바꾸려고 하는 시점에 이 세상에는 자신의 존재를 인정해 주는 단 한 명도 없다는 느낌이 마음속 시스템 깊은 곳에서 철주를 엄청난 공포로 몰아가고 있었다. 당시 그는 학교 건물 연구실 한구석에서 마음속 목소리를 들었다고 했다. '차라리 지금 끝내는 게 좋아! 그럼 더는 다른 사람들에게 무시당할 일도 없어. 그리고 부모님들도 너를 그림자 취급한 일을 분명 후회하실 거야!'

상황을 바꾸지 않고도 불안을 조절하는 법

철주가 정말 중요하게 다루어야 할 감정은 마음속 시스템 맨 밑바닥에 추방된 온건파 감정이었다. 그 감정은 어떤 감정일까? 철주가 어디에서도 자신을 중요한 대상으로 여기지 못하는 느낌, 아무런 팀에도 소속되지 못하고 때로는 버려진 느낌 feeling of abandonment 이 마음 속 시스템 가장 밑바닥에 유배되어 있었다. 이런 느낌은 당연히 진로를 바꾸고, 미래를 준비하는 청년에게는 가장 치명적인 느낌이다.

외부세계가 주는 불안, 그게 다가 아니다. 세계 도처에 퍼지는 전쟁의 불안, 지속적인 경제 불안, 혹은 젊은 세대가 겪는 미래에 대한 불안이 한 개인의 불안 전부를 차지하는 게 아니다. 불안의 원인을 외부 현실에서만 찾는다면 우리는 자신의 내면 시스템의 현실을 제대로 알기 어렵다. 외부세계가 주는 불안은 우리가 어찌할 수 없는 현실이다. 하지만 내면 시스템은 조금 다르다. 진로나 학업이 주는 불안을 넘어 개인을 공포나 극단적인 결과로 몰아가는 불안이 느껴진다면 마음속 시스템의 역동을 함께 살펴야 한다.

불안 감정은 내면 시스템으로 이끄는 가이드의 역할을 할 수 있다. 마음속 시스템의 관점에서 보면 불안이라는 감정은 유배되어 있는 여러 감정을 바깥으로 나오지 못하도록 안전하게 지키려는 관리 기능을 한다. 이런 불안의 내면 시스템 보호 기능을 우리가 충분히 이해하고 인정하면 보이지 않던 내면세계가 열린다. 결국 불안이란 감정은 우리를 치유해야 할 온건파 감정으로 인도하는 길잡이 역할을 할 수 있다.

CHAPTER 5

죄책감
"모든 게 다
내 잘못인 것 같아요!"

금지와 처벌이라는
원초적 공포

인간의 감정 발달은 생존 욕구와 깊이 연관되어 있다. 생존 욕구는 보통 두 가지로 나뉜다. 첫 번째는 생물학적 생존 욕구다. 이는 앞서 말했듯 다윈의 진화론을 바탕으로 한 설명이다. 다윈은 동물뿐 아니라 인간의 감정 발달에도 생존을 위한 진화가 관여했다고 가정하였다. 인간도 동물과 마찬가지로 외부 위협이 발생하면 생존을 위해 두려움을 느끼고, 소름이 끼치고 가슴도 두근거리는 등 생리적 반응을 하게 된다는 의미다.

하지만 인간에게는 생물학적 생존뿐 아니라 사회적인 생존도 매우 중요하다. 인간은 다른 동물과는 달리 열 달이 될 때까지 스스로 설수조차 없어 부모의 품에서 자라야 한다. 이후에도 오랫동안 가족구성원의 돌봄이 필요하다. 유아기에 부모와 쌓은 애착의 질이 성격과 사회성 형성의 매우 중요한 틀이 된다. 사회학자들이 인간의 감정이란 단순히 생리학적 반응만이 아니라고 믿는 이유다. 우리 인간은 가족 시스템 내에서 양육 상황에 대한 반응으로 감정을 발달하기 시작한다. 이때 부모의 태도에 따라 수용되고 금지되는 감정이 생겨난다. 아이는 부모의 인정을 얻기 위해 감정을 드러내기도 하고 감추기도

하는 상황이 발생한다.

감정은 가족 안에서, 더 나아가서는 사회 안에서 구성되어 간다. 당연히 다른 문화권에서는 서로 다른 해석을 가능케 하는 감정 경험을 겪기도 한다. 예컨대, 자긍심 같은 감정이 미국 같은 개인주의 문화에서는 좋은 감정으로 평가받는다. 하지만 타인과의 관계를 중요하게 여기는 한국 같은 집단주의 문화에서는 조금 다르다. 주위를 고려하지 않는 자긍심은 '잘난 척'이라는 나쁜 감정으로 오해받기도 한다.

죄책감의 기원은 부모다?

죄책감은 언제부터 우리 마음속 시스템에 살게 된 걸까? 감정을 연구하는 학자들은 우리가 가진 죄책감의 기원이 부모와의 관계라고 설명한다. 특히 감정을 연구해 온 사회학자들은 아이들의 죄책감 형성에선 부모의 처벌에서 비롯되는 두려움, 그리고 이와 연관한 사회화 과정이 중요하다고 보았다.

인간의 심리사회적 발달을 발달 단계에 따라 설명하려고 했던 에릭 에릭슨Erik Erikson은 아이가 부모와의 관계에서 상호작용을 시작하는 3세 이후부터 죄책감이 발생한다고 주장했다. 대략 3세에서 6세까지, 사회적인 관계 안에서 주도성 발달이 진행되어야 할 때 부모의 역할에 따라 주도성 대신 죄책감이 생긴다는 것이다. 그의 주장은 아이와 부모가 함께 놀이를 하는 장면을 보면 이해가 된다.

예전 부모들에게 전반적인 자녀 양육 팁을 제공해 주는 방송 프로그램에 고정 출연한 적이 있다. 나는 주로 아이와 부모가 놀이로 상호작용하는 장면을 찍어 온 촬영분을 보고 부모에게 도움을 주곤 했다. 놀이 장면에서 많은 부모는 입버릇처럼 "그러면 안 돼!"라고 말한다. 아이는 장난감을 집어 던져도 안 되고, 놀다가 소리를 질러도 안 된다. 심지어는 놀면서 어질러도 안 된다. 놀이에서 점점 금지사항이 생기면 아이는 놀이의 재미도 반감되지만, 주도성을 점점 상실하게 된다.

이러다 보면 어느새 적극적인 부모가 놀이를 주도하는 형국이 된다. 아이의 행동을 제지하고 금지하던 부모는 이제 "자, 이렇게 하는 거야."라며 시범을 보여준다. 급기야는 부모가 원하는 방식대로 하지 않으면 "그런 식으로 하려면 하지 마!"라며 처벌까지 가한다. 에릭슨이 지적한 대로 주도성 대신 죄책감이 발생하는 순간이다. 부모와 적극적인 상호작용을 연습하는 놀이는 아이가 하고 싶은 대로 다 해 보는 실험장이 되어야 한다. 그런데 부모가 그런 아이의 주도성 발달을 막게 되는 경우가 다반사다.

물론 부모의 제지와 금지에는 다 이유가 있다. 부산하게 모래놀이를 하는 아이의 행동은 부정적 평가의 대상이다. 일부러 사방에 모래를 뿌리는 아이, 혹은 자꾸 통에 넣었다 쏟았다 반복하는 아이가 왠지 마음에 들지 않는다. 안타깝게도 부모는 지금 그런 주도적 놀이를 통해 아이 대뇌의 전두엽이 가장 왕성하게 발달하고 있다는 점을 알 턱이 없다. 게다가 마음속 시스템에서 부모의 금지와 처벌에 두려움을 느낄 때마다, 주도성 대신 죄책감을 발달시키고 있다는 사실은 전혀 눈치채지 못한다. 이렇게 우리의 죄책감은 최초의 사회적 관계인 부모와의 상호작용에서 시작된다. 보통은 부모의 처벌에서 오는 두려움과 밀접한 관련이 있다.

물론 부모는 아이에게 금지와 처벌만 하지는 않는다. 부모의 당근과 채찍은 늘 교차적으로 제공된다. 따라서 죄책감은 처벌과 보상이라는 학습과정을 통해서 형성된다. 처벌의 두려움이 부모의 인정과 사랑을 상실할 수도 있다는 두려움과 합쳐지면 두려움은 폭발적으로 커진다. 우리의 어린 시절 마음속 시스템에서 부모의 돌봄과 끊어진다는 느낌은 거의 죽음의 공포와 비견할 만하다. 이런 단절로부터 오는 공포감을 느끼지 않으려고 대신 더욱 강하게 느끼게 되는 감정이 바로 죄책감이다.

죄책감의 이런 기능을 처음 지적한 학자는 프로이트다. 정신분석을 창시한 프로이트는 밤낮으로 강박적인 신경증을 앓고 있는 환자들을 치료했다. 이들은 종일 예민하게 크고 작은 걱정에 시달렸으며 밤에는 잠자리에 들기를 극도로 힘들어했다. 환자들은 잠자리에 들기 위한 자신만의 강박적 루틴을 하나씩 가지고 있었다. 그는 자신의 환자들이 그런 의식 절차를 거쳐야만 비로소 잠들 수 있다는 점을 유심히 관찰했다. 예컨대, 특별한 잠옷을 입어야만 자는 사람이 있고, 머리맡에 특별한 물건을 가져다 놓아야 하는 사람도 있었다.

그런 루틴은 절대적이라고 할 만했다. 만약 빨래를 해서 그 특별한 잠옷을 입지 못하면, 그날은 결코 잠자리에 들 수 없다. 머리맡에 놓아야 하는 물건을 분실하면 끝장이다. 자신만의 방식으로 이런 '예식'을 거행하지 않으면 큰 죄를 짓는 것처럼 여기는 환자들을 보면서, 프로이트는 이들에게 공통되게 무의식적 죄책감을 발견했다. 그들은 마치 신의 처벌에 대한 공포심으로 특정 종교 행위를 반복하는 종교인처럼 행동했다. 보이지 않는 처벌에 대한 공포와 죄책감을 가진 신경증 환자의 강박적 행동은 종교인의 예배 행위처럼 보였다.

우리 마음속 시스템에 사는 죄책감도 이와 마찬가지로 작동한다. 무엇보다 죄책감은 가족 시스템에서 경험한 두려움과 밀접하게 관련된다는 점을 꼭 기억해야 한다. 죄책감의 사회화 과정은 바로 두려움이라는 일차적 감정에서 비롯하기 때문이다. 특히 가족과의 관계에서 단절감에 대한 두려움이 크면 클수록 우리의 죄책감은 점점 더 커질 수밖에 없다.

비합리적 죄책감을
떨치기 힘든 이유

마흔다섯의 중학교 수학교사 은희는 죄책감으로 매일 힘든 날을 보낸다. 은희는 전날 면담을 하던 한 남학생이 면담 도중 무례하게 껌을 씹는 걸 보고 이를 지적했다. 학생은 기분 나쁜 표정을 짓더니 갑자기 학원에 가야 한다며 교무실을 박차고 나가 버렸다. 은희는 다음 날까지 자신이 면담 내용과 상관없는 행동을 괜히 지적하는 바람에 학생 지도를 그르쳤다는 생각에 종일 마음이 불편했다. 퇴근할 무렵 함께 일하는 상담교사와 대화 중 자신의 지나친 죄책감을 자각하는 경험을 하게 되었다.

"당연히 지적해야죠. 아니, 선생님이 그런 말씀도 못 하세요? 너무 자책하시는 것 아니에요? 그렇게 화를 내고 나간 학생이 잘못된 거죠. 안 그래요?"

은희는 선뜻 대답할 수 없었다. 여전히 학생보다는 자신의 경솔한 행동에 문제가 있다고 믿는 자기 자신을 발견했다. 은희는 그동안 여러 친구나 지인에게 죄책감을 지나치게 느낀다는 지적을 받아 왔다는 사실도 떠올랐다. 은희 마음속 시스템에는 어떤 일이 있는 걸까? 은희를 지속적으로 불편하게 만드는 죄책감은 어떤 기능을 하는 걸까? 은희의 죄책감을 평가할 때, 그 감정만 떼어 놓고 은희를 괴롭히는 나쁜 감정이라고 여겨선 안 된다. 그런 방식으로는 결코 은희의 마음속 시스템 전체를 볼 수 없다. 그렇다면 앞서 살펴본 대로 그녀의 죄책감은 내면의 어떤 두려움과 연관된 걸까?

그러고 보니 은희는 자신이 평생 거의 매 순간 죄책감을 느끼고 살았다는 사실을 깨달았다. 5년 전 남편과 이혼한 은희는 자신이 조금만 더 가정에 충실했으면 이혼도 하지 않고 스무 살이 된 아들과도 잘 지낼 수 있을 거라고 굳게 믿고 있었다. 이런 죄책감을 떨치려고 애를 써 봐도 늘 죄책감의 굴레에서 허우적거렸다.

은희는 왜 그리도 큰 죄책감을 안고 사는 걸까? 은희의 기구한 인생 이야기를 듣다 보면 누구나 그녀의 죄책감에 적잖은 의구심을 가질 수밖에 없다. 그녀의 전남편은 사업을 한다면서 늘 일을 망치기가 일쑤였고, 아내인 은희의 생활력에 온전히 의존해 온 인물이기 때문이다. 그뿐만 아니라, 은희에게 늘 가정에 소홀하다고 핀잔을 주고 "게으른 년"이라는 언어폭력을 일삼기도 했다. 은희의 친구들은 하나같이 그런 남자와는 진작 이혼해야 했다고 말한다. 하지만 은희는 전혀 받아들일 수 없었다. 남편은 자신만 쳐다보고 산 남자라고 믿었고, 그래도 자신을 사랑했던 유일한 남자라는 말을 반복하곤 했다.

사업실패를 거듭하던 남편 탓에 은희는 자신의 월급으로 남편 사업 빚을 갚기에 바빴다. 하지만 남편은 오히려 아내가 능력이 없어서 남편의 사업을 제대로 지원하지 못한다며 은희를 몰아세웠다. 심지어 교사 월급이 박봉이라면서, 회계사 자격을 취득하여 이직하라는 당치도 않은 주문을 하기도 했다. 은희는 틈틈이 공부하여 공인중개사 자격을 따기도 했지만 이직을 감행하지는 못했다. 이혼 후 그녀는 자신이 공인중개업을 시작해서 남편을 적극적으로 도왔더라면 남편이 사업에 성공했을 수도 있었을 거란 죄책감을 가지기도 했다. 당연히 친구들은 이런 은희의 지나친 죄책감을 이해할 수 없었다.

그렇다면 은희의 가족들은 어땠을까? 은희의 어머니는 그녀의 이혼을 가장 심하게 비난한 인물이었다. 어머니는 은희 가정의 모든 책임은 다 은희에게 있다며 이렇게 말하곤 했다. "다 네가 잘못해서 남편도 그렇게 떠난 거야. 여자가 무조건 참고 맞춰 주었어야지." 은희의 아버지는 평생 아내와 장녀 은희에게 폭력을 행사했던 알코올 중독자였다. 이상하게도 남동생에게는 폭력을 행사하지 않았다. 벌이가 신통치 않은 무능력한 아버지였지만, 어머니는 끝까지 이혼하지 않고 가정을 꾸려나갔다. 보험업을 한 어머니는 재정적으로도 은희와 남동생을 남부럽지 않게 키웠다고 자부하였다.

심지어 고등학생이었던 은희의 아들마저 이혼 이후 은희를 비난했다. "엄마가 참았어야지. 아빠는 절대 바뀔 사람이 아니었거든. 엄마가 조금만 더 잘 맞춰 줬어야지." 일찍이 대학 입학을 포기한 아들은 고등학교를 마치지 못하고 자퇴했다.

5년 전 일방적으로 합의 이혼을 요구했던 남편은 1년 후 재혼하고 작은 사업체를 마련했다는 소식이 들려왔다. 은희의 죄책감은 더더욱 커갔다. 남편의 뜻대로 회계사나 공인중개사 같은 전문직으로 이직을 했다면 그의 사업을 적극 지원하면서 잘 살 수 있었을 것이라고 믿었다. 남편의 재혼 소식을 접했을 즈음 아들은 엄마에게 독립을 선언하고 집을 나갔다. 아들은 아르바이트를 하면서 원룸 생활을 시작했다. 걱정이 된 은희는 수시로 전화로 안부를 물었지만, 몇 달이 지난 후 아들은 전화 수신을 거부하기 시작했다. 문자로 자신이 연락하기 전까지는 서로 연락하지 말자는 메시지를 남기면서.

은희의 죄책감은 최고조에 이르렀다. 남편에게 신경을 쓰느라 아들의 학업이나 생활 전반에 너무 무관심했다는 죄책감에 시달렸다. 남편은 물론 아들까지 자신을 떠난 건 모두 다 자신의 책임이라는 자책이 일상을 지배했다.

"너 그 말도 안 되는 죄책감 좀 버려! 그래야 네가 살아!"

주변 친구들은 은희의 죄책감을 좀처럼 이해하기 어려웠다. 뻔뻔하고 폭력적인 남편, 딸을 위로하기는커녕 늘 비난을 일삼는 친정어머니, 그리고 매정한 아들이 잘못된 거지 친구 은희는 아무리 봐도 죄가 없어 보였다. 이들은 불쌍한 은희가 친어머니와 전남편, 그리고 아들의 비난 때문에 지나친 자책감을 가지게 되었다고 답답해했다. 주위 사람들의 권고대로 은희가 죄책감을 버리는 건 가능할까?

아무리 애서 봐도 은희에게는 결코 쉬운 일이 아니었다. 교무실에서 은희와 대화를 나누던 상담교사는 다음 날 은희에게 지역의 심리상담 센터를 소개해 주면서, 꼭 한번 방문하라고 강권했다. 그러고는 죄책감에 관해 전문적인 도움을 받아 보라고 강조했다. 은희 자신도 스스로는 도저히 뿌리칠 수 없지만, 남들은 너무 지나치다고 여기며 전혀 이해받지 못하는 자신의 죄책감에 의구심이 생겼다. 호기심, 마음속 시스템 탐색에 첫 단추가 끼워지는 순간이다. 아무도 이해하지 못해도 은희 자신만은 마음속 시스템에서 죄책감이 하는 일을 반드시 이해해야 한다. 그래야 온전한 치유의 매듭이 풀리기 시작한다.

감정이 과도하게 기능하는 이유를 알면 마음속 시스템의 큰 그림을 그릴 수 있게 된다. 겉으로는 존재조차 숨기고 마음속 맨 밑바닥에 묻혀 있는 다른 감정들을 살려내야 특정 감정의 과도한 기능을 조절할 수 있다. 죄책감도 마찬가지다. 죄책감을 가진 이들을 만나면 우리는 당장 그 감정을 버리라며 너무도 쉽게 충고한다. 이유는 단순하다. 죄책감은 결국 마음 건강에 유익보다는 해악을 끼친다고 믿기 때문이다. 죄책감은 우리를 미래로 가지 못하게 만든다. 자꾸만 과거 자신의 잘못된 행동에 매몰되게 만든다.

부정적 생각은 하루아침에 버리기 어렵다

대표적인 심리치료 방법인 인지행동치료에서는 부정적인 신념을 없어져야 할 대상으로 본다. 예컨대, '내가 조금만 잘했어도 이혼하지 않았을 거야. 다 내 잘못이야.'라는 신념은 비합리적인 신념이기 때문에, 이런 신념을 바꾸지 않으면 죄책감과 후회로 계속 불행하게 살게 된다는 원리다.

합리적 정서 행동치료 Rational Emotive Behavior Therapy, REBT 를 창시한 알버트 엘리스 Albert Ellis 는 이 원리를 ABCDE 모델로 설명했다. 이 모델에 따라 은희의 상황을 설명해 보면 다음과 같다.

1. 유발사건 Activating event : 은희의 이혼이라는 사건.
2. 신념체계 Belief system : 모든 것이 자신의 잘못이라고 믿는 비합리적인 생각. 은희의 경우 이혼을 포함해, 모든 것이 자신 때문이라고 믿는 신념체계를 말한다.
3. 결과감정 Consequence : 이런 신념체계로 인해 겪게 되는 죄책감, 우울 등의 감정.
4. 논박 Disputation : 이런 비합리적인 신념의 결과를 심리치료사가 논리적인 원리를 제시하여 반박하는 것.
5. 효과 Effect : 비합리적인 신념의 결과가 해소되고 합리적 신념으로 전환됨.

ABCDE 모델에 마지막 F Feeling 까지 덧붙여 논쟁의 효과로 얻은 합리적인 신념에서 비롯해 긍정적인 감정이 생길 수 있다고 주장하기도 한다.

은희의 주변 친구나 지인들은 ABCDE 심리치료 모델을 전혀 몰랐을 테지만, 이미 이런 심리치료적 접근을 시도한 셈이다. "은희야, 넌 왜 항상 그런 식으로 생각해? 네가 뭘 잘못했어? 너는 죽도록 일해서 남편 뒷바라지한 죄밖에 없어! 잘못을 했다면 네 남편이 한 거지, 안 그래?" 친구나 지인들의 이런 '논박'은 전혀 '효과'를 거두지 못했다. 이유는 뭘까? 그들이 심리치료 자격증을 소지하지 않은 일반인이기 때문일까? 그보다는 은희의 비합리적인 신념체계가 아주 오랜 시간 동안 너무도 단단하게 자리 잡아서이기 때문 아닐까?

실은 합리적 정서 행동치료를 만든 엘리스조차도 개인의 비합리적인 신념체계란 언제든지 손쉽게 바꿀 수 있는 단순한 생각 정도가 아니라고 주의한 바 있다. 신념체계가 얼마나 오랜 기간 개인의 마음에서 구성되어 왔는지에 따라, 쉽게 신념체계를 바꿀 수 있는 사람도 있겠지만 그렇지 않은 사람도 있다는 이야기다. 은희의 경우, 전자가 아니라 후자이기에 논박으로는 문제 해결이 안 된다면 인지행동치료의 효과를 충분히 신뢰하기 어려워진다.

마음을 시스템적으로 이해하려는 심리치료인 내면가족시스템은 전혀 다른 접근 방법을 취한다. 은희의 비합리적인 신념을 없애야 할 그 무엇으로 여기지 않는다는 점이다. 당연히 그런 신념의 결과인 죄책감 역시 반드시 없애야 할 나쁜 감정으로 여기지 않는다. 만약 은희를 만나 심리상담을 시작한 상담사가 은희의 부정적인 신념을 지인들이 이미 시도했던 것처럼 논박하여 없애려고 한다면, 은희는 자신의 감정을 전혀 이해받지 못했던 경험을 반복할 수밖에 없다. 물론 심리상담사는 왜 그런 식의 신념을 가지냐고 주위 사람처럼 답답해하거나 딱하게 여기지는 않겠지만 말이다.

은희의 죄책감은 마음속 시스템 내에서 은희를 지키기 위한 조용한 투쟁을 하고 있다. 은희가 가진 생존 자체에 대한 두려움은 은희의 죄책감 덕분에 마음속 시스템 내 가장 깊은 곳에서 숨죽이고 있었을지도 모른다. 이때 은희가 느끼는 생존에 대한 위협이란 생물학적 생존보다는 가족 시스템 가운데 느꼈을 사회적 생존에 가깝다.

끝없는 자책의 목소리,
"나를 버리지 말아줘요."

은희는 착하고 성실한 장녀로 자랐다. 폭력적인 아버지가 어머니를 때릴 때마다 은희는 울며불며 아버지에게 매달려 폭력을 막고자 했다. 중학생이었던 은희에게 어머니는 의외의 반응을 보였다.

"네가 나서면 아빠가 더 화가 나셔. 동생처럼 그냥 좀 가만히 있어!"

그래도 은희는 그럴 수가 없었다. 아버지의 폭력을 말리다가 자신도 엄마처럼 매를 맞는 일이 다반사였다. 폭력을 행사하다가 지쳐 쓰러진 아버지의 양말을 벗기고 엄마를 도와서 침대에 누이는 일도 늘 은희의 몫이었다. 울면서 엄마를 위로하려고 할 때, 은희는 엄마에게 늘 여성비하적 이야기를 들었다. "남자는 여자 하기 나름이다. 네 아빠가 거칠어 보여도, 그냥 꾹 참고 살면 언젠가 여자에게 돌아오는 게 남자다."

은희가 어린 시절 줄곧 들었던 어머니의 말씀이 그대로 그녀의 내면 신념으로 자리 잡게 된 것처럼 보였다. 은희는 알코올중독 아버지를 둔 가정에서 늘 불안하게 성장할 수밖에 없었다. 가장 큰 불안은 엄마의 신념처럼 엄마가 참고 살아도 결국 아버지와 이혼할까 봐 느끼는 두려움이었다. 그러나 실은 은희의 내면에는 이보다 더 큰 두려움이 숨어 있었다. 바로 엄마가 자신을 좋아하지 않는다는 느낌이었다. 아무리 엄마 편에서 아빠의 폭력을 막아 보려고 해도 역부족이었지만, 엄마는 은희 때문에 아빠의 폭력이 더 심해진다며 잘못을 은희 탓으로 돌리는 경우가 많았다. 유기에 대한 은희의 남모를 두려움이 증폭되는 순간이다.

은희는 왜 자신의 아버지처럼 무능력한 남편에게 그리도 집착하는 것일까? 은희 주변 사람들이 아무리 전남편을 무능하고 폭력적이며 뻔뻔한 인간이라고 매도해도 은희는 항상 남편을 '자신만 쳐다보는 사람'이라고 평가했다. 이 평가는 그녀가 어린 시절부터 숨기고 지내 왔던 오랜 두려움과 무관하지 않다. 최선을 다했지만 결국 남편에게 버림을 받았다고 인정하는 일은 자신이 아버지에게, 혹은 어머니에게도 결국 처절하게 버려질지 모른다는 두려움이 밖으로 드러나도록 자극하는 행동이다. 은희에게 이런 오랜 두려움을 밖으로 꺼내는 일은 자신의 목숨을 끊는 것과 같은 도박이다. 어머니가 은희의 이혼은 다 은희 때문이라고 비난해도 전혀 반박하지 못했던 이유이기도 하다. 아마 죄책감은 이런 무의식적인 메시지를 어머니에게 던지는지도 모른다. "어머니 말씀이 다 맞아요. 저는 어머니처럼 못 살아서 죄송해요. 그래도 저 버리시진 않을 거죠?"

만약 죄책감이 은희 마음속 시스템에서 완전히 사라진다고 가정해 보자. 모두 다 은희 탓이라고 하는 그들의 비합리적인 주장을 반박하고 나면 어떻게 될까? 전남편과 아들은 물론이고, 어머니와도 완전히 끊어지고 만다. 모든 관계에서 처절하게 단절되고 그녀가 가장 두려워했던 영원한 처벌 대상으로 전락하고 말 것이다.

상담사는 은희에게 죄책감은 그동안 마음속 시스템에서 버려짐의 두려움과 공포를 느끼지 않도록 그녀를 보호해 주었던 감정임을 알려야 했다. 마음속 대화에서 여러 차례 죄책감에게 관심을 표하자 은희는 비로소 자신의 어린 시절과 마주할 수 있었다. 가장 먼저 등장한 장면은 아버지에게 매를 맞으면서도 엄마를 지키고자 했지만, 엄마에게마저 매정한 말을 듣는 어린 은희의 모습이었다. 은희는 열 살 남짓 되어 보이는 그 어린 은희가 마음에 큰 충격을 받아 마치 주저앉을 듯한 모습이라고 말했다. 그녀는 어린 자신을 좀 붙잡아 주고 싶다고 했다. 상담사가 그래도 좋다고 하자, 은희는 눈을 감고 그 어린아이를 꼭 안아 주는 몸짓을 했다. 은희의 눈에는 눈물이 흘렀다. 가만히 지켜보던 상담사는 어린 은희에게 지금 당장 필요한 것이 무엇인지, 지금 어떤 도움을 받고 싶은지 물어보라고 권했다. 은희의 내면에선 이런 대답이 느껴졌다. "이제 어떻게 하지? 무슨 일을 해야 할지 정말 모르겠어. 엄마와 아빠를 지켜야 하는데……."

상담사는 그녀가 실로 오랜 시간 무겁게 지니고 살아온 책임감을 내려놓을 수 있도록 돕기로 했다. 먼저 어린 은희가 과도한 책임감을 내려놓을 준비가 되었는지 은희 스스로 물어보게 한 후, 그 막중한 책임감이 어디에 자리 잡고 있는지 어린 은희의 몸에서 찬찬히 찾아보도록 했다. 어린 은희는 자신의 머리 안에 그런 책임감이 창고 속 짐처럼 꽉 차 있다고 말했다. 마치 무거운 쇳덩이 같다고 했다. 상담사는 그 쇳덩이를 꺼내서 뜨거운 화로 속에서 함께 녹여 보자고 제안했다. 은희는 마음속에서 어린 은희와 함께 과도한 책임감으로 뭉쳐진 쇳덩이를 녹이는 모습을 상상했다. 이런 과정을 거치며 은희는 어린 시절부터 지금껏 자신의 삶을 옥죄어 왔던 책임감, 내가 다 감당하지 않으면 내 존재가 내버려질 것 같은 두려움과 단절감으로부터 서서히 빠져나왔다.

은희가 마음 놓고 뜨거운 눈물을 쏟아낼 때가 바로 이 순간이다. '모든 게 내 탓'이라고 믿는 비합리적인 생각과 죄책감을 무조건 버리라고만 하면 안 된다. 진짜 중요한 감정은 바로 숨겨진 온건파 감정들이다. 이들을 제대로 다루지 않는다면 은희는 더 큰 마음의 병을 얻게 될 수밖에 없다.

행복하면 불편하다고 말하는 사람들

나는 감수성(공감) 훈련에서 행복을 느끼는 순간이 이상하게 불편하다는 한 여성 참여자를 만난 적이 있다. 대학생 시절 친구들과 노래방과 클럽에서 놀다가 집에 돌아가면 늘 죄책감이 몰려왔다는 것이다. 친구들 때문에 억지로 어울렸냐고 물으니, 자기는 노래 부르기와 춤추기를 절대 싫어하지 않는다고도 했다. 이미 우리는 마음속 시스템의 죄책감이 가족역동과 무관하지 않다고 배웠다. 이 참여자도 예외가 아니었다. 행복하면 불편하다는 모순 같은 고백을 한 이 참여자의 가족 이야기를 들어보니 이내 고개가 끄덕여졌다.

그녀의 남동생은 어린 시절부터 자폐스펙트럼 장애 판정을 받고 오랫동안 치료를 받고 있었다. 남동생의 치료를 위해 아버지는 직장을 그만두고 어머니와 함께 식당을 운영하면서 많은 시간을 집에서 아들과 함께 지냈다. 집에 들어가면 부모님의 힘겨운 노력과 희생이 느껴져 이내 마음이 무거워졌다고 했다. 부모님의 노고에 조금이라도 힘을 보태려고 했지만, 바쁜 대학 생활을 보내고 이후에는 사회생활로 벅차 늘 미진하게 느껴졌다.

일반적으로 생각하면 피 끓는 청춘이 노래하고 춤추는 게 큰 죄는 아니다. 그러니 그녀가 느끼는 죄책감엔 아무런 이유가 없다고 할 수 있을까? 그 죄책감은 마음속 시스템에서 분명한 역할을 하고 있다. 바로 가족관계에서 느꼈던 두려움과 단절감을 감추는 역할이다. 남동생이 자폐 판정을 받고 치료를 시작할 때 그녀의 나이는 여덟 살에 불과했다. 그녀는 아주 오랫동안 네 명의 식구 중 남동생과 부모님만 한 몸처럼 뭉쳐 있다는 느낌을 자주 받았다. 부모님은 가끔 초등학생 딸에게 특별한 신뢰와 믿음을 보내 주기도 했다. "엄마 아빠는 동생 때문에 너를 신경 못 쓸 때가 많아. 알지? 그래도 네 일은 네가 알아서 잘해 줄 테니까 믿는다." 언뜻 들으면 칭찬 같지만 아이의 마음은 왠지 허전하기만 하다. 철이 들면서 부모님의 고통을 점점 알게 되고, 부모님의 일을 거들고 싶은 마음도 생겼지만 아주 어린 시절부터 느꼈던 단절감을 완전히 버릴 수는 없었다.

어린 장녀는 성장하면서 정말 모든 일을 스스로 감당할 수가 있었을까? 사춘기를 지나면서 이 딸은 자신의 모든 어려움은 스스로 해결해야 된다고 믿었다. 가끔은 떼도 쓰고 싶었겠지만 그럴 수 없었다. 부모님에게 부담을 드리는 몫은 동생으로 충분하다고 느꼈고, 자신은 늘 늠름하고 어른스러운 딸이어야만 했다. 그래야 그나마 부모님의 인정과 신뢰를 유지할 수 있다고 생각했던 것이다. 그러면 내면가족시스템 이론이 설명하는 내면 매니저의 목소리가 점점 커질 수밖에 없다.

"너는 엄마 아빠를 절대 실망시키면 안 돼! 너까지 엄마 아빠를 힘들게 하면 어떻게 되겠니? 너는 엄마 아빠의 고통을 잘 아는 착한 딸이 되어야 해!"

이런 마음속 목소리는 결국 이 딸로 하여금 밖에서 혼자 즐기고 재미를 느끼는 일조차 마음 놓고 하지 못하도록 관리하기 시작한다. 노래방에 갈 때도 늘 마음이 무겁다. 아무리 친구들이 신나게 춤을 춰도 자신은 표정 관리를 하면서 무감각한 마음을 유지해야 한다. 최소한 너무 행복하지 않아야만 한다. 그게 엄마 아빠를 실망시키지 않는 믿음직한 딸의 기본을 지키는 일이라고 믿게 된다. 또 이런 마음속 매니저의 요청사항도 비합리적 신념이라고 논박하지 않아야 한다. 왜냐하면 이런 마음속 목소리는 결국 이 딸을 지켜 내려는 보호자의 역할을 하기 때문이다. 이런 보호자의 기능을 약화하려면 부모로부터 끊어질지 모른다는 두려움과 단절감부터 어두운 마음속 한구석에서 꺼내야만 한다.

나는 가끔 장애 가족을 둔 비장애 형제자매를 만날 때가 있다. 그러면 반드시 이런 말을 전하곤 한다. "부모님께 자신도 힘들다고 말해도 괜찮아요. 장애 형제, 자매에게도 너무 속상하면 그냥 자신의 마음을 이야기해도 괜찮아요." 이런 말을 듣자마자 눈에 눈물이 맺히는 이들도 많다. 그런 이야기를 도저히 못하겠다고 고개를 숙이기도 한다.

나는 몇 해 전 장애 가족들을 대상으로 가족 집단 상담을 진행하기도 했다. 장애 자녀를 가진 부모의 현실은 대개 비슷하다. 바쁜 일상 가운데 비장애 자녀에게 큰 관심을 가지지 못하는 경우가 많은 게 사실이다. 특히 마음속 감정을 헤아릴 여유는 더더욱 없게 마련이다. 그래서 나는 일부러라도 상담 과정 중에 비장애 자녀의 마음속 두려움과 단절감을 부모님께 꺼내도록 돕는다. 부모님들도 비장애 자녀가 내내 묻어 놓고 살았던 무의식적인 두려움과 단절감을 생전 처음 듣게 되면 화들짝 놀라게 마련이다. 상상조차 못 했던 비장애 자녀의 마음속 시스템을 깊이 이해하는 시간을 가지게 된다. 그러면 마음속 두려움과 단절감을 보호하기 위해 생겼던 비장애 자녀들의 죄책감도 과도한 기능을 서서히 줄일 수 있다.

사회적 재난의 생존자들도 똑같은 죄책감을 호소한다. 재난 현장에서 극적으로 살아남았지만, 자신만 혼자 살아남았고 희생자들에게 도움을 주지 못했다는 사실에 극도의 죄책감을 느끼는 경우가 참 많다. 이들 역시 생물학적으로 생존했지만 사회적으로는 엄청난 관계 상실을 경험하리라고 두려워하는 경우가 많다. 목숨을 잃은 희생자 가족들과 어느 정도 인간관계가 있었던 경우에는 더 큰 죄책감을 토로한다. 심지어는 친구들이나 친지들에게까지 이해받지 못하고 관계가 끊어질 것 같은 공포와 단절감이 생긴다. 프로이트가 지적한 대로 마치 일부 종교인이 회개하지 않으면 지옥 불에 떨어질 거라고 공포에 떨면서 강박적으로 죄를 고백하는 것과 유사한 시스템이다. 이럴 때는 재난의 피해자들도 '생존자 죄책감survivor's guilt'이 강하게 마음속 시스템을 지배하는 과잉 기능을 시작한다.

누구에게든지 쓸데없이 죄책감을 가질 필요 없다고 쉽게 말하지는 말자. 마음속 시스템에서 죄책감은 절대 쓸데없지 않다. 유난히 죄책감을 느끼는 이들이 주위에 있다면 그는 가족이나 사회 시스템에서 완전히 떨어져 나갈 것만 같은 과도한 두려움과 공포를 겪고 있다고 보면 틀림없다. 차라리 그에게 다가가 이렇게 따뜻한 두 마디를 던져 보자.

"너는 절대로 혼자가 아니야."

"기억해. 나는 항상 네 편이고 네 옆에 있을 거야."

CHAPTER 6

분노
"한번 화가 나면
참을 수 없어요!"

화라는 감정에 씌워진 누명

갑자기 세상이 너무 무서워졌다고들 한다. 길에서 어떤 봉변을 당할지 모르는 세상이 되었다고 말이다. 화가 나면 사람들을 폭행하는 사건은 예전에도 있었다. 그런데 요즘은 도가 좀 지나치다. 급기야 한국 사회에 '분노 범죄'라는 생소한 단어가 등장했다. 한 사람이 갑작스러운 분노 폭발로 다른 사람에게 형사 처벌에 가까운 상해를 입혔거나, 심지어 살인까지 저질렀을 때 미디어는 이렇게 부른다. 더욱이 최근 자주 발생한 소위 '묻지마 범죄'는 한국 사회를 극도의 공포로 몰아갔다.

묻지마 범죄의 가해자들은 사회에 대한 분노, 즉 불특정 다수에 대한 막연한 분노 때문에 범죄를 저질렀다고 밝히는 경우가 많다. 그들의 진술대로 분노라는 감정이 정말 살인이나 중대 범죄의 주범일까? 사실 나는 분노 범죄라는 단어 자체가 맞는 말인지 모르겠다. 이런 명명법은 분노 감정을 지나치게 폄하하는 경향이 짙기 때문이다. 분노는 강경파 감정의 대표선수다. 강경파이니 다른 사람들 눈에도 쉽게 띈다. 당연히 범죄의 주범으로 오해를 받을 만하다.

하지만 분노 범죄나 묻지마 범죄의 가해자들에게 드러나는 결정적인 공통점은 따로 있다. 미국 역사상 가장 치명적인 학교 총기 난사 사건으로 기억되는 2007년 버지니아 공대 총기 난사 사건의 가해자 23세 조승희와, 2023년 과외 중개 앱으로 중학생 학부모로 가장해 또래의 여성을 무참히 토막 살해한 23세 정유정의 경우를 살펴보자. 전문가들은 이들이 원한은 물론 아무런 관계조차 없는 대상에게 참혹한 범죄를 저지른 이유를 분석하기 시작했다. 대개 이들이 가진 사회에 대한 불만이나 분노가 겹겹이 쌓여 이런 치밀하고 계획적인 중대 범죄를 일으켰다고 본다. 누가 봐도 홧김에 저지른 우발적인 범죄라고 보기는 어렵다. 그러나 극도의 분노 감정이 살해의 주요 동기라고 봐야 할까?

내가 주목한 요소는 이들의 존재감이다. 이런 천인공노할 사건이 발생하면 미디어는 당연히 범인의 학창 시절을 조명하기 시작한다. 놀랍게도 우리는 유사한 정보를 접한다. 학창 시절을 함께 한 동창은 이들을 잘 기억하지 못한다. 이들은 대개 눈에 띄는 학생이 아니었고, 마치 그림자나 유령 같은 학생들이었다고 진술한다. 이들의 미미한 존재감은 범죄 동기와 깊은 연관이 있다.

폭력 사범 연구가 밝힌 범죄 뒤의 심리

'분노가 문제'라고 특정하면 할수록 분노는 더 강경하게 활동한다. 화가 난 사람뿐 아니라, 그 근처에 있던 애먼 사람들까지 피해를 본다. 심지어 아주 사소한 일에도 '욱'하는 분노를 참지 못해 애꿎은 피해를 주는 것도 한순간이다. 분노라는 감정은 어쩌면 우리가 그 분노에만 정신이 팔려 있기를 기대하는지도 모른다. 마음속 시스템을 볼 수 있는 전문가가 아니면 분노 감정의 배후를 알기 어렵다. 분노의 입장에서는 그 배후를 꼭꼭 숨겨 상대방이 알아채지 못하면 작전 대성공이다.

따라서 분노가 과도하게 나서기 전에 우리가 먼저 작전을 바꿔야 한다. 바로 분노가 과도한 기능을 줄이도록 배후의 온건파 감정들을 함께 다루는 법을 익히는 일이다. 온건파 감정을 숨기고 보호해야 할 임무를 내려놓으면, 강경파 분노 감정은 알아서 수위를 낮출지도 모른다. 그게 앞서 우리가 살펴본 시스템의 기본적인 구동 원리가 아니었던가?

폭력 전과로 복역 중인 수감자들을 인터뷰하면서 그들이 강력 범죄를 저지른 감정적인 동기를 연구한 학자가 있다. 하버드 의과대학의 정신의학과 교수였던 제임스 길리건 James Gilligan 은 매사추세츠 교도소에 수감된 폭력 사범들을 자그마치 25년 이상 인터뷰하면서 자료를 모았다.* 1970년대 당시 미국에서는 인종차별로 인한 강력 폭력 범죄가 창궐했는데, 이런 사회현상에 관한 궁금증이 그의 연구 의지

---

* James Gilligan, *Violence: Reflection on National Epidemic*, New York: Vintage Books, 1997.

를 불러일으킨 듯하다. 이 연구 결과를 바탕으로 써낸 책에도 '국가적인 전염병 national epidemic 에 대한 성찰'이라는 부제를 붙여, 폭력 범죄를 저지른 이들을 연구 대상자로 정한 이유를 밝혔다.

길리건이 수십 년간 진행한 종단연구 과제의 가설도 눈여겨볼 만하다. 길리건 교수는 폭력을 행하여 감옥에 있는 이들이 남달리 인성이 흉악하거나 나쁜 폭력 유전자를 가진 자들이라기보다는, 특별한 감정적 경험을 한 사람들이리라는 전제하에 연구를 진행했다. 그 역시 폭력 사범들의 가장 위험한 감정은 '극도의 분노'이리라고 예측했을 것이다. 그러나 길리건 교수가 발견한 사실은 실로 놀라웠다. 그가 만난 범죄자들의 마음속 시스템에는 공통적인 특징이 있었다. 하나같이 모두 내면 시스템 깊숙이에 유배된 자기 존재에 대한 '모멸감 humiliation', 즉 수치심 shame 이라는 감정이 발견되더라는 것이다.

그런데 왜 이 연구가 주목을 받게 된 걸까? 그 이유는 폭력을 유발하는 감정이 분노나 증오심과 같은, 겉으로 확연하게 드러나는 감정이 아니라는 점을 보여 주었기 때문이다. 즉, 폭력의 주범이 눈에 보이는 강경파 감정이 아니라는 점을 확인한 대표적인 연구이기 때문이다.

모멸감의 무서운 폭발력

수치심은 누구에게나 숨기고 싶은, 시스템 구석에 유배해야만 하는 그런 느낌의 감정이다. 사람들 앞에서 부끄럼을 느끼는 것

자체가 누구에게나 극도로 불쾌한 경험이다. 잊기가 힘들다면 다른 강경파 느낌이, 예컨대 분노 같은 감정이 등장하여 수치심을 느낄 틈이 없게 만든다.

예를 들어 사무실에서 나이 어린 상사에게 무참히 깨진 남편이 수치스러운 기억을 잊으려고 퇴근길에 동료들과 술 한잔을 했다고 하자. 만취 상태로 집에 돌아온 남편을 보고 아내는 무슨 일이 있었냐고 묻는다. 잔뜩 취한 남편은 그대로 곯아떨어졌다. 다음 날 아침에 아내는 어제 만취한 이유를 물었다. 별일 아니라는 남편에게 아내는 물었다.

"요즘 승진 철 아니야? 이제 과장 딱지 좀 떼어야 하지 않아?"

다음 장면을 상상해 보라. 과연 어떤 일이 벌어질까? 남편은 밥 먹던 숟가락을 집어 던지거나 버럭 화를 낼지도 모른다. 밤새 추방해 놓은 수치심이 아침부터 들썩거리기 때문이다. 심한 경우 아내에게 폭력을 행사할 수도 있다. 이때 폭력의 주범은 아내에 대한 증오심이나 분노 감정이 아니다. 남편의 마음속 자동회로 시스템에서 수치심을 숨기기 위한 구급대로 분노라는 감정을 대기시켜 놓았기 때문에, 분노를 긴급하게 폭발시키면서 폭력적인 돌발 행동이 자동으로 따라오는 것이다.

최근 한국 사회에 만연한 분노 범죄에서도 이와 비슷한 양상이 발견된다. 동거녀를 흉기로 찌른 혐의로 경찰에 붙잡혀 조사를 받던 피의자가 있었다. 그는 "다시 같이 살자는 내 제안을 매몰차게 거절하는 걸 보고 순간적으로 화를 참을 수 없었다."라고 진술했다. 이 경우 범죄를 유발한 피의자의 진짜 감정은 무엇일까? 과연 피의자의 말처럼 분노를 참을 수 없어서 범죄를 저지른 걸까? 혹시 자신이 매몰차게 거절당하는 순간, 내면 깊숙이에 유배시켜 놓았던 어떤 은밀한 감정이 건드려진 건 아닐까?

만약 이 폭력 범죄 피의자가 어린 시절부터 수치심을 느낄 만한 가족 시스템에서 자랐다고 가정해 보자. 부모에게 늘 비난을 받았거나, 형제자매와 비교해도 자신의 존재감은 늘 부모에게 뒷전이었다고 상상해 보라. 그에게 동거녀는 어쩌면 자신의 존재감을 느끼게 해 주는 중요한 인물이었을 수 있다. 마지막으로 동거녀에게 재결합을 요청할 때도 그녀에게만큼은 자신의 존재가 인정되기를 간절히 기대했을 것이다. 그럼에도 자신을 매몰차게 거절하는 동거녀의 뒷모습은 그토록 잊고 싶었던 유년의 비참한 모습을 떠올리게 했을지도 모른다.

믿었던 동거녀에게까지 이런 자신의 모습을 드러내는 일은 곧 마음속 시스템의 끝장을 의미한다고 느껴졌을 수 있다. 위기의 순간마다 119 구급대 역할을 한 분노 감정은 몸을 날려 시스템의 붕괴를 막아야만 했다. 결국 마음속 시스템은 자동회로의 패턴대로 움직였건만, 피의자는 되돌릴 수 없는 범죄의 가해자로 쇠창살 안에 갇히고 말았다.

왜 유독 가족에게
화가 나는 걸까

우리가 너무도 쉽게 하는 오해가 하나 있다. 바로 사랑하는 가족끼리는 서로 마음에 상처 주는 일이 전혀 없을 거라는 믿음이다. 실로 엄청난 오해다. 정확하게 말하면 상황은 정반대다. 사랑하는 가족이라는 이유로 훨씬 심한 상처를 주고받는다. 중요한 것은 사랑이 있고 없고의 문제가 아니다. 서로의 관계가 친하고 밀접할수록 존재의 부끄러움을 느낄 일도 많아지고, 그 부끄러움을 방어하기 위해 강경과 감정도 자주 등장하는 법이다.

지나가는 사람에게 창피를 당한 일은 금세 잊어버린다. 이유는 뭘까? 당연히 그 사람과 내가 특별한 관계가 아니기 때문이다. 그래서 창피함도 그리 오래 가지 않는다. 그런데 떼려야 뗄 수 없는 특별한 관계인 아버지와 나 사이에 어떤 사건이 생기면, 이야기는 전혀 다른 양상으로 변한다. 아버지로부터 큰 창피를 당한 일은 평생토록 무의식적인 트라우마로 남아 기억 속에서 사라지지 않는다. 아버지에게 인정받고 사랑을 받고 싶은 바람이 너무나 큰 탓이다. 이러한 바람이 처절하게 무너질 때 느끼는 감정은 세상에서 가장 아프다.

밖에서 창피를 당한 일이 쌓이고 쌓이면, 결국 집안에 들어와서 가족들에게 분노가 터질 때도 부지기수다. 앞서 직장 상사에게 자존심이 상한 남편은 집에 와서 아내에게만큼은 존중받기를 원한다. 그런데 속도 모르고 아내가 남편의 자존심을 건드리는 경우, 그동안 쌓였던 남편의 분노가 폭발한다. 같은 맥락에서 가족들에게만 유난히 화가 난다는 사람들이 있다. 이런 사람일수록 밖에서는 꽤 인정받는 '착한 사람'으로 사는 경우가 많다. 밖에서는 분노를 억누르고 인내를 주문하는 매니저가 훨씬 강력하게 작동하기 때문이다.

"너, 화내면 승진 못 해! 꾹 참아야 해!"

그런데 집에 돌아올 때쯤이면 종일 유배해 놓았던 수치심 방어체계가 약간 느슨해진다. 이때 마음속 시스템은 아주 작은 외부 자극에도 수치심이 건드려지기 쉬운 구조가 된다. 분노라는 소방대원의 출동을 일시 중지시킨 안정 상태처럼 보이지만, 사실은 종일 돌아간 시스템의 감정 전력량이 과도하게 상승한 상태이기 때문이다. 게다가 사회생활에서 인정받도록 철저히 우리를 관리하던 마음속 매니저도 일과가 끝나고 귀가하면 잠깐 휴식을 취한다. 그 틈에 우리를 향한 통제 명령도 잠시 내려놓는다. 마음속 매니저도 우리가 집안에서는 사회에서처럼 혹독하게 평가받기보다는 손쉽게 인정받고 존중을 받으리라 안심하는 것 같다.

아니나다를까 분노 감정을 잘 관리하고 인내를 주문하던 매니저가 잠시 한눈을 파는 사이, 가족들은 종종 우리의 수치심을 자극한다. 물론 가족들이 일부러 우리를 힘들게 하려는 의도는 없을 것이다. 그러나 승진 시점을 묻는 아내의 질문에 갑자기 수치심이 들썩거릴 수 있고, 내 형제와 나를 비교하는 사소한 말 한마디에 한순간 모멸감이 고개를 들기도 한다. 분노 관리 매니저가 경계심을 늦춘 사이 내내 참고 있던 분노라는 구급대 감정이 그 빈틈을 그대로 놔둘 리 없다. 왜냐하면 구급대는 마음속 시스템이 붕괴하기 전에 출동하는 그 본연의 임무에 다시 충실하고자 하기 때문이다.

따라서 왜 가족에게까지 그렇게 부끄러움을 느끼느냐고 묻는다면 자동회로 시스템을 아직 충분히 이해하지 못한 것이다. 밖에서 인정받기 위해 수치심을 많이 감내해 온 이들은 가족들의 작은 언동 하나에도 내면 시스템이 급발진한다. 아무렇지 않게 툭 내뱉은 말 한마디, 행동 하나에도 힘들게 유배해 놓았던 수치심이 들썩거리는 바람에, 대기 중인 분노 감정이 느닷없이 출동하고 만다. 그러니 이제부터라도 가족 구성원의 분노에 무조건 부정 반응을 보여서는 안 된다. 그 전에 상대의 분노 감정이 보호하려는 감정이 무엇인지 살펴보는 지혜가 필요하다. 특히 가족을 향한 분노는 가정 밖에서의 마음속 시스템의 패턴을 보여 주는 중요한 신호탄일 수 있다.

직장생활 중에는 분노를 느끼는 경우가 거의 없는데, 집에만 오면 자꾸 화가 난다는 김 과장의 사례를 유심히 살펴보자. 직장생활에서 사용하는 마음속 시스템과 집에서 사용하는 시스템이 다를 리가 없다. 김 과장의 분노를 가족 모두가 이해하지 못하고, 아내도 자녀들도 아버지를 멀리한다면 아마 분노는 더 자주 작동하게 될 것이다. 물론 분노가 작동하는 진짜 이유는 가족들과 밀접한 관련이 없다. 그러나 마음속 시스템이 밖에서 어떻게 작동하는지 면밀히 알기 전까지 가족들의 오해와 불신은 커져만 갈 것이 분명하다.

사실 김 과장은 최근 직장부서 내에서 이상한 소외감을 감지하게 되었다. 다른 동료들은 아는 이야기를 김 과장은 전혀 모르는 경우가 종종 발생하는 게 원인이었다. 이 감정은 결코 유쾌한 느낌이 아니다. 김 과장은 즉시 내면 시스템 구석으로 이 느낌을 유배해 버렸다. 유배한 감정이 생기고 나면 마음속 매니저는 심하게 김 과장을 몰아붙이기 시작한다. "그러니까 조금 더 친절하게 굴어야지! 농담도 자주 하고 친한 척하란 말이야!"

김 과장은 더욱 적극적으로 동료들에게 접근했고, 친절하게 업무를 대신해 주는 일도 늘어났다. 그리고 힘든 내색 없이 늘 웃는 얼굴을 유지하려고 애썼다. 때때로 동료들의 얼굴이 밝지 않으면, 말할 수 없는 불안감이 느껴질 때도 있었지만 견딜 만했다. 이는 김 과장의 내면 한구석에 밀어 넣은 소외감이 밖으로 새어나오지 못하도록 보호하는 방식으로, 대신 불안을 잔잔히 느끼면서 사는 것도 괜찮다고 여겼기 때문이다. 늘 착하고 친절한 김 과장으로 보일 수 있도록 마음속 매니저는 김 과장의 분노 감정도 철저히 봉쇄했다. 집으로 돌아온 후에야 매니저는 잠시 휴식에 들어간다. 굳이 가정에서까지 '웃어야 산다'라는 메시지를 던질 필요가 없다고 느낀 것이다.

그런데 중학생 아들은 방에서 나오지도 않는다. 초등학생 딸도 예전과 달리 아빠가 볼에 뽀뽀하는 일을 귀찮아한다. 아내 역시 친구랑 전화하느라 바쁜지 남편에게는 눈길조차 주지 않는다. 집안에서 벌어지는 이런 일상적 장면은 마음속 시스템에서 자꾸 직장에서 겪은 소외감을 연상하게 만든다. 직장에서 겪었던 장면들이 가정에서도 데자뷔 Deja-vu 처럼 반복되자, 김 과장의 마음속 시스템은 느닷없이 집에서 구급대 역할을 하는 감정이 깜짝 등장한다. 안타깝게도 분노 관리 매니저가 직장에서보다 덜 몰아붙이는 사이, 구급대인 분노 감정이 가족 앞에서 자꾸 나서게 된다.

분노는 위기를 알리는 신호일 뿐

앞에서 살펴보았듯 전혀 관계가 없는 사이보다 가족관계에서 분노가 표출되는 건 너무도 당연하다. 남들보다 훨씬 친밀한 관계를 유지하고 싶은 바람이 있어서다. 그러한 바람이 잘 이루어지지 않고 소외감과 거절감이 느껴진다면 이 감정을 보호하는 구급대가 급하게 출동한다. 그러니 '가족끼리 왜 그래?'라고 의아해하지 말자. 대신 분노 감정을 신호로 여겨야 한다. 개인의 마음속 시스템에서 분노가 구급대인 것처럼, 가족 시스템에서도 한 가족 구성원의 분노는 시스템에 도움이 필요하다는 신호다. 가족 모두는 화를 내는 사람이 어떤 감정을 숨겨 놓고 보호하려고 하는지 조심스레 살펴야 한다.

나는 분노 감정을 주전자 뚜껑에 자주 비유한다. 주전자에 생강차를 끓이고 있다고 생각해 보라. 보글보글 물이 끓으면 주전자 뚜껑이 들썩이기 시작한다. 주전자 뚜껑은 안에서 뭔가 끓는다는 신호를 보내고 있다. 대부분은 이 신호를 고맙게 여기고 재빠르게 가스 불을 끌 것이다. 이를 무시한 채 내버려 두면 물은 졸아들고 생강마저 타들어가 결국 생강차 끓이는 일은 수포가 되고 만다.

그런데 들썩거리는 뚜껑에다 대고 소리를 지르며 성질을 내는 사람이 있다면 어떤 생각이 드는가? 들썩이는 주전자 뚜껑에 짜증을 낸다면? 분명 상식적인 행동은 아니다. 주전자 뚜껑은 아무런 죄가 없다. 안에서 물이 끓으면 뚜껑은 표시를 낼 뿐이다. 마음속 시스템을 제대로 인식하는 사람이면 우리의 분노 감정도 마치 이 끓는 주전자 뚜껑 같다는 것을 잘 안다. 들썩이는 주전자 뚜껑 안에 뭔가 끓고 있다는 점을 눈치채듯이, 분노 감정이 일어나면 우리의 마음 안에도 뭔가 유약한 감정이 동요하고 있다는 점을 알아야 한다.

분노 감정은 원심력을 주로 사용한다. 한번 시동이 걸리면 상대방을 향해 걷잡을 수 없이 전력을 높인다. 자신도 모르게 상대방에게 막말을 쏟아내고 폭력을 행사하기도 한다. 그래서 분노 감정은 늘 폭력을 동반하는 듯 보이고, 결국 범죄의 주범으로 몰려 '분노 범죄'라는 오명을 쓰게 된다. 분노 감정을 폭도로 여기는 사람들이 많을수록 화를 낸 사람은 더욱 죄책감에 휩싸인다. 이 죄책감은 분노를 일으킨 자신을 탓하면서 생기는 감정이다. 결국 화낸 사람조차 분노라는 감정에 정신을 빼앗기고, 내면 깊숙이에 숨겨 놓은 수치심이나 거절감 등이 밖으로 나오는 것을 봉쇄하는 데 성공한다.

분노 감정을 표출하고 죄책감을 느끼는 패턴이 이어지면 결국 그 순환적인 패턴은 점차 강화되고 반복된다. 그렇게 되면 분노 감정을 신호로 삼아 마음속 시스템의 자동회로를 찾는 일이 점점 어려워진다. 분노 범죄가 도를 넘은 지금의 한국 사회는 바로 이런 상태에 직면해 있는 게 아닐까? 분노 범죄는 이제 가정폭력, 아동학대, 심지어 존속살인에까지 이르렀다. 도대체 무엇이 잘못된 것인가?

타인을 공격하게 만드는 분노의 원심력

분노의 방향은 늘 다른 사람을 향한다. 다른 사람을 탓하는 건 시스템의 전력을 강화할 뿐, 분노 감정의 교란 작전에서 벗어나 전체적인 그림을 볼 수 없게 만든다. 결국 분노의 원심력은 개인의 마음속 자동회로 시스템을 가만히 바라보는 것조차 힘들게 한다. 물리학적으로 원심력은 실제로 존재하지 않는 가상의 힘이라고 한다. 안으로 당기는 구심력은 제대로 인식하지 못한 채, 밖으로 뻗어 나가는 가상의 힘을 느끼는 것이다.

진짜 우리가 돌보아야 할 중요한 감정은 구심력을 가졌다. 자신의 내면 중심을 향하는 구심력을 발휘하여 잠시라도 마음속 자동회로를 들여다보면 좋으련만, 이 분노라는 감정은 자꾸 원심력만 느끼게 하여 우리의 마음속 시스템과 점점 멀어지게 만든다. 그러다 보니 한번 화가 나면 그 이유를 자꾸 밖에서 찾게 된다. 그래서 늘 남 탓만 하면서 상대방에게만 화를 집중하게 만든다. "당신이 날 무시하고 뒤돌아서서 화를 참을 수가 없어!" "네가 먼저 나를 화나게 했잖아!" 이런 식으로 늘 책임의 화살은 상대방에게로 향하게 된다.

이렇게 분노 감정이 악착같이 원심력을 발휘하는 이유는, '안을 들여다보면 안 된다'라고 굳게 믿는 구급대 감정의 기본적인 특징이다. 분노는 마음속 시스템으로 깊이 숨겨 놓은 수치심을 느끼면 끝장이라고 굳게 믿으며 긴급 출동한 소방대원이 아니던가? 시선을 밖으로만 돌리려 하는 게 당연하다. 그래서 분노 감정이 일어나면 내 안을 들여다볼 생각은 못 하고, 밖에 있는 상대방의 문제 행동에만 집중하게 만든다. 문제는 화가 났을 때 남 탓을 하더라도 1절만 하고 끝내면 좋을 텐데 2절, 3절, 마지막 절까지 옥타브를 올려 가며 밀어붙여 상황이 더욱 격화된다는 점이다. 유배한 감정이 드러날 위험이 커지면 커질수록 분노의 전력은 점점 더 높아진다. 어쨌거나 분노는 상대방 때문이라고 삿대질하며 끝장을 보려는 원심력 때문에 더더욱 위험해 보이는 게 사실이다.

아빠인 내가 버럭 화를 내는 건 당연하다. 왜냐하면 아이가 버릇이 없고 못된 행동을 했으니 혼내야 한다고 믿기 때문이다. 그러니 아빠가 화를 내고, 따끔하게 혼을 내야 다시는 아이가 나쁜 짓을 하지 못하리라고 굳게 믿는다. 물론 여기서 아이의 못된 행동은 문제의 본질이 아니다. 실은 아이가 아빠에게 소리치며 대드는 태도에서 나이 어린 직장 상사에게 느꼈던 수치심을 떠올리고 이에 자극받아 분노가 긴급 출동했을 수 있다. 상사에게 당했던 수치스런 경험을 숨겨 놓았던 만큼 아이를 향한 분노도 격해진다. 분노에 온통 정신을 빼앗겨야만 떠올리기도 싫은 수치심을 느낄 틈이 없어진다. 그래서 구급대인 분노가 끝장을 보겠다고 나선 날에는 분노 감정이 자칫 폭력으로 이어질 수도 있다.

마찬가지로 상사인 내가 역정을 내는 건 당연하다. 왜냐하면 나보다 나이 많은 부하 직원이라도 업무에 몰입하지 못하고 늦장을 부리는 건 문제라고 믿기 때문이다. 내가 화를 내고, 동료들 앞에서 망신을 주어야 다시는 그런 실수를 반복하지 않으리라고 굳게 믿는다. 하지만 마음속 시스템의 뚜껑인 분노 감정을 일종의 신호로 여기지 않으면 전체 그림을 놓치게 된다. 내 분노가 과도하게 폭발하는 데엔 상대방 이외에 또 다른 이유가 있다. 마음속 시스템의 자동회로는 내가 추방한 온건과 감정과 깊은 관련이 있을 수 있다는 점을 항시 기억해야 한다.

여기서도 나이 많은 부하 직원의 나태한 태도는 진짜 문제가 아니다. 나이 어린 상사에게 실은 게으른 연년생 형이 있다고 생각해 보자. 상사의 엄격한 아버지는 어린 시절 게으른 형이 숙제를 하지 않으면 연대 책임을 물어 형과 자신에게 모두 회초리를 들었다. 매 맞는 게 두려워 형의 숙제까지 대신했지만, 형은 한 번도 고마워하지 않았고 자신은 학창 시절 내내 종처럼 그 일을 계속했다. 나이 많은 부하 직원은 무의식적으로 형의 그 모습을 연상하게 했다. 마음속 시스템은 그 부하 직원의 나태한 모습을 보면, 어린 시절 기억하고 싶지 않은 바보 같은 자신의 모습을 기억해 낼까 봐 그 전에 분노를 긴급 출동시킨 것이다.

물론 상사가 나이 많은 부하 직원에게 지나칠 정도로 무례하게 대놓고 망신을 주었을 수도 있다. 주변에서 모두 심하다고 느낄 만큼 말이다. 하지만 정작 상사인 당사자는 자신의 분노가 그렇게 심하다고 느끼지 못한다. 왜일까? 자신이 그토록 기억하고 싶지 않은 어린 시절의 불편한 감정을 다시 직장에서 느낄 만한 상황이 연출될 때, 손쉽게 처리하는 방식을 찾았기 때문이다. 그런 방식을 통해 오랫동안 잊고 지냈던 어린 시절의 모멸감을 전혀 떠올리지 않을 수 있었던 것이다.

상처받은 아이가
상처를 준다

폭력도 대물림된다는 이야기를 가끔 듣는다. 매 맞고 자란 아이가 부모가 되면 다시 자녀에게 매질하는 부모가 된다는 뜻이다. '보고 배운 게 도둑질'이라는 말도 있듯이, 학습이론에 의거해 부모가 늘 때리면서 양육하는 환경에서 자란 아이는 부모가 되면 자신도 그렇게 자녀를 양육하게 된다고 단순하게 설명할 수 있을지도 모른다.

그런데 이상한 점이 있다. 실제로 부모에게 매를 맞고 자란 이들을 보면 대부분 폭력에 극도로 예민하게 반응한다. 이들은 부모를 싫어하는 만큼 폭력도 싫어한다. 절대로 화를 내지 않고 자녀를 키우리라 결심하고 부모가 된다. 때로는 자신도 부모처럼 될까 봐 걱정도 하지만, 자라면서 폭력을 일삼았던 부모를 자신이 얼마나 혐오하는지 누구보다 잘 알기에 폭력이란 두 단어는 자신의 사전에서 지울 수 있다고 믿는다. 폭력의 경험 없이 자란 사람들보다 훨씬 폭력을 부정적으로 인식하고 있는 이들이, 매사에 폭력을 자제하고자 노심초사하며 살았던 이들이 가정폭력의 가해자가 되는 현실은 왠지 석연치 않다. 그냥 타고난 천성이 그런 것이라든지, 아니면 의지가 부족해서라고 치부하기엔 아쉬운 점이 많다. 이런 현상의 진짜 이유는 뭘까?

미국 가족상담을 수련하는 센터에서 첫 인턴 상담사로 일할 때였다. 당시 선배 상담사들에게서 자주 듣는 말이 있었는데, 바로 "헐트 키즈 헐트 키즈!*Hurt kids hurt kids!*"다. 이는 "상처를 입은 아이가 결국 상처를 입힌다."라는, 가정폭력의 대물림을 접할 때 내뱉는 탄식 섞인 문구다. 가끔 아동학대 사건을 접할 때면 우리는 꽤 유사한 이야기를 반복해서 접하게 된다. 가해 부모도 어린 시절 자신의 부모로부터 심하게 매질을 당하며 자란 경우를 말이다. 그러면 불쌍한 부모가 그럴 만했다고 이해해야 하는가? 우리는 다시 무력한 말을 내뱉어야 할지 모른다. 헐트 키즈 헐트 키즈!

우리는 보통 폭력이 대물림되는 이유를 폭발적인 분노 감정 때문이라고 믿는다. 그래서인지 실제 가정폭력의 가해자 역시 자신이 어떻게 자녀에게 이런 폭력을 저질렀는지 이유를 잘 모르겠다고 호소하는 경우도 많다. 2016년 자녀를 때려서 사망에 이르게 한 인면수심의 자녀 학대 사건들이 연이어 터지며 온 나라를 흔들었던 적이 있다. 이런 사건을 보면 저절로 의문이 생기기 마련이다. 어떻게 자녀를 일곱 시간 동안 매질할 수 있는가? 어떻게 며칠 동안 방에 가두고 때릴 수가 있는가? 이런 부모를 과연 인간이라고 할 수 있는가?

차라리 이런 부모가 인간이 아니라고 믿는 편이 나을지도 모르겠다. 하지만 분노 감정은 한번 출동하면 끝장을 볼 때까지 원심력을 발휘하여 상대방을 향해 끝없이 전력을 높일 때가 있다. 이는 그만큼 마음속 시스템에 유배한 감정들이 많은 수치심과 모멸감을 경험하여 자존감이 바닥에 떨어진 최악의 상태라는 신호일 가능성이 크다. 이유야 어찌 되었든 분노 감정이 상대방을 향해 강력한 원심력을 발휘한 결과는 실로 치명적이다. 자신의 마음속 시스템에서 추방된 감정을 지켜내는 데 성공했는지 모르지만, 사랑하는 가족은 죽음에 이르게 할 수도 있기 때문이다.

어쩌면 "상처를 입은 아이가 결국 상처를 입힌다."라는 말은 폭력이 대물림된다는 뜻이 아닐지도 모른다. 이 말은 상처를 입은 아이가 결국 또 상처를 입힌다는 뜻이다. 그리고 분노 감정이 대물림된다는 의미도 아니다. 오히려 상처가 대물림된다는 표현에 더 가깝다. 폭력의 대물림을 막으려면, 입은 상처가 대물림되지 않도록 그 상처를 치유하는 것이 먼저다. 그렇지 않으면 아무도 이 폭력의 대물림, 분노의 대물림을 막을 수 없다.

폭력의 대물림은 수치심의 대물림이다

미국 상담기관에서 레지던트를 마치고 전문상담사로 일하게 되었을 때 무시무시한 내담자를 만난 적이 있다. 인근 경찰서에서 내게 의뢰해 온 사례였다. 열 살 정도의 딸아이를 때려 상해를 입힌 중년 여성과의 상담이었는데, 그녀는 오른쪽 손목에 큰 상처를 입고서 붕대를 칭칭 감고 상담실로 찾아왔다.

놀랍게도 손목의 상처는 자해한 것이었다. 한국에서는 면도칼로 손목을 자해하는 경우를 종종 보지만, 미국에서는 그런 자해를 보기 힘들다. 심지어 이 내담자는 식칼로 자신의 손목을 절단 직전까지 자해한 경우였다. 이런 일은 미국에서는 무척 드문 일이었다. 이 내담자는 상담자인 나를 만나자마자, 자신이 정신을 차리게 되면 곧 다시 손목을 절단하겠다고 다부진 각오를 밝혔다. 갑자기 무서워졌다. 손목에 종양이라도 생긴 걸까? 조직폭력배들이 등장하는 영화에서나 볼법한 장면이 손목 절단 아닌가? 멀쩡한 중년 여성이 스스로 그런 일을 하겠다고 벼르고 있으니 도대체 이유가 뭘까 궁금했다.

이 여성은 늦은 나이에 여자아이를 낳아 혼자 키우는 싱글맘이었다. 그녀는 아이를 정성껏 키우고자 다짐했다. 이혼 후 홀로 아이를 키워야 하는 스트레스가 적지 않았지만 아이와 친밀한 관계를 유지하길 원했다. 그런데 그 결심은 오래 가지 않았다. 아이가 서너 살이 되면서부터 아이에게 소리를 지르고 손찌검을 하기 시작했다. 손찌검하는 자신을 보고 누구보다도 본인이 화들짝 놀랐다. 절대로 아이를 매로 다스리지 않겠다고 단단히 결심했었기 때문이다. 그럴 만한 이유도 있었다.

아이 엄마는 어린 시절 가족으로부터 지독한 가정폭력을 경험했다고 했다. 술주정하는 아버지에게 맞았을 뿐 아니라 어머니로부터도 늘 심한 욕설과 손찌검을 당했다. 그래서 자라면서 부모 같은 사람이 되지 않으리라 다짐했고, 내 아이에게만큼은 폭력을 절대 쓰지 않을 거라고 장담했다. 그러나 이 결심은 번번이 실패로 돌아갔다. 그녀의 무력감이 더해갈수록 어린 딸에게 손찌검을 하는 일은 늘어만 갔다. 이유 없이 괜히 딸아이에게 화가 나고, 그럴 때마다 늘 끝은 심한 욕설이나 손찌검으로 마무리되었다.

그런 자신을 참다못한 아이 엄마는 다니던 교회의 목사님을 찾았다. 상담을 마친 후 목사님은 특단의 조처를 내렸다. 아무래도 한번 화가 나면 스스로 주체할 수 없어 보이니, 평소 딸과 함께 있을 때 조용한 찬송가 음반을 틀어 놓고 마음을 안정시키라는 주문이었다. 기발한 아이디어라고 생각한 그녀는 아예 종일 찬송가 음반을 듣기 위해서 성능 좋은 플레이어와 헤드폰까지 갖췄다.

그러던 어느 날 엄청난 사건이 발생하고야 말았다. 여느 때처럼 아이가 학교에서 돌아왔고 그녀는 찬송가 음반을 헤드폰으로 열심히 듣고 있었다. 그 후 무슨 일이 발생했는지 아이 엄마는 정확히 기억하지 못했다. 기억하는 것은 찬송가의 박자에 맞추어 어린 딸의 머리를 구타하고 있었고, 아이는 거의 졸도 직전까지 갔다는 사실이었다. 그 다음 장면은 부엌으로 이어졌다. 엄마는 극도의 죄책감에 휩싸인 채 식칼을 빼 들고 자신의 손목을 내리쳤다.

"넌 인간도 아니야! 손목을 아예 끊어 버리겠어!"

시끄러운 소리에 정신을 차린 딸아이는 겁에 질려 엄마를 말렸고, 엄마는 정신을 잃었다. 침착한 이 딸아이는 911 긴급출동 전화를 걸어 급히 신고하였다. 다행히 빠른 응급조치가 이루어져서 손목의 출혈을 멈추게 한 덕분에 목숨에는 지장이 없었다.

아이 엄마는 자신의 손목만 없으면 폭력의 대물림을 막을 수 있다고 굳게 믿는 듯했다. 그래서 자신이 행하는 폭력의 주범이 바로 분노이고, 그 분노의 행동대장이 손목이라고 생각했던 것 같다. 나는 대물림되고 있는 건 폭력이 아닌 상처라는 사실을 아이 엄마에게 제대로 알려 주어야 했다. 그래서 먼저 붕대를 칭칭 감고 있는 손목을 살펴보도록 하고 느낌을 물었다. 아이 엄마는 자신의 폭력적인 손에 지독한 혐오감을 느꼈다. 그녀에게 손목은 제아무리 찬송가를 듣고 신께 기도해도 결국엔 폭력을 하고 마는 폭도같이 느껴졌다.

나는 무엇보다 아이 엄마의 손목에 걸린 혐의부터 풀어 주려고 노력했다. 아이 엄마는 이해하기 힘들어했다. 다시 천천히 아이 엄마의 마음속 시스템에 대해 설명했다. 손목은 분노 감정의 명령에 따라 행동한 죄밖에 없다고. 그뿐 아니라 분노 감정에도 어떠한 죄를 전가해서는 안 된다고. 분노 감정은 끓고 있는 주전자 뚜껑처럼 신호를 보내고 있다고. 분노가 아이 엄마의 마음속 자동회로 시스템에서 유배된 '어떤 감정'을 보호하고자 한다는 점을 알려 주어야 했다.

여러 차례 상담을 통해 아이 엄마는 지독한 가정폭력을 견뎌낸 자신의 어린 시절 모습을 힘겹게 기억해 냈다. 그녀에게 가장 견디기 힘든 감정은 바로 자신을 비참하게 만드는 '수치심'이었다. 매를 맞을 때 자신은 사람이 아닌 짐승처럼 맞았다고 진술하며 하염없이 눈물을 흘렸다. 나는 매를 맞던 그 아이가 짐승이 된 것이 결코 아니라고 말해 주었다. 그 아이를 그토록 때린 아빠와 엄마가 짐승 같은 행동을 한 거라고 분명히 알려 주었다. 나는 아이 엄마에게 눈을 감고 마음속 시스템 안으로 들어가, 어린 시절 매를 맞던 그 아이에게 말을 걸도록 했다.

"당신의 어린 시절, 그 아이에게 다가가서 지금 말한 것처럼 마음을 달래 주세요. 얘야! 넌 절대로 짐승이 아니야!"

그러자 아이 엄마가 대성통곡하기 시작했다. 상담 내내 울음은 그치지 않았다. 상담을 마칠 때쯤 되어서야 아이 엄마는 제정신을 차리고서는 이렇게 말했다. "선생님, 마치 긴 꿈을 꾼 것 같아요!"

그렇다. 그녀는 꿈같은 세월을 보냈다. 그녀의 마음은 어린 시절의 수치스러운 모습을 잊으려고 체계적인 자동회로 시스템을 갖추기 시작했다. 매를 맞는 자신의 모습을 기억하지 않으려고 일부러 폭력적인 사람들과는 항상 거리를 두었다. 결혼도 하지 않으려고 했는데, 서른다섯 살 때 매우 온순해 보이는 남성을 만나 동거를 시작하게 되었다. 아이를 낳자 왠지 그 동거남이 갑자기 거칠어지는 듯 느껴졌다. 길게 생각할 것도 없이 바로 그 남성과 헤어졌다.

이렇게 혼자가 된 그녀는 자신의 혈육인 딸아이를 예쁘게 키우고자 다짐했다. 적어도 어떠한 폭력도 없이 말이다. 그런데 왜 자꾸 폭력의 불씨가 생겨났을까? 세 살이 넘어가면서 아이는 엄마의 눈에 거슬리는 행동을 하기 시작했다. 언제부터인가 그 행동은 어린 시절 부모에게 혼이 나고 손찌검을 당하는 자신의 모습을 연상시키고는 했다. 엄마의 마음속 자동회로 시스템이 그 장면을 생각나게 놔둘 리 없었다. 그때마다 어김없이 분노 구급대가 출동했다. 아이가 떼를 쓸 때마다 분노 구급대의 출동 횟수는 늘어갔다. 그녀 눈에 띄는 아이의 문제 행동도 점점 심해져 갔다.

가끔 딸아이가 말도 안 되는 거짓말을 하는 모습은 어린 시절 자신이 능청스럽게 거짓말로 둘러대다 매를 맞던 그때 그 모습을 연상시키기에 충분했다. 분노 구급대가 긴급 출동하고 나서도, 혹시나 자신이 그 사건을 기억할까 봐 분노의 전력을 더욱 높였을 것이다. 어마어마한 원심력을 발휘하여 아이의 문제 행동에 온 신경과 느낌을 집중시켰으리라. 결국 그 결과는 무참히도, 아이에게 지나친 손찌검을 하는 행동으로 이어졌다.

분노의 짐을 덜어주는 법

자신의 숨겨진 수치심에 충분히 공감한 이후에야 그녀는 수치심을 드러내지 않기 위해 분노 감정이 그렇게 자주 표출된 것임을 상세히 이해할 수 있었다. 그리고 나서도 오랫동안 어두운 구석에 몰아넣었던 어린 시절 모습을 자주 떠올리게 하고는, 당시 한없이 부끄럽고 비참했던 느낌을 지금이라도 충분히 느낄 수 있도록 도왔다. 반년이 넘도록 어린 시절에 받았던 상처에 관해 심리상담을 받았던 아이 엄마는 손목이 다 나아 갈 무렵 상담을 종료했다. 그녀는 더는 손목이 폭력의 주범이란 생각을 하지 않았다. 오히려 자신의 분노와 폭력은 마음속 시스템에서 자신을 지독한 수치심으로부터 지켜내려고 했던 희생적인 감정이었음을 깨닫게 되었다.

상처는 없어지지 않는다. 몸의 상처가 흉터를 남기듯 마음의 상처도 마찬가지다. 없애려고 한다고 없어지지 않으며, 없는 척 숨길 수도 없다. 다만 안전한 사람과 함께 그 상처를 기억하고 어루만질 때 마음의 상처는 숨겨질 필요가 없다. 그러면 상처가 대물림되어 자녀에게 원치 않는 상처를 주는 일을 멈출 수 있게 된다. 이런 면에서 분노는 꽤 친절한 감정일지 모른다. 분노 덕분에 자신의 감춰진 상처를 정면으로 만날 수도 있고, 자신이 유배시킨 감정들을 다시금 안전하게 회복시켜 온전한 내면의 평화를 이룰 수도 있기 때문이다. 그러기 위해서는 분노가 주는 신호에 대처하는 능력을 갖추어야 한다.

가족을 향한 분노는 다양한 모습으로 드러난다. 특별한 말 한 마디에 갑자기 화가 치밀어 오를 수 있다. 아이의 어떤 행동이 점점 거슬리더니, 나중에는 아이를 보기만 해도 화가 날 수도 있다. 스스로 생각하기에도 이렇게까지 화가 나는 것이 조금이라도 이상하다고 여겨지면 분노가 주는 신호를 빠르게 인지해야 한다. 분노의 수위가 턱없이 높아져 폭력으로 이어지기 전에 말이다. 조금 과장해서 말하자면 분노 감정은 비밀 업무를 맡은 특전사와도 같다. 자신의 온몸을 날려서 내 안에서 다시는 느끼고 싶지 않아 유배시킨 감정을 철저하게 보호하고 있기 때문이다. 이제는 우리가 분노 감정이 짊어지고 있는 지나친 업무 부담감을 낮춰 주는 방법을 써야 할 때다.

분노가 일어나면 곧바로 그 분노가 철통 방어 중인 감정을 먼저 찾아보자. 가정이 아닌 다른 곳에서 느낀 감정일 수도 있다. 배우자의 말투 때문에 화가 난 것이 아니라, 실은 직장에서 내가 느낀 모멸감을 느끼지 않으려고 화를 낸 것일 수 있다. 과거 경험에서 비롯된 오래 묵은 감정일 수도 있다. 자녀들의 못된 행동 때문에 화가 나는 게 아니라, 실은 내가 오래전 경험한 수치심을 생각나게 하는 것일 수 있다. 혼자 찾기 힘들다면 심리상담 전문가를 찾아가 보는 것도 좋은 방법이다. 분노 때문에 가족관계가 점점 나빠지는 것보다 백배 천배 현명한 선택이지 않을까?

CHAPTER 7

미움
"맘에 드는 데가 하나도 없어,
꼴도 보기 싫어요!"

사랑과 미움은
반대말이 아니다

유학 시절 본격적인 심리상담 훈련을 받았던 곳은 부부와 가족상담을 주로 하는 기관이었다. 좋아서 죽고 못 살던 부부가 시간이 지나 정말 꼴도 보기 싫다면서 상담실을 찾는다. 참 묘한 일이다. 너무나 사랑해서 결혼한 부부가 원수처럼 서로를 미워하게 된다니 말이다. 그게 사람 마음이라면 정말 사람 마음처럼 믿기 힘든 것도 없다. 그러나 사랑과 미움이 반대가 아니라는 사실을 알면 이 상황을 이해하기가 좀 더 수월하다.

이혼의 이유가 단지 사랑의 상실, 즉 미움이라 믿는 부부를 보면 지난 20년 넘게 이혼 위기를 겪는 부부를 수없이 만나본 경험이 있는 나는 자꾸만 아니라고 하고 싶어진다. 이유는 너무 간단하다. 서로를 미워한다고 철떡같이 믿고 있는 사람들은 사실 미움이란 감정을 전혀 모르기 때문이다. 미움도 분노 못지않게 사회적 오명을 뒤집어쓰고 있는 감정이다. '분노 범죄'처럼 '혐오 범죄'도 혐오감과 미움의 결말은 폭력이나 살인과 같은 극단적인 범죄로 끝이 날 수밖에 없다고 보는 수배범 취급을 하는 표현이기 때문이다.

앞서 우리가 개별 감정을 떼어 놓고 자꾸만 나쁘다고 판단할수록 그 감정을 이해하는 길이 점점 막힌다는 말을 반복하고 있다. 마치 거미줄처럼, 혹은 실타래처럼 복잡하게 얽힌 감정 시스템을 이해하게 된다면 그 개별 감정에 대한 반감도 훨씬 줄어든다. 과연 미움이란 감정도 그럴 수 있을까?

어떤 사람 전부를 미워한다는 착각

아이 러브 유! 참 좋은 말이다. 그런데 오해의 소지도 있는 말이다. 내 안에 있는 모든 부분이 당신의 모든 부분을 사랑한다는 말로 오해하기 쉽기 때문이다. 이는 말도 안 되는 억지다. 내 안에 얼마나 많은 내가 있는지 나 자신도 잘 모른다. 그런데 어찌 상대방 안에 얼마나 많은 상대방이 있는지 헤아릴 수가 있겠는가.

우리가 다중인격자라는 말은 아니다. 앞서 사용한 심리학 용어를 써서 설명한다면, 우리 안에는 우리를 구성하는 많은 소인격체가 있다는 말이다. 그러니 내가 누군가를 사랑한다는 말은 '내 안에 있는 나의 한 부분이, 상대방 안에 있는 상대방의 한 부분과 아주 잘 맞는다'라는 이야기가 된다. 물론 반대도 가능하다. 내 안에 전혀 몰랐던 또 다른 부분이 묘하게도 사랑하는 사람 안에 숨어 있던 다른 부분과 엄청난 마찰을 빚을 수도 있다.

가까운 사이의 대표 격인 관계는 부부다. 이혼을 고민 중이라는 부부가 찾아와서는 상담 첫 시간부터 투덜거리기 시작했다.

"이제 정말 이 사람과는 한순간도 같이 있고 싶지 않을 정도로 싫어요! 미워 죽겠다고요!"

다짜고짜 불평을 늘어놓는 부부에게 가볍게 고개를 끄떡이며 물었다. "누가 누구를 미워한다는 거죠?"

그러자 남편은 아내가, 아내는 남편이 미워 죽겠다고 이구동성으로 말한다. 그래서 나는 다시 또 말을 이어갔다. "잘못된 설명입니다!"

'나'라는 전 존재가 '상대방'이라는 전 존재를 미워한다는 것은 어불성설이다. 나의 모든 부분이 상대방의 모든 부분을 미워할 수는 없다. 이론적으로 불가능하다. 나의 모든 부분을 나도 잘 모를 뿐더러 웬만한 심리상담 전문가도 다 찾아내기 힘들다는 점을 생각하면, 결과적으로 그저 나의 몇몇 부분이 상대방과 부딪히는 거라고 이해할 수밖에 없다. 그러므로 내 안의 작은 부분들이 상대방의 모든 부분이 아닌, 몇몇 부분들과 갈등을 일으키고 있다고 말해야 한다. 예전에 죽도록 사랑했던 부부들도 사실은 자기 안에 있는 몇몇 부분들이 상대방의 몇몇 부분들과 궁합이 맞아떨어져 어느 기간 최고의 행복감을 느꼈던 것이다. 그러니 시간이 지나고 나서 서로의 마음이 통째로 변했다고 하기보다는, 예전에 알지 못했던 마음속 시스템의 다양한 모습을 발견하는 중이라고 해야 더 명확한 설명이 된다.

이혼 위기에 있는 이들 부부는 그게 뭐 그리 중요하냐고 따져 묻는다. 가방끈 긴 상담사가 자신들과 말장난하는 줄 알고 기분 나빠 할 수도 있다. 그러나 속이 상할 대로 상해 있는 부부들과 말장난이나 하려고 시비를 거는 건 절대로 아니다. 사실 이혼하든지 말든지 그건 전적으로 내담자 부부들의 몫이다. 내가 전문상담사로서 할 수 있는 일은 내담자들 자신 안의 어떤 부분들이, 상대방 안의 어떤 부분들과 문제를 일으키는 것인지 정확하게 보여 주는 일이다. 이는 이혼을 결심하는 이들에게도 무척이나 중요하다. 그래야 다른 사람을 새롭게 만날 때도 같은 실수를 반복하지 않는다.

처음 미국 심리상담기관에서 부부상담을 할 때의 문화적 충격을 아직도 잊을 수 없다. 당시 처음으로 상담을 진행했던 부부가 한 달 전에 이미 이혼한 부부였기 때문이다. 나는 제대로 상담 진행도 못 하고 당황스럽기만 했다. '아니, 이혼을 하기 전에 왔어야지, 이제 와서 나보고 어쩌라는 거지?' 그런데 나의 임상 슈퍼바이저는 이렇게 말하며 내 고루한 생각을 보기 좋게 깨뜨렸다. "네가 뭔데 이혼을 막을 수 있다고 생각하지?"

전문가의 역할은 이혼을 막는 게 아니라, 이혼을 결심하게 한 서로의 마음속 시스템을 정확하게 보여 주는 일이다. 특히나 이혼 이후에라도 두 사람이 서로의 내면을 충분히 돌보고 살피는 일은 매우 중요하다. 그래야 서로에게 책임을 전가하고 분노하거나 미움으로 일관하는 소모적인 싸움을 피할 수 있다. 그렇지 않다면 부모가 남긴 미움의 유산은 이혼을 경험한 자녀에게 고스란히 대물림된다.

미움과 두려움은 동전의 양면이다

누군가를 미워한다는 감정을 느낀다고 하여 그 사람을 전혀 사랑하지 않는다고 오해하면 안 된다. 내 안의 다양한 감정 중 어떤 하나를 느낄 때, 그 감정을 미움으로 포장하는 경우도 많다. 예컨대, 상대방과 헤어질 것 같은 두려움을 느낄 때 내가 상대방을 미워한다고 '해석'하는 식이다.

앞서 개체 생존을 위해 동물과 유사하게 인간에게도 발달하게 된 대표적인 일차적 감정이 두려움이라고 했다. 이 두려움의 감정은 사회생활을 시작하면서 사회적 생존의 감정, 즉 모든 인간관계를 잃고 버림받을 듯한 두려움으로 발달하게 마련이다. 이런 두려움은 평소에는 절대로 밖에 나서지 않고 자꾸만 다른 감정들 뒤에 숨는다. 그래서 이를 감추는 감정, 즉 미움을 처음 느끼는 관계도 바로 가족관계다. 가족은 우리가 최초로 깊은 연대감을 경험하는 관계다. 그러던 가족관계에서 갑자기 연대감을 느끼지 못하면 불쑥 두려움이 발생한다. 그럴 때마다 우리는 두려움 대신 미움을 느끼게 된다.

그렇다면 두려움 대신 미움을 느끼는 이유는 무엇일까? 두려움이 구심력을 가진 내면의 감정이라면, 미움은 분노 감정처럼 상대방을 향한 원심력을 가지고 있다. 미움은 내 안의 아픈 감정을 들여다보는 대신, 손쉽게 남의 탓을 하도록 유도하는 마음속 자동회로 시스템의 일원이다. 부쩍 말수가 줄어든 사춘기 딸이 하루는 엄마에게 학교에서 담임선생님과 있었던 억울한 일을 털어놓았다고 가정해 보자. 엄마는 아이가 사사건건 너무 예민하게 구는 것 같아 딸의 이야기에 충분히 공감해 주지 않았다. 그때 갑자기 아이가 소리치면서 자리를 박차고 일어났다.

"엄마는 잘 알지도 못하면서! 엄마, 미워!"

방문을 쾅 닫고 들어간 아이의 마음속 느낌은 무엇일까? 아이는 '분노'와 더불어 '미움'이라는 감정을 동시에 느끼고 있다. 내 맘을 몰라주는 엄마가 너무 미워서 책상 위에 엄마 사진이 보이는 액자라도 있으면 뒤집어 놓을 심산이다. 청소년들은 걸핏하면 "빡친다." 혹은 "킹받는다."라는 말로 분노를 표현한다. 이 시기의 아이들이 분노 다음으로 자주 느끼는 감정을 꼽으라면 미움이지 않을까 싶다.

미움이란 감정 역시 시스템 구석에 유배된 감정들을 숨기는 기능을 한다. 사춘기 딸이 엄마에게 오래간만에 학교 이야기를 한 이유는 무엇일까? 그날 있었던 일만큼은 엄마에게 공감받고 연대감을 느끼고자 했기 때문일지 모른다. 그런데 엄마는 그 기대를 저버리고 오히려 담임 선생님 편을 드는 게 아닌가? 딸은 처절한 배신감과 함께 엄마로부터 거절당한 느낌, 엄마와는 더는 연결될 수 없을 것 같은 두려움을 느낀다. 이러한 감정은 오래전 유배해 놓은 마음속 시스템의 온건파 감정들이다.

마음속 시스템을 국가에 비유하자면 이런 감정들을 밖으로 갑자기 드러내는 일은 국가 비상사태다. 다행히 사춘기 자녀의 내면에는 분노와 더불어 미움이라는 감정도 함께 출동했기 때문에 유배된 감정을 안전하게 지킬 수 있었다. 분노와 미움이라는 절친이 만나 경호 임무를 시작한 것이다. 아쉽게도 자녀가 느끼는 미움을 사랑의 반대말로 오해하는 부모가 많다. 엄마가 밉다고 방으로 휭하니 들어갔던 딸이 얼마 지나지 않아 언제 그랬냐는 얼굴로 반죽 좋게, 준비물 사게 돈 달라고 방에서 나오면 엄마는 딸이 미쳤다고 생각할 수밖에. 그리고 한마디 쏘아댄다.

"왜? 엄마가 밉다며?"

갓난아이 동생에게
오빠가 두려움을 느낀 이유

사람들은 보통 어린 시절부터 가족 시스템 내에서 부모로부터 버려지는 것에 대한 두려움 대신, 미움을 느끼는 패턴을 은연중에 학습해 왔다. 가장 가까운 예가 동생이 생겼을 때 느끼는 미움의 감정이다.

동생이 생긴 모든 언니, 오빠, 누나, 형들은 한순간에 못된 아이가 된다. 세상의 거의 모든 맏이는 부모의 관심과 사랑을 독차지했던 기억을 지니고 있다. 그런데 부모와 깊은 연대감과 공감을 누리던 시절이 끝나 간다는 위기감을 느끼게 되는 상황이 벌어진다. 바로 동생이 태어나는 순간이다. 이런 상황이 오면 누구나 동생을 은근히 미워한다. 여기에 부모까지도 동생에게 미움을 품은 자녀를 혼내고 나쁘게 평가하면 아이의 미움 감정은 더욱 전력을 높일 수밖에 없다. 동생뿐 아니라 자신의 마음을 이해하지 못하는 엄마와 아빠에게까지 미움 감정을 쏟아내게 된다.

어느 정신건강의학 전문의는 한 방송에서 갓난아이 동생을 안고 부모가 가정에 들어오는 모습을 처음 보는 맏이의 정신적 충격은 배우자가 숨겨 놓은 애인을 데리고 버젓이 가정에 들어오는 모습에 비견할 만하다고 언급하기도 했다. 지혜로운 부모라면 맏이가 동생을 미워할까 봐 걱정하기보다는, 엄마와 아빠의 사랑과 관심으로부터 멀어질 거라는 두려움을 갖지 않도록 배려하는 게 더 중요하다는 걸 안다. 맏이에게 예전 못지않은 연대감이 느껴지도록 말이다. 갓난쟁이 동생에게 관심이 집중되어 혹여 자신에게 소홀해진 느낌이 든다면, 맏이는 이 '버려짐'에 대한 느낌을 묻어 두려고 동생을 향한 미움을 선택할 가능성이 커진다.

고등학교 3학년인 희상이는 대학에서 국문학을 전공하려는 감수성이 풍부한 학생이었다. 아버지는 오랫동안 무역업에 종사하면서 일 년이면 서너 달을 외국에서 보내는 경우가 많았다. 엄마와는 그렇게 친밀하지는 않았지만 큰 다툼이나 갈등의 기억도 없었다. 희상이가 중학교에 입학할 때, 엄마는 아빠와 이혼했다는 사실을 통보했다. 아빠는 재혼하여 미국으로 이민을 떠났다는 말만 전했다.

당시 희상이는 충격을 받았지만, 혼자 남은 엄마를 실망시키기 싫어 애써 태연한 척했다. 2년이 지난 후 엄마는 연하의 회사 동료와 재혼을 했다. 엄마에게 좋은 일인 것 같아서 새아버지에게도 싫은 내색을 하지 않았다. 결혼 즉시 엄마는 임신했고 여동생이 태어났다. 여동생은 집안에 기쁨을 안겨 주었다. 고등학교 시절 내내 엄마는 어린 동생을 키우느라 아들의 입시에는 깊이 관심을 기울이지 못했다. 다행히 아들은 엄마의 입장을 충분히 이해했고, 스스로 학업에 집중한 덕분에 엄마는 크게 염려하지 않아도 되었다.

문학에 관한 희상이의 관심은 각별했다. 고등학교 입학 때부터 쓰기 시작한 판타지 소설은 친구들이 SNS에 올리면서 유명세를 탈 정도였다. 희상이의 열정과 전공에 대한 확신은 입시지도 교사의 칭찬을 받기에 충분했다. 그러던 어느 날, 엄마는 충격적인 소식을 들었다. 아들이 쓴 판타지 소설의 내용에 관해서였다. 담임 선생님이 희상이가 쓰는 판타지 소설의 내용이 너무 자극적이고 성차별적이라는 점을 우려해 엄마에게 상담을 요청한 것이다.

　판타지 소설에 나타난 희상이의 세계관은 지극히 비관적이고 염세적이기까지 했다. 특히 소설에 나타난 여성들은 처절할 만큼 저급하게 묘사되고 있었다. 나이 어린 여자아이에 대한 자극적인 표현은 도가 지나쳐 보였다. 소설에 등장하는 어린 여자아이 이름은 영어 이니셜로 쓰여 있었는데, 그 이니셜을 보고 엄마는 기절할 뻔했다. 여동생 이름의 이니셜과 동일했기 때문이다. 엄마의 충격은 여기에서 끝나지 않았다. 분노하며 절규하는 엄마에게 희상이는 차분하게 여동생에 대한 뿌리 깊은 미움을 전달하였고, 자신의 성 정체성도 커밍아웃하였다. 고등학교 입학 때부터 남자친구가 좋아지기 시작했다며 자신은 양성애자라고 밝혔다.

　결국 희상이는 엄마 손에 이끌려 상담실을 찾았다. 엄마는 아들이 양성애자라는 충격보다 여동생에게 적의에 가까운 혐오감을 갖고 있다는 데 대한 충격이 더 큰 듯했다. 상담사 역시 희상이의 성 정체성보다 여동생을 향한 미움의 감정에 더 깊은 호기심을 가졌다. 희상이의 미움은 가족들에게 표현되지 않았지만, 그동안 판타지 소설 속에서 매우 적극적으로 표현되어 온 것 같았다. 가족에 대한 미움을 그렇게 몰래 혼자만 느껴온 데는 가족 시스템의 영향이 크다.

미움을 미워하지 않기 위하여

어린 시절 아빠의 오랜 부재는 희상이에게 어떤 감정을 느끼도록 했을까? 오랫동안 떨어져 살던 아빠가 어느 날 말도 없이 희상이와 엄마를 완전히 떠나갔다. 아빠와의 생이별은 희상이에게 어떤 심리적 영향을 주었을 가능성이 높다. 아빠의 의도와는 전혀 상관없이, 엄마와 혼자 남은 희상이는 '버려짐'이라는 감정을 깊이 느꼈을 것이다. 마음속 시스템에서 '버려짐'의 감정이란 반드시 내쫓아 버려야 할 고통스러운 느낌이다. 그리고 엄마와 단둘이 남은 집에서 다시 '버려짐'을 경험하지 않기 위해 마음속 시스템에 매서운 매니저들이 생겨났다. "엄마한테 잘해야 돼! 절대로 엄마를 걱정시키는 일은 하지 마!"

갑작스런 새아버지의 등장도 다시 혼자 남겨질지 모른다는 두려움을 느끼게 하기엔 충분한 상황이었다. 매니저는 두려움을 느끼지 못하도록 희상이를 더욱 몰아쳤을 것이다. 혼자 남고 싶지 않다면 엄마는 물론 새아버지에게도 싫은 내색하지 말라고 말이다. 힘들게 불안을 안고 살아가는 희상이에게 여동생의 출생은 참기 힘든 마음속 시스템의 위기 상황을 몰고 왔다. 정말 혼자인 것 같은 느낌, 이젠 엄마에게도 '버려짐'의 느낌을 받게 될 날이 머지않았다는 위기감이 고조되었다. 이때 희상이의 내면에는 분노 구급대가 출동할 수 없었다. 경계심 높은 매니저의 단속이 워낙 심했던 탓이다. 이때 구급대 대신 버려짐의 감정을 보호하기 위해 등장해 준 감정이 바로 '미움'이다.

미움의 감정도 물론 직접 드러낼 수는 없었다. 동생에 대한 미움을 직접 표현하는 것을 마음속 시스템에서 강력한 매니저들이 막았기 때문이다. 그러나 희상이의 환상 공간인 판타지 소설에서는 아무런 제약 없이 어린 여동생에 대한 미움, 엄마에 대한 미움, 그리고 여성 전체에 대한 미움까지도 마음껏 표출하는 게 가능했다. 가상의 공간에서나마 마음속에 가득 찬 미움을 충분히 발산하는 시간들이 있었기에 희상이의 내면에 감춰진 '버려짐'의 아픔은 잘 지켜졌다. 왠지 여성에 대한 혐오감이 희상이의 갑작스런 동성애 지향성과도 무관해 보이지 않았다.

미움이란 감정은 어떻게 변화시킬 수 있을까? 예전처럼 사랑이 생기도록 하면 미움이란 감정도 사라질 거라 생각하는 건 순진한 발상이다. 마음속 시스템을 볼 수 있는 눈을 가지고 있으면 해결점을 보다 쉽게 찾을 수도 있다. 먼저 '미움'의 감정이 보호하고 있는 온건파 감정을 찾는 게 지름길이다. 누군가에게 미움이 강해지면 마음속 시스템 내에서 거절감이나 소외감이 더욱 커지고 있다는 증거인데, 겉모습만 보고 사랑이 식었다고 생각하면 큰 오산이다. 재차 이야기하지만 미움을 사랑의 상실이라고 보면 놓치는 점들이 많다.

희상이도 예외가 아니다. 무엇보다 희상이가 가족 내에서 다시 연결되는 느낌을 갖도록 하는 게 급선무였다. 상담사는 희상이가 새아버지와 특별한 관계를 만들어 가도록 도움을 주기로 했다. 특히 새아버지에게 희상이의 마음속 미움에 절대 부정적인 평가를 하지 말라고 신신당부했다. 그리고 희상이와 새아버지 사이에 연결점을 찾고자 시도했다. 상담사는 새아버지가 고등학교 때까지 수영선수 생활을 했다는 점을 알게 되었다. 반대로 희상이는 수영을 정식으로 배워 본 적이 없었다. 상담사의 강력한 요청으로 두 사람은 일주일에 두 번씩 근처 청소년 수련 시설의 수영장을 찾았다. 수험생활로 바쁜 희상이에게도 유산소 운동이 필요했다. 물론 고등학교 3학년 학생에게는 쉽지 않은 스케줄이었지만, 함께 수영하면서 두 사람은 급속도로 가까워졌다.

희상이의 대학 진로를 온 가족이 함께 걱정해 주는 일도 많아졌다. 새아버지와 수영을 시작한 지 석 달이 넘어갈 때쯤 국문과로 진학할 줄 알았던 희상이는 진로를 갑자기 경영학으로 바꾸었다. 소설 쓰는 일은 평생 직업이 아닌 취미로 하는 게 좋겠다는 생각이 들었다는 거다. 상담사가 최근 희상이가 쓰고 있는 판타지 소설에 남다른 관심을 보이자, 판타지는 고등학교 시절에만 쓸 수 있을 것 같다는 의미심장한 말을 남겼다. 이제 대학에 들어가면 다른 장르의 소설을 써 봐야겠다는 포부도 함께 밝혔다. 그즈음 소설에 등장하는 여성에 대한 혐오감도 훨씬 줄어든 듯 보였다.

미움의 감정은 희상이가 가정 내에서 차츰 소외감과 거절감을 극복해 가는 과정 중 자연스럽게 그 기능을 줄여갔다. 시스템 자체의 원리를 보아도 당연한 수순이다. 얼마 전까지만 해도 미움이 대신 등장하여 희상이가 견디기 힘들었던 '버려짐'의 감정을 느끼지 않도록 도왔는데, 이제는 '버려짐'의 감정을 애써 가둬 놓을 필요가 없어졌으니 말이다.

미움에서 믿음으로,
다시 좋은 부부가 될 수 있을까?

부부 사이에서도 미움이란 감정을 다루는 방법이 달라져 야 한다. 이젠 살 만큼 살았으니 달콤한 사랑의 묘약도 그 효력을 상 실했다고 생각하면 안 된다. 부부간에 미움의 감정이 자라기 시작하 면, 먼저 미움이 다른 어떤 감정을 대신하여 출동했는지부터 살펴야 한다. 주로 앞서 언급했던 생존을 담보하는 감정인 '두려움'과 관련된 감정일 때가 많다. 그렇다면 무엇이 두려움을 일으킨 걸까?

상희 씨는 언제부턴가 남편의 모든 게 싫어졌다. 처음에는 밥 먹 을 때 쩝쩝거리는 소리가 듣기 싫어지더니, 이제는 뒤통수도 보기 싫 고 남편의 모든 것이 싫다고 했다. 더욱이 쉰이 훌쩍 넘은 나이에 원 색 넥타이를 매고 거울 앞에서 폼을 잡는 모습을 보고 있자면 완전 밉 상이다. 남편이 미운 이유를 적어 보라면 백 가지쯤은 너끈히 적을 태 세다. 눈에 보이는 남편의 모든 것이 다 미우니 문제는 문제였다. 남 편은 영문도 모른 채 아내에 대한 짜증이 늘어갈 수밖에 없다. 남편도 폭발 직전이다.

상희 씨의 미움은 어떤 감정을 대신하여 나선 걸까? 일단 미움의 단짝인 '두려움'을 의심해 볼 필요가 있다. 아내는 무엇이 두려워진 것일까? 먼저 그녀의 가족 시스템부터 살펴보는 게 좋겠다. 상희 씨와 남편 사이에는 두 자녀가 있다. 큰딸은 대학 졸업 후 은행에 막 입사하였고, 둘째인 아들은 군 복무 중이다. 장성한 자녀가 모두 가정을 떠나 있었다. 큰딸이 최근 입사한 은행 근처에 원룸을 얻어 분가했기 때문이다. 이른바 '빈 둥지 증후군'을 느낄 만할 때이다. 장성한 자녀를 둔 모든 어머니들이 이런 증후군을 앓는 건 아니다. 하지만 자녀에게 특별히 많은 에너지를 쏟은 어머니일수록 무기력을 경험하는 정도가 심할 수 있다.

상희 씨는 지나칠 정도로 극성스러운 엄마는 아니었지만, 두 자녀가 모두 재수를 하여 대학에 진학할 때까지 전업주부로 자녀 교육에 최선을 다했다. 친정과 시댁 모두 홀어머니들이었는데 공교롭게도 지난 두 해 동안에 모두 돌아가셨다. 상희 씨는 자타공인 신사임당표 아내로서 어머니와 며느리의 역할을 모두 무사히 잘 감당했다는 주위 평가를 받았다. 이제는 마음 편히 남편과 좀 더 오붓한 시간을 보내도 되는 날이 찾아온 셈이다. 남편도 둘이서 좋은 시간을 보내자고 아내를 격려했다.

그런데 꼭 이럴 때 몸에 탈에 생기지 않던가? 상희 씨는 올해 큰 수술을 받았다. 자궁근종으로 몇 해 치료를 받았지만 결국 악성 종양으로 판명되어 자궁을 적출하게 된 것이다. 상희 씨는 끝까지 자궁을 적출하지 않으려고 호르몬 치료를 받아 왔지만, 체중이 느는 등 부작용이 심해졌다. 결국 의사는 물론 남편의 적극적인 권유로 수술을 받게 되었다. 남편은 이제 여성으로, 어머니로 사명을 잘 마치고 퇴장하는 거라며 오히려 축하받을 일이라고 위로하기까지 했다.

그랬던 남편이 하필이면 수술 당일에 외국 출장이 잡혀 상희 씨 곁을 지키지 못했다. 하지만 돌아오는 날 커다란 꽃다발을 들고 아내가 무사히 수술을 마친 것을 축하해 주었다. 바로 그 시점에, 상희 씨는 꽃다발을 들고 서 있는 남편의 모습으로부터 이유를 알 수 없는 미움이 시작되었다고 기억해 냈다. 남편의 이벤트성 깜짝 선물은 눈엣가시로 바뀌었다. 그 이후 남편이 무슨 행동을 해도 가식처럼 느껴졌다.

미움은 상희 씨의 어떤 감정을 감추기 위해 출동한 걸까? 상희 씨의 친정어머니 역시 40대 초반 나이에 자궁암으로 자궁적출을 한 적이 있었다. 그리고 친정아버지는 오랜 기간 부적절한 혼외관계로 어머니의 마음을 아프게 했다. 아내의 기억으로는 어머니가 자궁암 수술 이후 완쾌 판정을 받을 즈음에 아버지는 어머니와 이혼을 하였다. 상희 씨의 미움은 어쩌면 그때 느꼈던 '버려짐'의 느낌과 연결되었던 것은 아닐까?

상담 중 상희 씨는 며칠씩 외박한 후 돌아온 아버지의 손에 꽃다발이 들려 있었단 사실을 기억해 냈다. 그리고 울며불며 꽃다발을 집어 던지던 어머니의 모습도 함께 떠올렸다. 남편과 둘이서 오붓한 생활을 시작하려는 찰나 하게 된 자궁적출 수술은 오랫동안 마음 깊은 곳에 추방해 놓았던 그 기억을 상기시키기에 충분했다. 갑자기 엄마를 버리고 떠난 친정아버지의 기억과 묘하게 겹쳐진 남편의 모습을 미워하기 시작한 것도 그때부터다.

남편이 함께 참여한 부부 상담에서 자신의 아픈 원가족* 역사를 나누기란 쉽지 않았다. 하지만 그때부터라도 그간 꼭꼭 숨겨 온 온건파 감정을 드러내고 그 아픈 감정을 남편과 함께 보듬을 수만 있다면 이는 마음속 시스템의 엄청난 반전을 가져온다. 남편에 대한 미움이 실은 자기 내면의 묵은 상처와 관련되어 있음을 스스로 인식할 수 있기 때문이다. 아내가 가졌던 이유 없는 미움의 감정이, 자신이 평생 의지해도 될 만한 남편에 대한 믿음과 고마움으로 변화하는 데 그리 오랜 시간이 걸리지 않았다. 마음속 시스템의 자동회로를 몰랐다면 꿈도 못 꿀 일이다.

....

*   가족치료나 부부·가족상담 연구자들은 내담자의 부모와 형제자매들과 구성된 가족을 '원가족(family of origin)'이라고 부른다. 대부분의 가족상담사들은 내담자의 배우자나 그의 자녀들로 구성된 핵가족(nuclear family) 뿐 아니라, 이러한 원가족 내에서의 역동이나 패턴을 주의 깊게 탐색한다.

CHAPTER 8

무력감
"만사가 귀찮고,
아무 일도 하기 싫어요!"

무력감은
배신감에서 자란다

청소년 자녀들이 부모와 대화한다고 하면서 내뱉는 말은 어느 집이나 비슷하다. 뭐가 그리 싫은지 입만 열었다 하면 "싫어!" "몰라!"를 외쳐 댄다. 어쩌다 인터넷에 사진을 올리려고 하는데 잘 되지 않아서 물어보면, 돌아오는 건 무성의한 한마디 "몰라!"다. 자녀의 무신경한 반응에 부모는 자존심도 상하고 속도 탄다.

입만 열면 몰라, 싫어를 외치는 아이들의 마음속 시스템은 대개 비슷한 감정적 뿌리를 가지고 있다. 부모는 자녀의 이러한 감정이 그동안 부모의 행적과 깊은 연관이 있다는 점을 전혀 알지 못한다. 아이는 진짜 모르는 게 아니다. 아이의 마음속 시스템에서 유배된 어떤 감정을 보호하기 위해 무력감의 매니저가 작동하고 있을 뿐이다. 예컨대, 중학생인 딸의 옷을 사려고 엄마와 딸이 함께 쇼핑을 한다고 상상해 보자. 모처럼 딸의 옷을 사기 위해 쇼핑을 나선 엄마는 딸아이에게 이렇게 말한다. "네 옷이니까, 네가 입고 싶은 옷으로 골라."

과연 엄마의 말을 믿어도 될까? 당연히 아이들은 처음엔 그 말을 철석같이 믿는다. 그런데 고르는 옷마다 엄마의 검열에 걸리고 만다. 치마는 너무 짧아서 안 되고, 색깔이 너무 유행을 타서는 안 된단다.

고르고 고르다가 결국 엄마 눈에 쏙 드는 옷이 나타나면 썩 마음에 들지 않더라도 백기를 들고 사는 수밖에 없다. 웬만큼 투지가 있는 청소년이면 한두 번쯤 더 엄마랑 쇼핑 실랑이를 벌일 수도 있다. 그러나 결국엔 엄마의 마음에 들지 않으면, 철통 지갑은 결코 열리지 않는다는 뼈아픈 경험을 반복하는 경우가 대부분이다. 이때 아이의 마음속 시스템에서는 기죽은 목소리가 들리기 시작한다. "한 번 속지, 두 번 속지는 마라!"

마음속 시스템의 매니저가 가진 굳은 신조 중 하나가 바로 '한 번 속지, 두 번 속지 말 것!'이다. 매니저는 똑같은 실패 경험이 반복되면서 강렬했던 욕구가 좌절되고 나면 새로운 명령을 내린다. 욕구의 강도를 낮추라는 명령이다. 불편한 감정을 느끼는 것보다 차라리 그편이 낫다고 보는 거다. 그렇게 사고 싶던 옷이 있어도 엄마가 사 준다고 하면 갑자기 관심이 시들해진다. 인터넷 쇼핑몰에서 엄마 몰래 사야겠다는 생각도 점점 귀찮아진다. 이는 모두 매니저의 적극적인 활동 때문이다. 매니저는 마음속 시스템 내에서 점점 '이것도 싫다, 저것도 싫다'라는 염세적인 확성기 방송을 하기 일쑤다. "네가 백날 그렇게 떼를 써봐라, 엄마가 사 주나?" "어차피 네 마음대로 할 수 있는 건 이 세상에 없어! 옷 하나 사는 것도 네 맘대로 안 되잖아?"

누리꾼들의 신조어로 처음 등장한 '귀차니즘'은 그저 게으른 청소년들이 이유도 없이 만사가 귀찮아지고 의욕이 없어져 나타나는 현상이 아니다. 현대인의 무기력증은 실은 가족 시스템과 깊이 연관된 경우가 많다. 특히 청소년들의 '무력감'은 부모와의 관계에서 만들어진 자동회로의 결과로 발생하는 감정일 수 있다.

죽음을 초래하는 '학습된 무기력'

펜실베이니아대학교의 마틴 셀리그먼 ^{Martin Seligman} 교수는 '무기력'이 학습의 결과란 점을 처음으로 밝힌 학자다. 셀리그먼은 1975년부터 개들을 대상으로 무기력에 관한 흥미로운 연구를 진행했다. 개들을 실험 상자에 넣고 전기충격을 주는 실험이었는데, 피할 수 없는 충격을 오랫동안 경험한 개들은 나중에 피할 수 있는 충격이 주어져도 피하지 않고 더 무기력해진다는 점을 관찰했다. 이 실험 관찰은 이후 '학습된 무기력 ^{learned helplessness}' 이론으로 이어졌다.

셀리그먼의 실험 이후 무기력에 관한 동물 실험은 계속되었다. 심리학자 리히터 ^{C. P. Richter} 의 들쥐 실험도 잘 알려진 실험이다. 야생 들쥐는 경계심이 많은 사나운 짐승이다. 들쥐들을 따뜻한 물통에 넣으면 평균 60시간 동안 수영하다가 익사를 했는데, 초반에 갑자기 급사한 들쥐들이 있었다. 리히터는 물통 안에서 몇 분 안에 급사한 쥐들이나 물통에 넣기도 전에 죽어 버린 쥐들은 모두 연구자가 물통으로 옮기기 전에 손으로 꽉 쥐고 있던 들쥐들이었음을 발견했다. 꼼짝달싹 못 하는 통제 불능 상태를 겪으며 이미 무기력을 경험한 쥐들이 물통 안에서 재차 무기력을 경험하면서 극단적인 죽음으로 이어졌다는 결론이 나온다.

들쥐의 돌연사를 무기력을 학습한 결과라고 해석하는 게 타당할까? 포유류인 들쥐의 경우에도 극단의 공포감을 느낄 때 순간을 모면하기 위해 온몸이 굳는 '긴장성 부동화'를 보인다. 이 현상이 자칫 죽음을 초래할 수 있다는 최근 신경과학자들의 지적을 보여 주는 실험 결과라고 다른 관점에서 설명해 볼 수도 있다. 그러나 셀리그먼과 리히터의 실험은 '학습된 무기력'을 보여 주는 대표적 사례로 널리 거론된다.

동물들만 이런 무기력을 학습하는 걸까? 연구자들은 인간 역시 무기력을 학습하고 이는 우울증과도 밀접한 연관이 있다고 믿는다. 하지만 엄밀히 보면 셀리그먼의 개들도, 리히터의 들쥐들도 전부가 무기력을 학습한 것은 아니었다. 셀리그먼의 150여 마리의 실험용 개들 중 약 3분의 2에 해당하는 개들만 무기력해졌다. 그건 또 왜일까? 외부 환경에서 받은 자극을 내면화하여 학습할 때 작동하는 마음속 시스템은 개체마다 다를 수밖에 없다. 동물에게도 실패 경험이 축적되면, 아무리 노력해도 결과는 달라지지 않으리라고 단념하는 인지가 생긴다. 말하자면 실패를 통한 학습이라고 할 수 있다. 여기까지는 대다수의 동물들이 동일한 경험을 한다.

그런데 어떤 위기 상황이 닥쳤을 때 상황을 극복하기 위한 시도를 하느냐의 여부는 개체마다 차이가 있다. 동물들이 위기 상황에서도 아무런 반응을 보이지 않는 걸 그저 무기력을 학습한 결과라고 여기기에는, 반응을 어느 정도로 보이는 동물들이 존재하는 명확한 이유를 충분히 설명하지 못한다. 확실한 것은 리히터의 들쥐 실험에서처럼 극심한 공포감을 경험한 경우 의지나 학습의 여부와는 전혀 상관없이 자동으로 '죽은 척하기'라는 생리적인 현상을 동반한다는 점이다. 이는 생존을 위해 진화된 자동 생체 시스템 반응이다.

아마도 연구자들은 실험에 참여한 개나 들쥐의 이전 경험에 대해서는 아무런 관심이 없었을 것이다. 연구 실험에 투입되기 전까지 개체 동물들의 가족 경험이나 집단 안에서의 관계 경험은, 이들이 외부 자극에 즉각적인 흑백논리를 취하는 이유와 연관이 있을 수 있다. 특히 인간의 무기력은 오랫동안 마음속 시스템의 관리자 역할을 해 온 매니저의 관리 정도에 따라 개인차가 존재할 수밖에 없다.

어릴 적부터 통제 욕구가 강한 부모로부터 심한 통제를 받아 온 자녀를 상상해 보라. 처음에는 몇 번 정도 자신이 원하는 일에 대한 욕구를 표현하였지만, 한 번도 부모로부터 인정받거나 그 욕구가 수용되지 못했다. 나이가 들어 청소년기에 이르러도 아이는 자신의 욕구나 느낌에 관한 자기주장을 전혀 못할 수도 있다. 이때 마음속 매니저는 아이를 단속하고자 작심하고 더는 바보짓 하지 말고 포기하라는 메시지를 강하게 전달한다. 어느 순간부터 아이는 아무런 결정도, 저항도 하지 않고 그 자리에 머무는 것이 가장 안전하다는 생각에 빠진다.

마음속 시스템의
모멸감 방어 작전

무력감이라는 감정이 본격적으로 고개를 들기 시작하는 때는 역시 청소년기다. 청소년기에는 자기주장을 하지 못하고 부모의 눈치를 본다는 사실이 엄청난 모멸감을 준다. 이 시기의 또래 친구들은 대부분 부모로부터 심리적으로 독립하기 때문이다. 심리적 독립은 경제적 독립이나 사회적 독립과는 다르다. 여전히 부모의 집에서 밥도 얻어먹고 용돈도 타서 써야 하지만, 더는 부모의 통제 아래 있는 '어린아이'로 살지 않고자 한다.

특히나 주위의 또래 친구들이 부모와는 독립적으로 느끼고 생각하는 모습을 보면 아직까지 부모의 생각대로, 부모가 시키는 대로 맞춰 살기에 급급한 자신의 모습이 창피하기 그지없다. 청소년 대다수는 부모가 자꾸 아이 취급하면서 사소한 것까지 통제하려 들면 모멸감을 느끼게 마련이다. 이때 이 모멸감을 느끼지 않기 위해 자주 발동하는 감정이 짜증과 분노다. 청소년들이 '이유 없는 반항'을 시작하는 이유도 바로 모멸감을 방어하는 행위다. 마음속 시스템의 관점에서 보면 이유가 분명한 반항이다. '아이 취급은 그만, 부모라도 내게 모멸감을 줄 순 없어!'

'모멸감'은 누구에게나 예외 없이 가장 불쾌하게 느껴지는 온건파 감정이다. 심리적 독립을 꿈꾸는 사춘기 청소년들에게는 자신의 독립이 무너질 때 느끼게 되는 최악의 감정이다. 그래서 마음속 시스템 가장 구석 자리에 유배해 버린다. 그러고는 '짜증'과 '분노'를 방어막 일선에 배치한다. 그런데 이 모멸감을 보호하기 위한 짜증과 분노를 잘 작동시키지 못하는 아이들도 있다. 아주 어릴 때부터 부모에게 심한 통제를 받고도 이에 잘 적응해 온, 이른바 '착한' 아이들이다. 이런 아이들은 짜증이나 분노를 동원하기보다는 또 다른 온건파 감정인 '무력감'을 함께 느낀다.

사춘기 청소년들은 스스로 독립적으로 느끼고 생각하고 행동하기를 원하는 마음이 큰 만큼 내면에서 겪는 아픔도 크다. 가능하면 느끼고 싶지 않아 구석에 몰아 놓은 모멸감을 느낄 일이 점점 많아지기 때문이다. 이런 온건파 감정에 빠지지 않도록 만들기 위해 마음속 시스템의 관리자인 매니저는 걱정이 많다. 매니저는 나를 어린아이 취급하려는 부모나 어른들에게 지나치게 방어적으로 굴도록 명령한다. 그때 자주 쓰는 말이 다름 아닌 '몰라'와 '싫어'이다. 하지만 '몰라'와 '싫어'로 방어하는 아이들은 그나마 낫다. 이보다 훨씬 심한 '무력감'에 빠져 있는 아이들이 따로 있다. 이들은 보통의 또래 친구들처럼 부모에게 소리를 지르거나 물건을 집어던지는 일 등은 꿈도 꿀 수 없는 아이들인 경우가 많다. 모멸감을 방어하기 위해 남들처럼 이유 없는 반항도 하고 일탈도 하고 싶지만, 그러다 부모 눈 밖에 날까 그게 더 두렵다. 그러니 온몸에 힘이 쭉 빠질 수밖에 없다. 특히 부모에게 감정 표현을 절제하며 '착한 아이'로 살아 온 아이일수록, 사춘기 시절 더 극심한 무력감을 경험한다.

안타깝게도 부모들은 자녀의 '모르쇠' 반응 뒤에 깔린 배후 감정이 '무력감'인 걸 전혀 눈치채지 못한다. 그래서 답답한 마음에 더욱 철저한 통제 작전에 돌입한다. 초등학교 때보다 더 일거수일투족을 꼬치꼬치 캐묻고, 더 깊숙이 개입하고자 한다. 아이가 조금만 반항하는 태도를 보여도 불안한 부모의 통제는 극에 달한다. 그러면 일은 점점 꼬이기 시작한다.

왜 일이 더 꼬이는 걸까? 이미 방어 태세에 돌입한 자녀의 마음속 시스템이 더욱 불안해지기 때문이다. '무력감'은 점점 심하게 느껴지고, 심지어 시스템 안에서 추방된 '모멸감'까지 노출될 위험에 처했다고 여기게 된다. 그러면 마음속 시스템은 다음 저항 단계로 전력을 높인다. "싫어!"를 외치는 아이들이 바로 이 저항 단계에 접어든 경우다. 이 단계에서 아이들이 하는 극단적 행동 전략은 부모와의 소통을 일절 단절하는 것이다. 부모가 자기 방에 들어오는 것조차 불편해하고, 아예 출입을 금지하는 경우까지 생긴다.

이런 단절은 마음속 시스템이 빠르게 안정을 되찾는 길이다. 이유는 간단하다. 억지로나마 부모로부터 물리적이고 정서적인 거리를 유지하면서, 부모의 과도한 통제로 인한 '무력감'이나 '모멸감'을 느끼지 않도록 마음속 시스템을 유지할 수 있기 때문이다. 성인의 경우도 스스로 아무런 결정을 하지 못한다고 하여 이른바 '결정 장애'란 말을 쓰는 이들이 있다. 마음속 시스템의 관점에서는 스스로 결정을 하지 않는 쪽을 택함으로써 시스템의 어색한 균형을 이루려고 하는 시도이니 '장애'란 표현은 어불성설이다.

매사에 꾸물거리는 경우도 마찬가지다. 일부러 행동을 미루는 것 같지만 이미 연이은 실패로 인하여 존재의 모멸감을 축적한 상태가 대부분이다. 아무것도 내 마음대로 할 수 없으니 내가 무언가 선택하는 일을 미리 포기하는 상태다. 그래야 덜 아프다. 최소한 뭔가 원했다가 처절하게 거절당하는 모멸감을 다시 느끼지 않을 수는 있다.

물리적 거리보다 심리적 독립을

이미 대학을 졸업하고 30대가 된 다 큰 자녀가 스스로 무언가를 선택해야 할 때 머뭇거리며 부모의 선택에 의존해도 별로 놀라지 않는 부모들이 꽤 많다. 왕자님, 공주님만 있는 요즘 가정에서 부모가 모든 것을 다 해 주다 보니, 자녀도 부모가 성인이 된 자신을 계속 챙겨 주고 보살펴 주기를 기대하는 경우도 많다.

문제는 부모도 그런 자녀들이 그리 밉지 않다는 점이다. 성인이 되어도 독립하려 하지 않고 부모의 품속에서 벗어나지 않으려 하는 '캥거루족'이 좋은 예다. 심지어 어떤 캥거루족의 부모는 자식이 평생 자신의 배 주머니 안에 있어도 괜찮다는 듯이 행동한다. 불안한 새끼가 어미를 원하는 만큼, 불안한 어미도 은근히 새끼를 필요로 한다. 그리고 이런 상호의존은 불쾌한 게 아니라 서로를 간절히 원하는 긍정적 관계이리라 철석같이 믿는다. 이렇게 서로 믿기에 부모도 힘닿는 데까지 자녀의 손과 발이 되어 주려고 나서기도 한다. 자녀의 심리적 독립은 점점 지연된다. 30대 자녀와 하루에도 몇 번씩 전화하고, 자녀의 하루 일정과 데이트 장소까지 꿰차고 있는 자신을 한없이 자랑스럽게 여기는 엄마도 있다. 그것이 자녀와의 높은 친밀도라고 굳게 믿기 때문이다. 그러다가 하루라도 자녀의 전화기가 꺼져 있으면 그날은 난리가 난다. 과연 가족의 마음 건강을 진단하는 전문가의 눈에는 이런 현상이 바람직할까?

가족 시스템 치료에서는 가족 구성원들의 가장 바람직한 내면 상태를 '분화*differentiation*'라고 표현하곤 한다. 여기서 '분화'라는 한글 번역이 약간 오해를 불러일으킬 수도 있겠다. 물리적인 거리를 두는 것이 분화라고 착각하기 쉽도록 말이다. 실은 분화란 마음속 시스템에서 진행되는 심리적 독립을 의미한다.

그렇다면 부모와 자녀가 서로 분화되었다는 것의 의미는 무엇일까? 자녀가 아무리 나이가 어리다고 해도 부모 마음대로 하지 않고 아이의 느낌과 생각을 존중할 때, 아이는 비로소 분화를 진행한다. '서로 다름을 존중하고 존중받는 상호 과정'이 바로 분화의 핵심이다. 마음속 시스템의 관점에서 보면 분화란 시스템 전체에 영향을 끼치는 불안 전력을 낮추는 일이다. 불안한 두 사람은 절대로 분화를 경험할 수 없다. 분화의 시기를 놓쳐, 미분화未分化된 두 가족 구성원은 때때로 서로 너와 내가 구분되지 않을 만큼 가깝다고 느끼지만, 실은 상대방과 관련한 불안의 수준이 지나친 경우가 대부분이다.

가족 구성원들이 무력감에서 벗어나는 가장 쉬운 방법은 가족 시스템 내에서 분화를 경험하는 일이다. 그러기 위해서는 부모가 먼저 자녀를 통제하지 않으면 큰일이 날 것만 같다는 불안을 내려놓아야 한다. 부모의 불안이 적절하게 조절될 때, 자녀 마음속 시스템의 매니저도 무조건 부모의 통제에 따라야 한다는 불안 수준을 낮출 수 있다.

미국의 일반 가정에서는 부모가 대여섯 살 되는 아이의 방에 들어갈 때도 노크를 한다. 아이가 기분이 상해 있어 들어오지 말라고 하면 부모는 들어가지 않는다. 이때 아이는 엄마나 아빠의 기분과는 전혀 달라도, 자신만의 기분을 따로 안전하게 느낄 수 있는 마음의 공간을 갖게 된다. 이와 비교하면 지구상에서 분화를 경험하기 가장 힘든 문화권 중 하나가 바로 한국의 가족주의 문화일지 모른다. 한국 아이들은 아무리 속이 상해도 엄마와 아빠가 어떤 기분인지 눈치를 보고 행동해야지, 그러지 않고 괜히 자기 방에 틀어박혀 있다가는 더 크게 혼이 나기 일쑤다.

그러니 마음속 시스템의 매니저는 엄청 바쁘다. 늘 부모의 인정 범위를 민감하게 체크하면서 행동의 수위 조절을 하는 역할을 담당한다. 자녀의 매니저는 늘 부모에게 '착한 아이'로 보이도록 마음 관리에 애쓴다. 그때마다 매니저가 자주 하는 훈화가 있다. "넌 착한 아이잖아? 그러니 속상해도 엄마 아빠한테 그러지 마!" 이건 거의 강요 수준이다.

분화하지 못한 가족 시스템을 그대로 내면에 반영하게 되면 마음속 매니저는 무리한 강요를 할 때가 많다. 서른이 훌쩍 넘은 자녀의 결혼을 마치 부모 자신의 결혼처럼 동일시한다거나, 응당 부모의 승낙을 필수처럼 여기는 분위기는 다른 문화권에서는 이해하기 힘든 부분이다. 때때로 마음속 매니저는 부모의 잣대에 맞추어 배우자를 고르도록 강경하게 요청한다. 그래서 한국 자녀들은 끌리는 상대를 만났을 때도 부모의 잣대를 제일 먼저 고려해야 한다고 느낀다. 자신이 평생 함께 살 동반자를 선택하는 데에도 최종 결정은 부모의 허락을 받아야 할 상황이다. 심지어 자녀를 낳고서도 매사에 부모의 결정과 허가를 필요로 하는 미분화의 상태가 계속된다.

때때로 한국 부모는 자녀가 자신과는 다른 결정을 할 수도 있다는 사실을 전혀 받아들일 마음이 없어 보인다. 가족주의 문화 탓에 다른 사람들도 다 그렇게 산다고 말하는 건 핑계에 불과하다. 문제는 우리 마음속 시스템이다. 일찍이 우리 마음속 시스템에서 분화를 학습하지 않은 탓이다. 어떤 부모는 자녀의 의향은 전혀 고려하지 않고, 심지어 자녀의 목숨까지 빼앗는 결정을 서슴없이 하기도 한다. 자신이 심리적 어려움을 견디다 못해 극단적인 선택을 할 때 어린 자녀들의 목숨까지 희생시키는 가족 동반 자살을 감행하는 경우다. 서구 사람들의 눈에는 어떻게 보일까? 아주 단단히 미친 사람들로밖에는 보이지 않을 터다.

우리 아이들이 무기력을 학습하고 무력감을 느끼지 않으려면 일찍이 가정 내에서 분화를 배워야 한다. 자녀에게 무력감을 가장 쉽게 안겨줄 수 있는 대상이 부모이듯이, 분화를 가르칠 수 있는 이들도 다름 아닌 부모다. 그러기 위해서는 부모 자신부터 스스로의 마음속 시스템을 면밀히 살펴야 한다. 다 큰 자녀를 통제하려고 할 때마다 부모 스스로 먼저 자신의 불안을 헤아려야 한다. 가능하면 어릴 때부터 부모가 자녀의 개별 감정을 존중하고, 서로 다름을 인정하면 자녀의 마음속 시스템 매니저도 훨씬 너그러워진다. 부모가 자녀를 어린아이처럼 통제하려고 들지 않으면 과도한 모멸감이 생기지도 않고, 모멸감을 굳이 구석에 몰아넣고 방어할 필요도 없어진다.

성실한 모범생이
무력감에 마비된 이유

중학교에 근무하는 교사 부부가 극심한 무기력증에 빠져 있는 스무 살 아들을 동반하고 가족상담실을 찾았다. 외동아들인 상기는 중학교 내내 전교 1, 2등을 놓치지 않은 수재였다. 이들 부부는 외동아들을 사교육으로 내모는 대신 어렸을 때부터 스스로 자기주도 학습을 하도록 철저히 관리했다. 엄마는 상기가 다녔던 중학교의 수학 교사였고, 아빠는 음악 교사였다. 상기는 부모의 기대를 저버리지 않고 학업에 최선을 다했다. 그러던 상기가 왜 무기력증에 빠져 두 번이나 대학 진학에 실패하고, 우울증 환자로 전락하고 말았는지 도무지 이해가 가지 않았다. 중학교 내내 최상의 성적을 유지하던 상기는 과연 자기주도적인 삶을 살았을까?

상기와 개별 상담을 진행하다 보니, 전교 1등을 도맡아 하던 상기는 놀랍게도 스스로를 단 한 번도 부모의 기대 수준에 미치지 못했던 한심한 아들로 여기고 있었다. 훌륭한 성적표를 수없이 엄마 아빠에게 바쳤지만 부모의 반응은 늘 냉담했다. 더 놀라운 사실은 부모로부터 한 번도 잘했다고 칭찬받거나 노력을 인정받은 적이 없었다는 점이다. 그렇다면 부모의 반응이 어땠는지 물으니, 부모님은 늘 자만하지 말라는 충고만 했었다고 한다. 상기의 부모는 상담사에게 자신들이 재직하는 학교가 평균적으로 학업 수준이 낮은 학교라는 자체 평가도 잊지 않았다.

상기는 좋아하는 외국어를 집중적으로 공부할 수 있는 특목고에 지원하고자 했다. 그러나 부모는 허락하지 않았다. 특목고에서 성과를 내려면 국제중학교를 졸업했어야 한다는 것이 반대 이유였다. 대신 가까운 일반 고등학교로 진학시켰다. 부모는 다시 상기에게 최고의 내신 성적을 요구하며, 중학교 성적이 아무리 높아도 대학입시에는 아무 소용없다고 강조했다. 상기의 고등학교 성적은 어땠을까? 상기는 다시 죽을힘을 다해 공부했다. 이제야말로 부모의 인정을 제대로 받을 기회가 오리라고 기대했다. 고등학교 첫 성적도 역시나 전교 1등이었다. 과연 부모의 반응은 어떠했을까?

상기의 부모는 강북에 있는 고등학교의 전교 1등은 강남권에 비하면 중상위권에 불과하다는 말만 했다. 여전히 부모의 인정과 칭찬은 없었고, 상기는 전국 모의고사를 기다렸다. 강북과 강남을 통틀어 자신의 우수한 성적을 당당하게 보여 줄 기회라고 여겼다. 상기는 또다시 죽을힘을 다해 공부했다. 전국 석차 400등에 가까운 고득점을 거두었다. 이 정도 성적이면 명문대 진학에도 아무런 문제가 없다. 이제야말로 지역이나 학군에 관계없이 명실상부 고득점자로 인정받을 기회라고 기대하기에 충분했다. 이번에는 부모의 반응이 어떠했을까?

상기는 이번에도 부모로부터 어떠한 칭찬도 듣지 못했다. 고등학교 1학년 성적은 입시에 아무런 도움이 안 되니, 2학년 때부터가 진짜라는 말을 들은 게 다였다. 2학년에 올라가면 1학년 때 성적을 유지하지 못하는 경우가 더 많다고 겁까지 줬다. 뼛속까지 절망할 이유가 충분했지만 상기는 부모에게 인정받는 그 날이 올 때까지 학업에 전념했다. 얼핏 상기에게서 불도저 같은 추진력과 인내심이 엿보이는 듯하지만, 상담사의 눈에 비친 상기는 부모와 미분화된 어린아이처럼 보였다.

고등학교 2학년, 3학년에 이르러서도 상기는 전국 석차 700등 안에 드는 높은 성적을 유지했다. 드디어 수학능력평가 날이 다가왔다. 부모는 상기에게 절대로 교만하지 말고, 실수하지 말라는 당부만 여러 차례 강조했다. 그리고 재수는 절대로 허용할 수 없으니 마지막 기회로 여기라는 말도 잊지 않았다.

드디어 결전의 날이 밝았다. 상기는 공포에 가까운 불안감을 느끼면서 수학능력평가 고사장으로 향했다. 이상하게 첫 시간부터 갑자기 가슴이 죄어드는 느낌을 받았다. 2교시가 시작하자마자 슬슬 배가 아파 오는가 싶더니, 끝날 때쯤 되어서는 극심한 위경련을 일으키며 쓰러지고 말았다. 결국 시험을 끝까지 치르지 못하고 고사장 응급실로 가는 신세가 되어 대학입시에 실패했다. 부모의 실망은 이만저만이 아니었다. 특히 상기의 엄마는 상기에게 직접 그간의 노력이 수포로 돌아갔다며 노골적인 푸념을 늘어놓기도 했다. 상기는 온몸에 힘이 빠지는 느낌이 들었다. 입시학원에서 재수를 시작한 상기는 갈수록 성적이 떨어졌다. 초조해진 부모는 점점 더 심하게 상기를 닦달하기 시작했다.

상기는 어느 날부터 신체에 묘한 증상을 경험하게 된다. 학원에서 열심히 필기하던 중에 갑자기 손에 마비가 오기 시작한 것이다. 학원 강사의 목소리가 자꾸 메아리쳐서 들리더니, 펜을 잡기조차 불가능할 정도로 몸이 말을 듣지 않았다. 학원에 앉아 있는 자신이 고장 난 기계처럼 느껴졌다. 왠지 오래된 꿈을 꾸는 듯 정신이 멍하고, 집에 와서도 책을 읽을 수 없었다. 아무것도 할 수 없어 종일 집에 멍하게 앉아 있는 날이 늘어 갔다. 결국 학원 생활을 더는 진행할 수 없을 만큼 무기력한 삶이 이어졌다.

갑자기 부모들도 타인처럼 낯설게 느껴졌다. 그토록 순종적인 삶을 살았던 상기의 변화에 따른 부모의 충격도 대단했다. 어느덧 상기는 엄마와 아빠가 묻는 말에 대답도 잘 할 수 없게 되었다. 부모는 상기에게 갑작스런 언어장애나 함묵증이 생겼다고 여겼다. 상기와 함께 신경정신과를 찾은 부모는 깜짝 놀랄 진단을 받았다. 다름 아닌, 조현병의 초기 단계인 이인증離人症, 즉 자신의 감정이나 행동·인식 등에 대한 주체가 자기 자신이라는 자각이 상실된 상태라는 진단이었다.

칭찬할 줄 모르는 부모,
유기 공포를 느끼는 아이

상기는 더는 공부를 할 수 없었다. 학원도 갈 수 없었다. 온몸에 힘이 빠져 나중에는 혼자 식사하는 것조차 힘이 들었다. 약물치료로 인한 어지럼증과 수면장애도 동반되었다. 상기의 부모는 결국 약물치료 외에 상기의 심리상담을 병행해 보고자 상담센터를 찾은 것이었다. 상담사는 부모의 꼭두각시처럼 10여 년을 공부만 해온 상기의 마음속 시스템이 궁금해졌다. 왜 상기는 한 번 저항조차 하지 못하고 부모의 기대에만 부응하려는 외길을 걸어온 걸까?

외아들로 자란 상기는 어린 시절부터 부모로부터 고립되어 있다는 느낌을 자주 받았다고 털어놓았다. 엄마와 아빠는 직장에 함께 출근하고 퇴근했다. 초등학교 시절 상기는 늘 빈집에 혼자 있는 게 익숙했다. 가끔 혼자 있을 때면, 이상하게도 함께 출퇴근하는 엄마와 아빠의 모습이 떠올라 자신을 괴롭혔다. 언제부터인지 부모님이 자신을 싫어하는 것 같다는 느낌도 자주 받았다.

어린 시절 상기는 지독하게 불쾌한 그 느낌이 '버려짐'의 감정이라는 걸 잘 알지 못했다. 집안에 혼자 있어 불쾌한 느낌에 사로잡힐 때, 다행히 자신을 구해 준 친구가 있었다. 바로 책꽂이 가득 차 있던 책들이었다. 자연스럽게 책 읽기를 좋아하게 되었고, 평소에 말수가 적었던 상기는 밖에서 친구들과 노는 것보다 혼자 책 읽는 시간이 훨씬 많았다. 그리고 초등학교 시절부터 엄마와 아빠를 기쁘게 할 수 있는 유일한 방법은 좋은 성적을 받는 것이라고 믿었다. 그러나 아무리 좋은 성적을 받아 와도 엄마, 아빠는 애써 침착한 태도를 보이며 작은 칭찬에도 인색했다. 상담사는 부모와의 상담에서 그토록 상기를 향한 칭찬에 인색했던 이유를 물었다. 상기의 부모는 너무도 당연하다는 듯이 외동아들이 나태하고 교만해질까 봐 그랬다고 말했다. 순간 상담사는 상기 부모에게서도 엄청난 불안이 느껴졌다.

상기는 사춘기를 겪는 동안에도 다른 친구들처럼 또래와 어울리며 심리적으로 독립을 꿈꾸는 일은 상상조차 할 수 없었다. 같은 중학교 전교생 중 상기를 모르는 사람이 없었기 때문이다. 누구에게나 상기는 '엄한 수학 선생님과 음악 선생님의 모범생 아들'로 알려졌다. 아무도 상기에게 비밀 같은 것을 알려 주려 하지 않았다. 그러면 착한 상기가 집에 가자마자 부모인 두 교사에게 바로 고자질할 거라고 여겼던 탓이다. 노래방에 함께 가자는 친구도 없었다. 상기의 고립감은 점점 커졌다.

그럴수록 마음속 매니저는 점점 목소리를 높여 '착한 모범생'의 정체성을 강요했다. 엄마와 아빠의 칭찬이 없어서 매니저는 더욱 당황하고 불안해졌던 것 같다. 상기의 선택이나 욕구에 상관없이 매니저는 엄마와 아빠로부터 오케이 사인이 나올 때까지 계속 상기를 바쁘게 다그쳤다. "그래도 끝까지 열심히 달려 보자!" 그런데 부모의 오케이 사인을 받기란 도저히 불가능해 보였다. 여러 번에 걸친 전국모의 고사 고득점도 부모를 전혀 기쁘게 만들지 못하지 않았던가.

이때 상기의 마음속 시스템은 어떤 상태였을까? 혹여 어린 시절 내면 구석에 밀어 놓았던 '고립감'이나 '버려짐'의 느낌이 고개를 들지 않았을까? 부모로부터 영영 인정이나 칭찬을 받지 못하고 버려질 것이라는 느낌에 사로잡힌 채, 수능시험에 대한 공포가 점점 더 목을 죄어 왔을 것이다. 부모에게 인정받을 때까지 상기를 몰아 왔던 매니저도 지쳐 가고 있었다. 상기의 유일한 선택이었던 학업으로는 부모의 인정을 받기가 불가능하다고 느껴지면서, 무기력은 상기의 신체 전역에 자리 잡기 시작했다. 상기의 마음속 시스템에서는 구석에 숨겨져 있던 버려짐의 느낌을 보호하기 위한 최후의 수단이 강구된다. 바로 최악의 경우 출동하는 119 구급대 중 하나, '신체화 *somatization*'다.

앞서 상기에게 진단된 이인증은 자신을 다른 사람처럼 느끼는 '신체화 현상'을 동반한다. 신체 감각이 무뎌지고 정신은 멍한 상태가 지속되면서, 자신이 애써 추방해 온 극도의 불쾌한 느낌으로부터 안전하게 도피할 수 있다. 이 현상은 앞서 말했던 '긴장성 부동화' 반응과 무관하지 않다. 파충류나 원시 포유류 동물이 극한 상황에서 취하는 '죽은 척하기' 반응이 인간에게서 발견되는 현상이 바로 이인증이다.

우리가 극도의 공포를 느끼게 되면 이를 피하기 위해 갑자기 숨이 막히다가 공황발작이 일어나 실신하거나, 멍한 상태를 유지하기도 한다. 이 증상이 심하면 이인증 같은 증상으로 나타난다. 상기의 극단적인 심신 이상 현상은 결과적으로 마음속 시스템에서 극도의 공포 경험, 즉 버려짐의 느낌이 노출되는 위험을 막는 역할을 한 것이다. 버려짐의 느낌을 방어할 최후의 수단으로 상기에게 이인증이 생겼다고 가정한다면, 해법은 앞서 말한 대로 부모와 상기의 불안을 함께 느끼고 마음속 시스템에서 서서히 분화를 학습하는 방법밖에는 없다.

무기력에 칭찬은 해답이 아니다

상담사는 먼저 부모에게 상기의 이인증은 부모의 인정과 공감 부족으로 생긴 고립감과 공포감을 방어하기 위한 결과라는 점을 충분히 설명했다. 그리고 부모들 스스로의 지나친 불안으로 인해, 높은 성적을 기록한 상기의 학교 성적표나 전국모의고사 성적표에도 아무런 공감을 하지 못했음을 알려 주었다. 상담사는 상기의 부모에게 보관하고 있는 모든 성적표를 상담실로 가져오도록 했다. 그리고 성적표를 하나하나 보면서 다시금 상기에게 인정과 공감을 표현하도록 청했다. 성적의 결과를 인정하거나 칭찬하는 방식이 아니라, 그 성적을 내기 위해 상기가 기울인 노력의 과정을 상상하며 공감을 표현하도록 했다.

"1등을 하느라 수고했어. 참 잘했다!"라는 반응은 상담사가 원하는 방식이 아니다. 그 과정 중 느꼈을 상기의 감정을 찬찬히 헤아리는 것이 중요하다. "그동안 혼자 공부하느라 참 외로웠겠다." "원하는 결과를 얻지 못할 때마다 얼마나 큰 불안감에 시달렸을지 이해해 주지 못해 정말 미안했다." 등 상기가 느꼈을 세세한 감정까지 알아 주고 이해하는 상호 경험의 과정이 필요했다. 처음 부모는 상기의 감정을 찾아내는 데도 시간이 꽤 걸렸다.

"엄마와 아빠가 그렇게 알아 주지도 않는데 공부하느라 얼마나 속상했을까? 칭찬 한 번 제대로 받지 못하고 참 많이 억울했을 거야." 성적표를 들여다보고 대화를 이어가던 엄마의 눈에 눈물이 맺혔다. 엄마와 아빠는 자신들의 불안 때문에 상기에게 충분히 칭찬하지 못한 것을 진심으로 사과했다. 그러자 상기의 눈에도 눈물이 맺히더니 갑자기 폭포수 같은 눈물을 쏟아 냈다. 상담실에서 상기와 부모는 꽤 오랜 시간 함께 눈물을 흘렸다. 상기는 참으로 어렵게 자신의 고립감과 외로움을 밖으로 꺼내 놓고 오랫동안 흐느꼈다. 그의 내면 시스템 구석에 숨겨져 있었던 온건과 감정들이 오랜 속박에서 벗어나 자유로움을 얻는 순간이었다.

상담사는 상기와 부모에게 앞으로 상기의 일시적인 신체 마비나 멍한 상태에 대해 어떤 경우에도 부정적인 판단을 하지 않도록 당부했다. 상기에게 다시 마비가 오거나 멍한 상태가 되면, 스스로에게 다음과 같은 주문을 걸어 보라고 제안했다. 신체 어딘가에 마비가 오면 그 부분을 또 다른 상기 자신이라고 여기고 대화를 이어가 보라고.

"네가 왜 그러는지 난 충분히 이해해. 내가 부모님한테 버림받을까 봐 무서워서 그랬던 거야! 이제 괜찮아! 그동안 정말 고마웠어!"

상기는 신체에 마비가 올 때마다, 마비된 손목을 붙잡고 자기 안에 있는 증상을 향해 말을 건넸다. 부모에게도 상기가 신체 이상 증상이 생기면 다음과 같이 말하도록 주문했다. "네가 이러는 건 당연한 거야. 그동안 엄마 아빠가 정말 몰랐어. 미안해. 상기 너는 절대로 부모로부터 버림받지 않아!"

마음속에서 119 구급대 역할을 해왔던 이인증 증상과의 대화는 대성공이었다. 상기는 말을 시도하자마자 증상이 서서히 사라지는 것을 경험했다. 증상의 빈도수는 현격하게 줄었다. 마음의 불안도 서서히 줄어드는 게 느껴졌다.

석 달 후 상기는 약물치료를 중단했다. 상기는 대학입시 학원 대신 자신이 그토록 원하던 외국어 공부를 위한 학원에 등록했다. 일단 6개월간 중국어 학원을 다닌 후 대학 입학 계획을 다시 짜기로 했다. 그로부터 2년 뒤 상기는 서울 소재 대학교 중어중문학과에 입학했다. 상기의 부모는 일류대학보다 훨씬 중요한 외아들의 진짜 마음을 비로소 알게 되었다며 상담사에게 감사 인사를 잊지 않았다.

CHAPTER 9

슬픔
"그냥 혼자 있을 때
우는 게 편해요!"

눈물을 부끄러워하는
사회의 부작용

모두가 갓난아이의 울음은 세상에 신고식을 하는 것쯤으로 대수롭지 않게 생각한다. 슬픔은 갓난아이 시절에는 외부에 가장 쉽게 표출할 수 있는 강경파 감정이었다. 하지만 세 살만 되어도 외부의 태도가 바뀌기 시작한다. 시간이 흘러갈수록 마음속 시스템에서 울음을 자제하도록 관리하는 매니저의 목소리가 커진다. 어느새 울음은 금지의 대상이 된다.

연구 결과에 의하면 울음 반응에는 다양한 감정들이 연결될 수 있는데, 무엇보다 큰 이유는 슬픔이라고 한다. 다음으로는 행복감, 진노, 동정심, 두려움 등의 감정이 뒤를 잇는다. 눈물은 지극히 생리적인 현상이지만 슬픔이라는 감정을 표출하는 데에는 성별차가 있다. 사회적 분위기의 영향인지 몰라도 어느 문화권이든 보통 여성들이 남성들보다 최소한 다섯 배 가량 많이 운다고 한다. 혹자는 이것이 모든 문화권에서 여성의 평균수명이 남성보다 더 긴 이유일 수도 있다고 추측하기도 한다.

때로는 부엌에서 음식을 준비하다가 양파 냄새로도 눈물이 난다. 하지만 화학적으로 분석하면 양파 냄새를 맡아 나오는 눈물은 슬픔이나 기쁨, 노여움, 불안에서 나오는 눈물과는 확연히 다르다고 한다. 과학자들은 애도나 비탄 중에 나오는 눈물은 우리 몸 안의 스트레스로 축적된 나쁜 화학 성분을 제거해 주는 자연스런 체내 현상이라고 말한다. 그렇다면 눈물을 꼭 참아 내야 할 이유도 없지 않을까?

슬픔의 슬픈 운명

남성이 잘 울지 않고 슬픔에 적절한 반응을 하지 못하는 건 기질적 이유만은 아니다. 한때 우리 아버지들은 '무릇 남자는 평생 세 번만 울어야 한다'라고 가르쳤다. 세상에 태어났을 때, 아버지가 돌아가셨을 때, 그리고 나라가 망했을 때. 슬픔을 표출하거나 남들과 나누는 일을 금기시하는 문화가 그만큼 강했던 것이다. 그런 문화는 남성들의 마음속 시스템에 슬픔을 단속하는 강력한 매니저를 만들어 냈다.

울음을 터부시하는 문화가 남성들에게 더 강하게 작용하기는 하지만, 남녀를 불문하고 성인에게 슬픔은 가장 대표적인 온건파 감정이다. 영화 <인사이드 아웃>에 등장하는 '슬픔'은 마음속 시스템에서 가장 기죽어 있는 인물이다. 영화 초반 강경파 반장 역할을 하는 '기쁨' 앞에서 기를 못 펴는 모습을 자주 보여 준다. 이유는 간단하다. '슬픔'이 나서면 주인공이 행복과 점점 멀어진다는 매니저의 생각 때문이다. 우리도 똑같이 생각한다. 슬픔은 기쁨의 반대라고. 심지어 슬픔과 기쁨은 일종의 길항작용을 해, 서로 반대되는 두 가지 요인이 작용하여 그 효과를 서로 상쇄시키는 방식으로 작동한다고 여긴다. 다시 말해 슬픔이 없어져야 기쁨이 발생한다고 믿는다. 그러나 사실 마음속 시스템에서 슬픔과 기쁨은 그저 다른 인물일 뿐이다.

영화는 종반에 가서 '슬픔'이란 인물이 주인공의 삶에 절대적으로 필요한 존재라는 점을 명백히 보여 주며 막을 내린다. 나는 궁금해졌다. 영화를 본 관객들은 과연 슬픔이란 감정을 꼭 필요한 감정으로 받아들일까? 영화에서 큰 감동을 받았던 사람들도 자신의 삶으로 돌아가면, 슬픔이란 감정을 기피 대상으로 여길지도 모른다. 실제 삶에 슬픔이 많아지면 행복은 멀고 먼 길이 되리라고 두려워하기 때문이다. 이런 점에서 슬픔은 영락없는 온건파 감정이다. 기가 죽어 구석에 숨어 있는 감정이다. 밖으로 표출될까 봐 늘 의기소침해 있다. 게다가 매니저가 절대 밖으로 나오지 말라고 철저히 관리하면 정말 있는지도 모르는 존재가 된다.

그런데 아이러니하게도 슬픔은 태생적으로 우리가 가장 자주 느끼는 감정 중 하나다. 슬픔은 크고 작은 상실에 대한 아픔이다. 어린 시절로 돌아가 보자. 평소에 아끼던 연필 하나라도 잃어버리면 속상하고 슬프다. 상실을 경험하기 때문이다. 그런데 슬프다고 얘기하면 어른들은 똑같은 연필을 사 주겠다며 슬퍼하지 말란다. 짝꿍이 바뀌어도 슬프다. 그 친구와 옆자리에서 나누었던 즐거웠던 순간들을 이제는 누릴 수 없기 때문이다. 학년이 바뀌고 내가 좋아하는 선생님과 헤어지고 반이 바뀌어도 슬프다. 서로 관계가 무르익어 함께 만들어 온 익숙한 시간이 갑자기 멈추는 상실의 경험이기 때문이다.

슬픔은 그 존재를 드러내도 아무도 충분히 알아 주지 않는 감정이다. 슬픔을 드러내면 시간이 지나면 괜찮아진다느니, 새로운 선생님과 친구들과 사이좋게 지내라느니 하는 말만 듣게 된다. 그러니 외부 세계에서는 물론 마음속 시스템에서도 존재감이 점점 미미해진다. 그래서 다른 감정이 슬픔 대신 나서는 일이 시작된다. 슬픔 대신 짜증이 나서기도 하고 분노 감정이 나서기도 한다. 이는 연필이나 소지품을 잃어버렸다고 자꾸 짜증을 내거나, 학기 초만 되면 신경질적인 아이로 바뀌는 이유다.

마음속 시스템에서도 매니저는 슬픔이 밖에 나서지 못하게 철저하게 문단속을 한다. 그나마 영화나 드라마를 볼 때 슬픈 장면을 보면 덩달아 우리의 슬픔 감정이 눈물을 흘리며 밖으로 나서 본다. 하지만 자꾸 마음속 시스템의 매니저가 말린다. 그깟 드라마를 보면서 너무 오버하지 말라고. 아, 슬픔은 왜 태어난 걸까? 비관할 만도 하다. 내가 슬픔이라면 태어나지 말았어야 할 감정이라고 운명을 탓했을 것 같다. 그래서 차라리 슬픔이라는 감정을 최대한 안 느끼고, 그 존재 자체를 잊어버리려는 방향으로 시스템을 운영하려는 게 자연스러운 수순이다.

슬픔 감정의 슬픈 운명은 슬픔 하나의 비극으로 끝나지 않는다. 문제는 생각하는 것보다 훨씬 심각해진다. 슬픔이 나서면 될 일에 여러 다른 감정 인물들이 나서면서 마음속 시스템 전체가 극심한 혼란을 경험할 가능성이 생기기 때문이다. 슬픔 대신 대타 역할을 하는 짜증이나 분노가 자꾸 나서고, 무기력이 대신 나서기도 한다. 그 이유는 '슬픔은 절대로 표면에 나서면 안 된다'라는 마음속 시스템의 내부 지침이 너무도 오랫동안 강력하게 작용한 탓이다.

마음껏 우는 순간은
무엇보다 값지다

처음 미국 상담기관에서 가족상담을 처음 배울 때, 나는 '애도 mourning'라는 말의 의미가 잘 와닿지 않았다. 특히 임상 지도교수가 가족상담의 가장 중요한 목적은 가족 구성원들에게 '애도하는 능력 ability to mourn'을 배양하는 일이라고 전했던 말이 잘 이해되지 않았다.

어느 날, 당시 상담기관의 센터장을 맡고 있던 샌드라 브라운Sandra Brown 교수가 회의에 긴급 안건을 올렸다. 브라운 교수는 당시 임상 경력 40년을 자랑하는 최고의 가족상담사였다. 그런 교수가 한 내담자로부터 상담료로 백지수표를 받았다는 것이다. 우리는 모두 눈과 귀를 의심했다. 내가 근무한 곳은 한 회기당 100달러에서 150달러까지 지불하면 되는 센터였다. 당시에는 미국 내 사설 건강보험이 있으면 가족상담 보험 처리가 되던 시기여서, 보통 본인 부담 50달러 정도면 상담을 받을 수 있었다.

그런데 백지수표라니? 브라운 교수는 백지수표에 양심적으로 얼마를 적어야 할지 스태프 회의의 논의를 통해 결정하고자 했다. 나는 센터 스태프 중 유일한 유색인종 상담사였다. 나라면 최소한 5만 달러쯤 적을 것 같은데, 그 정도로 담대한 금액을 부르는 상담사는 아무도 없었다. 열띤 토론 끝에 백지수표에 적을 금액은 내담자가 한 회기당 지불해야 할 50달러의 100배인 5천 달러로 정해졌다. 내가 받은 백지수표는 아니지만 아쉬운 마음을 금할 길 없었다.

그로부터 일주일 뒤, 센터에 2톤 트럭 가득 담긴 화장지 상자가 배달되었다. 브라운 교수가 상담한 내담자가 보내 온 선물이었다. 내담자는 센터장이 상담료로 너무 적은 금액을 적었다고 느꼈던지, 센터에 필요한 화장지를 평생 제공하겠다는 전갈과 함께 선물을 보낸 것이다. 그런데 왜 하필 화장지였을까? 우리 모두 센터장 교수의 상담 내용이 궁금해졌다. 능숙한 상담으로 내담자가 큰 도움을 받았을 거란 예상은 했지만, 백지수표를 받을 정도라면 얼마나 대단한 상담이었을까 궁금하기 짝이 없었다. 아무리 부자여도 백지수표를 던질 정도라면 도대체 얼마나 고마움을 느꼈단 말인가?

브라운 교수의 답변은 예상 밖이었다. 자신은 7회기 동안 상담을 진행하면서 계속 내담자에게 화장지를 건넨 일밖에 없었다고 고백했다. 50대 중반의 남성 내담자는 상담 초반에 자신의 자수성가 이야기와 최근에 겪은 아내와의 사별 이야기를 털어놓았다. 그는 부모를 자동차 사고로 일찍 여읜 4남 2녀 중 장남이었다. 브라운 교수는 그동안 지독하게 억압해 온 남성의 슬픔에 전적으로 공감하기 시작했다. 첫 2회기 동안 '슬픔 따위는 내 인생의 사치'라고 버티던 내담자가 3회기부터는 흐느끼기 시작했다. 그 후 5회기 내내 남성은 울음을 그치지 않았다. 어느 회기에는 상자에 든 화장지를 거의 다 쓰기도 했다. 그가 평생 센터에 화장지를 조달하겠다는 이유도 이해가 되었다.

당시 나는 상담 분야의 박사논문을 쓰고 있던 터였지만, 그간 슬픔이란 감정을 얼마나 막연하게 알고 있었는지 깨닫는 계기였다. 슬픔이라는 이 온건파 감정이 얼마나 밖으로 나오고 싶어 하는지, 애도라는 것이 왜 심리상담과 가족상담의 최종 종착역이라고 하는지 뼈저리게 느꼈다. 지금도 가끔 상담을 수련하는 이들에게 농담처럼 말하곤 한다. 슬픔이란 감정을 놓치면 아직 상담의 홈런 맛을 모르는 것이라고. 게다가 하늘이 도우면 상담료로 백지수표를 받을 수도 있다고.

상담은 마음 놓고 슬퍼할 수 없는 이들을 위한 서비스다. 충분히 슬퍼해도 되는데 슬픈 감정을 숨긴 채 강한 척하고, 때로는 아무렇지도 않은 척하는 이들에게 안전하게 마음껏 눈물 흘릴 기회를 제공하는 일이다. 심리상담 전문가가 아니더라도 가족이나 사랑하는 사람의 마음을 깊이 이해하는 일이 가능하다면, 그때는 분명 슬픔이 안전하게 외출할 기회를 주는 순간일지 모른다.

편안한 울음의 조건, 안전감

가끔 부부를 대상으로 한 세미나를 인도하는 경우가 있다. 부부 세미나는 부부간의 소통이나 대화법 등을 가르치는 행사다. 처음에는 주로 교회에서 열렸는데, 최근에는 다양한 단체나 기업에서도 부부 세미나를 열 때가 있다. 매번 세미나를 시작할 때면 참석자들의 눈을 감기고 꼭 물어보는 질문이 있다.

"각자의 과거 경험을 생각해 보세요. 정말 속상한 경험이 있을 때 배우자에게 그 이야기를 하면서 울어 본 기억이 있는 분 조용히 손들어 보세요."

예상치 못한 뜬금없는 질문에 고개를 갸웃하는 사람도 많다. 특히 남편들이 그렇다. 지금껏 누군가 앞에서 우는 일을 금기시해 온 남편들에게 그 대상은 아내도 예외는 아니다. "와이프 앞에서 왜 울어요?" 이 말을 옆에서 듣던 아내도 이에 질세라 바로 이렇게 대꾸한다. "나도 남편 앞에서는 절대 안 울어요. 울 일이 있으면 차라리 주방에서 양파 썰면서 혼자 울지요." 지금껏 꽤 많은 부부 세미나를 진행했지만, 내가 던진 질문을 충분히 이해하고 부부 모두가 손을 들었던 적은 많지 않았다.

그런데 기억에 남는 한 부부가 있었다. 내가 출석했던 교회에서 열린 세미나에 참석한 자타공인 잉꼬부부다. 나의 질문에 이들 부부는 모두 조용히 손을 들었다. 눈을 뜨라고 하자, 이들은 서로를 쳐다보면서 약속이나 한 듯 두 손을 꼭 잡는 게 아닌가. 이들에게는 어떤 일이 있었던 걸까? 두 사람이 부부싸움을 자주 할 일도 없을 듯하고, 특별히 슬픈 사건사고가 많았던 것도 아닐 터이다. 바로 이들 사이에선 온건파의 대표주자인 슬픔이 깊이 숨어 있지 않고 언제든지 밖으로 나올 수 있었다는 말이다.

서로의 이야기를 꺼내 놓고 울 수 있다는 것이 부부 행복의 척도라도 된다는 말인가? 배우자 앞에서 운다는 건 각자의 슬픔에 공감하고 서로 위로 받았던 과거 경험이 축적되어 있기에 가능한 일이다. 이는 마음속 시스템의 매니저가 다른 사람은 몰라도 남편 앞에서는, 그리고 아내 앞에서는 '울고 싶을 때 울고 강한 척하지 않아도 된다'라고 관리한다는 뜻이다. 그만큼 상대방을 안전하게 여긴다는 의미다.

유학 시절 미국 샌프란시스코 정신분석연구소를 창설한 조지프 와이스Joseph Weiss 교수에게 정신분석을 받은 적 있다. 당시 와이스 교수는 미국 정신분석 학계에서 존경받는 어른이었다. 특히 1952년 젊은 시절 쓴 짧은 논문 하나로 학계의 주목을 받았다. 제목부터 역발상이 돋보인다. 《행복한 결말에 가서 우는 것Crying at the happy ending》.*

앞서 이야기했듯이 우리는 슬플 때만 우는 게 아니다. 행복하고 감격스러울 때도 울지 않는가? 그래서 울음이란 참 묘한 경험이다. 때로는 우는 것만 가지고는 그가 슬픈지 기쁜지 알 수 없다. 어떻게 생각하면 이러한 의문 자체가 문제다. 슬픔은 부정적인 감정이라는 편견을 전제로 던지는 의문이기 때문이다. 슬픔은 기쁨의 반대라고 여기니, 우는 사람이 슬프든 기쁘든 그 양극단에 있다고 전제하는 것이다. 슬픔이 기쁨과 중첩되는 경험이라면 완전히 다른 이야기가 되지 않겠는가?

그렇다면 슬픔과 기쁨이 어떻게 만날 수 있을까? 슬픔은 외롭고 존

----

*   Weiss, J. (1952). "Crying at the happy ending," *Psychoanalytic Review*, 39: 338.

재감조차 희미한 온건파 감정이다. 그러나 슬픔이라는 감정이 밖으로 드러나 누군가와 공유되면 연대감과 행복감이 생긴다. 그 대상이 사랑하는 사람이면 그 기쁨은 배가 된다. 와이스 교수는 어린 시절 자신의 할머니가 비극적인 영화를 보는 장면을 목격했다. 할머니는 울어야 할 장면에서 입술을 깨물고 눈물을 참다가, 영화가 해피엔딩으로 끝이 나고 마지막 자막이 올라가서야 손수건을 꺼내 한참을 울었다.

와이스 교수는 우리 모두가 슬퍼서 우는 게 아니요, 그렇다고 감격하고 기뻐서 우는 것도 아니라고 믿는다. 그의 설명대로라면 인간은 '안전감의 조건 conditions of safety'이 충족되어야 울 수 있다. 영화가 해피엔딩에 이르러서야 울 수 있는 것처럼 대상이 충분히 안전하다고 여겨지면 그때 비로소 그 사람 앞에서 편안하게 울 수 있다. 나 역시 심리상담 현장에서 내담자가 울음을 참고 참다가 마침내 상담자 앞에서 울기 시작할 때 상담이 본격적인 궤도에 올랐다고 느낀다. 더 이상 상담자에게 평가받고 있거나 비난받고 있다고 느끼지 않고, 내담자의 마음속 시스템 매니저가 상담자를 안전한 대상으로 여겼다는 증거이기 때문이다.

부부나 사랑하는 가족끼리는 서로의 슬픔이 안전하게 바깥 외출을 할 수 있어야 한다. 그러면 슬픔도 기쁨이나 행복과 맞닿을 수 있다. 그래야 마음속 시스템에서 반대 진영에 있던 슬픔과 기쁨이 서로 연대하고 화해하는 일이 가능해진다.

다른 사람의 슬픔에 공감하기 힘든 이유

남성 내담자의 애도를 돕는 상담은 여성에 비해 쉽지 않다. 앞서 언급한 나의 지도교수인 브라운 교수는 남성 내담자와 상담하여 백지수표까지 받았지만, 나는 늘 남성 내담자와의 상담에 어려움을 겪었다. 나는 매주 내가 진행한 상담 과정에 관해 브라운 교수의 지도감독을 받았다. 그녀와의 슈퍼비전 중 나는 슬픔이 밖으로 나오지 않도록 강력하게 막고 있는 스스로의 마음속 매니저를 발견한 적이 있다. 내가 만난 내담자가 남성인 경우 이 매니저는 더욱 강경하게 활동했다.

어느 날 중년의 남성 내담자가 눈물을 글썽이며 내게 말했다. "왜 자꾸 내가 이러는지 모르겠어요. 아직도 자꾸 눈물이 나고……."

나는 바로 그에게 이렇게 대꾸했다. "왜 그런 말을 하세요. 그 정도면 정말 자기 감정을 잘 조절하고 계신 거니까 아무 걱정 마세요."

내담자는 연이어 말했다. "잘 알죠. 이젠 제가 마음을 조금씩 추슬러야 한다는 걸요. 늘 좋은 말씀으로 격려해 주셔서 감사합니다."

5회기까지 상담을 받던 그 중년 내담자는 다음 회기에 나타나지 않았고, 상담을 중도 포기하고 말았다. 슈퍼비전 중 브라운 교수는 내게 이렇게 물었다. "네 마음이 슬픔을 꽉 쥐고 있는 것 같은데?"

나는 이해가 잘 되지 않아 교수에게 물었다. "내담자의 슬픔이요?"

브라운 교수는 세게 고개를 저으면서 대답했다. "아니, 너 자신의 슬픔 말이야! 너는 네 슬픔이 밖으로 나오면 안 된다고 굳게 믿고 있는 것 같아. 그러니까 상담 중 내담자의 슬픔이 갑자기 등장하면 자꾸 괜찮다고 내담자에게 응원의 메시지를 보내는 게 아닐까?"

브라운 교수는 내게 최근 가족을 잃은 적 있느냐고 물었다. 3년 전 돌아가신 선친이 떠올랐다. 나는 지난 3년간 나름대로 충분히 아버지의 죽음을 애도했다고 믿고 있었다. 하지만 내 마음속 시스템에서는 아직 그 애도가 충분치 않았음을 직감했다. 브라운 교수는 내게 앞으로 6개월 동안 중년 남성 내담자를 배정하지 않겠다고 말했다. 그건 내담자를 마주할 때마다 아버지를 떠올리게 되어, 내 마음속 매니저가 갑자기 또 슬픔이 나오지 못하도록 경계근무를 할 가능성이 높기 때문이었다.

그리고 아버지를 충분히 애도하기 위해 '교육분석 상담'을 받기 시작했다. 가족상담사는 수련 도중 집중적으로 다루어야 할 내면의 이슈가 생길 때마다 교육적 관점에서 외부 상담사에게 따로 자신의 마음속을 집중적으로 돌아보도록 하는 상담을 받는 경우가 많다. 나는 이 상담을 통해 아직도 내 마음속 매니저가 슬픔을 철저하게 통제하고 있음을 발견했다. 특히 영어가 모국어가 아닌 미국 문화권에서 전문성을 보여야 하는 상담사로 일하는 것에 대한 불안이 너무 심했다. 매니저는 가족이나 친구에게는 얼마든지 선친에 대한 슬픔을 나눌 수 있도록 허락했지만, 상담 상황에서 내담자를 만날 땐 전혀 다르게 관리지침을 세운 듯했다.

마음속 매니저는 내가 상담 중 내담자의 슬픔을 마주하고 공감하면 선친의 죽음으로 인한 애도가 함께 진행될까 봐 두려웠던 것이다. 그래서 중년 남성 내담자가 슬픔을 드러내면 자꾸 나도 모르게 응원 모드로 바뀌게 되었던 것 같았다.

나와 교육분석 상담을 진행했던 상담사는 내게 마음속 매니저가 백 퍼센트 안심할 수 있도록 더욱 충분히 애도의 과정을 경험하도록 요청했다. 나는 10회기가 넘도록 교육분석 상담을 진행했다. 상담 중 참 많은 눈물을 흘리면서 선친을 애도했다. 60대 초반에 너무나 빨리 내 곁을 떠나신 분이라 3년이라는 기간은 내가 충분히 슬퍼하기엔 턱없이 짧은 기간이었던 것이 분명했다.

여러분도 마찬가지일 수 있다. 다른 사람들의 감정에 공감이 잘 안 될 때가 많다는 분들이 있다. 이는 마음속 시스템에서 특정 감정을 느끼지 못하도록 매니저가 강력 단속 중인 탓일 수도 있다. 충분히 애도하지 않은 슬픔이 가슴에 꽉 차 있다면 다른 사람의 감정을 함께 이해하고 공감할 수 있는 여유를 도저히 만들 수 없다.

누군가에게 가서 엉엉 울고 싶은데 갈 곳이 없다는 분도 많다. 그럴 때마다 나는 전문가를 활용하도록 강력하게 추천한다. 심리상담사나 가족상담사는 마음속 시스템의 어떠한 감정이라도 밖으로 꺼내지 못하는 사람들이 찾아오면, 안전하고 따뜻한 아랫목에 풀어놓을 수 있도록 전문적으로 훈련받은 사람이다.

해결되지 않은
상실을 찾아서

개인 상담은 주로 개인의 기질이나 이상심리를 파악하기 위해 심리검사를 쓰는 반면, 가족상담은 3대에 걸친 가족관계와 그 가족 구성원들 사이의 상호작용을 다양한 기호로 그려보는 '가족가계도 family genogram'를 필수적으로 활용한다. 미국의 가족치료사 모니카 맥골드릭 Monica McGoldrick 은 가계도 작성과 활용에 대한 지침서를 출간한 바도 있다.*

미국에서 가족상담을 처음 공부하면 필수적으로 챙겨 보도록 하는 교육용 비디오가 있었는데, 바로 맥골드릭이 제작한 <해결되지 않은 상실의 유산 The Legacy of Unresolved Loss >이라는 비디오다. 이 비디오에는 맥골드릭이 로저스 가족을 대상으로 가족가계도를 활용해 가족치료를 하는 동영상이 담겨 있다. 변호사인 아버지 데이비드와 엄마 캐서린은 열다섯 살짜리 사춘기 딸 미셸과 함께 상담센터에 찾아왔다. 동영상에 등장한 미셸은 앉은 자세에서부터 억지로 끌려왔다는 것을 온몸으로 보여 주고 있었다. 겉으로 보기에도 엄청나게 불량한 태도

....

*   모니카 맥골드릭 외, 이영분 외 옮김, 《가계도: 사정과 개입》, 학지사, 2011.

였다.

이들 가족이 규정한 문제는 바로 미셸의 일탈 행동이었다. 미셸은 전통적인 가족치료에서 말하는 '규정된 환자identified patient'인 셈이다. 물론 이런 경우 가족치료를 진행하는 상담사까지 미셸이 문제라고 여기면 오산이다. 모든 가족 구성원들이 미셸의 행동을 문제로 여겨, 더 큰 가족 시스템의 불균형 문제를 덮고 있다고 보아야 적절하다.

동영상에 등장하는 가족상담사 맥골드릭은 다짜고짜 가족관계를 물었다. 데이비드의 가족은 물론이고 캐서린의 가족에 대해서도 자세히 묻자, 데이비드는 당황하는 표정이 역력했다. 딸 미셸은 어두운 피부색에 검정 곱슬머리여서 한눈에도 백인인 아빠와 엄마 사이에서 태어난 것 같지 않아 보였다. 알고 보니 캐서린은 재혼한 부인이고, 데이비드는 4년 전에 전 부인과 사별한 상태였다. 참다못한 데이비드는 딸의 문제를 다루기보다는 괜스레 복잡한 가족관계만 캐묻는 상담사에게 화를 내기 시작했다. 결국 데이비드의 마음속 시스템에서 강경파 감정 하나가 튀어나와 상담을 가로막았다.

"이런 식으로 하면 상담 못 받겠어요! 지금 딸아이 문제는 뒷전이고 뭐 하는 건가요?"

상담사는 차분하게 데이비드를 설득했다. 그가 원하는 문제가 곧 다루어질 테니 불안해하지 말고 잠시만 기다려 달라고. 가족 안의 모든 경험이 다 미셸과 긴밀하게 연결되어 있다는 설명도 했다. 이해가 되지는 않지만 자신의 불안을 공감받자, 아버지 데이비드의 강경파 분노 감정은 약간 물러서는 기세였다. 이야기가 이어지며 상담사는 딸 미셸이 푸에르토리코 출신의 전처 다이앤에게서 태어난 딸이고, 다이앤은 오랜 암 투병 끝에 마흔셋의 젊은 나이로 세상을 떠났다는 걸 알게 되었다. 전처와 사별하고 열 달 뒤 데이비드는 현재의 아내 캐서린과 결혼해 이듬해에 작은딸 제이드를 낳았다. 현재 제이드는 두 살이다.

미셸이 학교에서 일탈 행동을 드러내기 시작한 최근에 어떤 일들이 있었는지 소상히 물으니, 바로 몇 달 전에 전처의 어머니이자 미셸의 외할머니인 카르멘이 돌아가셨다는 이야기도 듣게 되었다. 미셸과 외할머니 카르멘은 아주 특별한 사이였다. 특히 친엄마 다이앤이 죽은 이후 미셸은 외할머니 카르멘과 거의 매일 연락하다시피 했다. 외할머니의 죽음은 미셸에겐 적잖은 충격이었을 것이다. 상담사는 미셸에게 외할머니의 죽음이 얼마나 큰 상실이었을지 공감하기 시작했다. 엄마의 죽음 이후 엄마와의 유일한 연결점이었을 외할머니마저 세상을 떠났으니, 더 큰 상실감과 슬픔이 몰려왔을 것이다. 그래서 아마도 미셸은 엄마와의 또 다른 연결점을 찾게 되었을지도 모른다. 아버지는 미셸이 못된 친구들과 몰려다닌다고 큰 걱정을 했지만, 그 친구들은 대부분 남미 출신의 히스패닉 친구들이었다.

상담사는 데이비드가 사별한 지 열 달 만에 재혼한 이유에 대해서도 궁금해했다. 아내를 잃었을 때 미셸의 나이는 불과 열한 살이었다. 아버지는 어린 딸의 미래가 무척이나 걱정되었다. 데이비드는 열네

살 차이가 나는 30대 초반 캐서린과의 만남에서도 미셸을 잘 양육해 달라는 부탁이 가장 중요한 조건이었다고 말했다. 옆에서 듣고 있는 딸 미셸은 전혀 믿을 수 없다는 눈치였다.

백인 중산층 집안의 외동아들인 데이비드가 어떻게 푸에르토리코 출신 아내 다이앤을 만나 결혼하게 된 것일까? 변호사인 데이비드는 사무실 비서였던 다이앤과 만나 뜨거운 사랑을 나누었다. 데이비드의 집안에서는 남미 출신 비서와의 결혼을 반대했기에, 데이비드는 부모가 참석하지 않는 결혼식을 몰래 올렸다. 그렇게 시작한 결혼생활이었지만 무척 행복했었다. 하지만 다이앤의 오랜 암 투병은 모든 것을 망가뜨렸다. 때문에 어린 미셸은 부모와 살지 못하고 푸에르토리코 외할머니 집으로 보내졌다. 미셸은 어린 시절 외할머니 집에서 보내면서 늘 외할머니와 엄마와의 전화 대화에 민감하게 반응했다.

어느 날, 외할머니는 미국으로부터 걸려온 전화를 받고 졸도하다시피 쓰러졌다. 미셸은 순간적으로 집안에 아주 비극적인 일이 일어났다는 것을 직감했다. 아무도 어떠한 이야기도 해주지 않다. 미셸은 실신 상태가 된 외할머니를 위해서 더욱 열심히 혼자서 잘 놀았다고 기억했다. 결국 미셸은 엄마의 장례식에 참석하지 못했고, 놀랍게도 지금까지 엄마의 산소에 가 본 적이 없다고 했다.

아버지 데이비드도 아내의 죽음 이후 엄청난 죄책감에 빠졌다. 부모에게 보란 듯이 행복하게 살고 싶었지만, 아내에게 맘고생만 시키고 저세상으로 먼저 떠나보냈다는 생각 때문이었다. 데이비드는 모든 것을 잃은 느낌이었다. 그런데 열한 살 딸 미셸과 열일곱 살 아들 줄리안 때문에 슬픔을 느낄 틈도 없었다. 슬픔은 그의 마음속 시스템에서 유배될 수밖에 없는 운명이었다.

슬픔은 더욱 단단한 연대의 기초

여기서 길고 복잡한 이들의 가족 이야기를 다 말할 수는 없다. 하지만 가장 중요한 치유의 포인트는 상담사가 가족 구성원들 모두의 내면에 유배된 감정 하나를 발견한 점이다. 바로 '슬픔'이었다. 가족 구성원들 모두 세상에서 가장 중요하게 여겼던 사람을 잃었다. 하지만 여러 가지 이유로 슬픔을 드러낼 수 없었다.

상담사는 슬픔의 감정에 대한 인정과 슬픔에 대한 공감을 시작했다. 각자의 마음속에 깊이 숨겨진 해결되지 않은 상실을 애도하기 시작한 것이다. 모두의 눈에 눈물이 흐르기 시작했다. 엄마의 장례식에 참석하지 못한 어린 딸이 얼마나 큰 상실을 경험했는지, 부모와의 관계를 끊고 대신 선택한 사랑하는 아내를 병으로 잃은 아빠는 얼마나 큰 상실을 경험했는지, 그동안 아빠와 딸은 서로를 이해할 기회가 없었다. 둘은 한참을 함께 울었다.

상담사는 마지막에 데이비드에게 숙제 하나를 냈다. 대학 기숙사에 있어서 가족치료에 참석하지 못한 아들 줄리안까지 포함해 가족 모두가 친엄마의 산소에 다녀오도록 한 것이다. 딸이 상처입을까 봐 엄마의 산소 위치조차 알려 주지 않았던 데이비드 역시, 이젠 함께 슬퍼해도 되겠다는 확신이 생겨서인지 순순히 그러겠다고 했다. 동영상의 다음 장면은 아들 줄리안을 포함한 온 식구가 상담에 참여한 모습이었다. 돌아가신 엄마의 산소에는 새엄마 캐서린과 막내 제이드까지 함께 한 후였다. 모두의 얼굴에는 화색이 돌았다. 전에 서로를 불만과 짜증 섞인 표정으로 쳐다보았던 눈빛과는 전혀 다른 연대감이 느껴졌다. 무엇이 이들을 새롭게 묶어낸 것일까? 바로 슬픔이라는 감정이다.

놀랍지 않은가? 슬픔이 이들을 다시금 하나로 만들 수 있다는 것이. 해결되지 않은 채 마음속에 갇혀 있던 아픈 상실의 기억이 이들을 어색하고 불편하게 만들고 있었던 것이다. 그동안 애써 슬픔이라는 감정을 마음속 시스템에서 모두 유배해 버리고 느끼지 않으려고 했기 때문이다. 그래서 각자 더욱더 강하고 아무렇지도 않은 듯한 모습을 만들어 내고, 서로에게 강경파 감정들만 표출하고 말았다. 그러니 가족 간 갈등도 커질 수밖에 없었다.

'슬픔'은 함께 느낄수록 연대감을 느끼게 하고, 마침내 더 큰 행복감을 만들어 내는 마법 같은 감정이다. 그래서 더욱 역발상이 필요한 감정인지도 모른다. 이제 우리가 먼저 슬픈 운명을 가진 그 감정에게 말을 걸어 보자. "슬픔아, 너는 내가 피하고 숨겨야 할 감정이 아니고, 밖으로 드러내고 공유해도 되는 그런 감정이야!"

PART 3

나쁜 감정과
화해하는
5단계
심리 코칭 연습

CHAPTER 10

내 마음을 고해상도로
들여다보는 연습

감정은
치료의 대상이 아니다

나는 감정을 다루는 데 있어서 '치료 therapy'보다 '코칭 coaching'이라는 단어를 선호한다. 치료라 하면 뭔가를 없애려는 방식처럼 보여서다. 우울증 치료, 혹은 불안장애 치료는 우리 안의 무력감과 불안감을 하나의 문제로 보고 이를 없애려는 태도를 견지한다. 그러나 감정은 치료의 대상이 아니다. 우리 안에 불필요한 감정이란 하나도 없다. 다만 과도하게 나서서 기능하는 감정과 숨겨진 감정이 우리를 불편하게 할 뿐이다.

그러니 내면의 감정들을 시스템의 관점에서 조감하는 코칭이 필요하다. 운동선수만 코칭이 필요한 게 아니다. 우리도 마음속 시스템의 적절한 운영을 위한 적절한 코칭이 필요하다. 좋은 코치는 선수의 단점을 무조건 없애려고 하지 않는다. 선수 자신도 모르는 숨은 강점을 찾아서 더 잘 활용할 수 있도록 돕는 것이 능숙한 코치의 역할이다. 사실 선수가 가진 다양한 기술 중에 불필요한 기술은 하나도 없다. 과하게 사용하는 기술 때문에 덜 사용하는 기술이 존재할 뿐이다. 훌륭한 코치는 그러한 기술의 불균형을 잘 다루는 전문가다.

3부에서는 우리 안에 있는 모든 감정들을 유능하게 조망하기 위한 감정 코칭 전략 다섯 가지를 정리하여 소개하고자 한다. 불안과 분노, 미움 등의 '나쁜 감정'이 터져 나올 때 가장 먼저 해야 하는 일은 자신의 내면을 돌아보는 것이다. 감정의 자동회로를 살펴보는 셀프 코칭으로 구심력 속에 숨겨진 온건과 감정들을 조금씩 살펴보자.

마음 내시경의 해상도를 높이는 방법

앞서 마음속 시스템을 들여다보는 내시경에 대해 말한 것을 기억하는가? 이 마음의 내시경에는 '호기심'이라는 렌즈가 필요하다. 호기심이란 부정적인 판단을 중지하고 최대한 편견 없이 이해하려는 태도다. 이 호기심이란 렌즈에는 단계가 있다. 먼저 다른 사람의 감정을 이해하는 단계부터 시작해 보자.

한 아이가 갑자기 노트를 갈기갈기 찢기 시작한다. 아이의 이러한 행동은 어른들에게 부정적인 판단의 대상이 되기 쉽다. 그런데 주위에 이러한 행동을 바라보는 어른들(아빠, 엄마, 아동상담사)이 몇 명 있다고 가정해 보자. 첫 번째로, 아빠는 눈앞에 보이는 아이의 행동을 즉각적으로 판단하고 지적한다.

"아니! 너 지금 뭐 하는 거니? 그렇게 노트를 찢어 버리면 안 되지! 못써!"

이른바 기성세대의 '지적질'은 아이에게 더 큰 감정적 동요를 불러일으킨다. 지적질의 가장 큰 맹점은 상대방의 감정 상태를 전혀 염두에 두지 않는다는 것이다. 이런 반응은 주로 눈에 보이는 상대방의 행위 자체에만 초점이 맞추어져 있다. 상대방의 행위나 감정에 호기심을 갖기 위해서는 일단 즉각적인 판단부터 내려놓아야 한다. 이때의 판단이란 이미 정죄와 비난이 도사린 태도이기 때문이다. 그렇다면 두 번째로, 엄마는 지적질을 하지 않고 대신 아이의 행동에 대해 궁금해했다고 가정해 보자.

"너 왜 그러니? 도대체 왜 그렇게 멀쩡한 노트를 찢어 버리는 건지 좀 말해 봐!"

엄마의 호기심은 어떻게 보이는가? 판단을 일시 중지하고, 아이가 그렇게 행동한 이유를 충분히 궁금하게 여기는 것처럼 보이는가? 그런데 왠지 엄마의 의문형 문장에도 판단이 전제된 듯 느껴진다. 이유가 뭘까? '왜^{why}'라는 의문형 속에는 다분히 판단이 전제되어 있기 때문이다. '왜 그런지 모르겠다'라는 말의 배후에는 '그러면 안 되는데'라는 비난이 숨겨져 있다.

그래서 특히 아이와 대화할 때는 '왜'라는 말 대신 '무엇^{what}'이라는 말을 써야 한다. "무슨 일이 있는지 말해 줄래. 내가 뭘 도와줄까?" 이처럼 상대방에게 일어난 일을 궁금해하고, 내가 상대를 돕기 위해 할 일을 궁금해하는 대화법이 필요하다는 뜻이다. "너 왜 그러니?"라고 물으면, 내가 아무리 아니라고 해도 아이는 행위의 이유를 부정적으로 판단하고 이유를 캐묻는다는 느낌을 더 강하게 받는다. 아이는 이 질문을 자신의 감정 상태를 궁금해하는 비판단적인$^{non-judgemental}$ 태도로 여기지 않는다.

세 번째로, 아동상담사는 노트를 찢고 있는 아이에게 다음과 같이 물어보았다고 가정해 보자.

"네 마음속에 무슨 일인가 일어난 것 같구나. 무슨 일인지 물어봐도 될까? 어떤 느낌이 들어서 노트를 그렇게 찢도록 만든 것 같은데, 그 느낌을 알고 싶어서 그래."

이 세 번째 태도가 바로 마음의 내시경에 필요한 '호기심'이다. 이 호기심 렌즈에는 판단이나 비난이 철저하게 배제된다. 그래서 보다 투명한 화질을 유지할 수 있다. 그런데 이렇게 호기심을 유지하는 것이 생각보다 쉽지 않다.

초보자의 마음가짐으로 다가가기

상대방을 잘 안다고 여길수록 이 호기심의 렌즈를 투명하게 유지하기가 어려워진다. 자신도 모르게 자꾸 상대방의 마음을 내가 더 잘 안다고 여기고 판단하기 때문이다. 부모가 자식을 판단할 경우 이미 자식의 마음속에 깊이 터를 잡고서 말한다. "너, 지금 화나서 그러는 거지? 네 마음을 내가 모를 줄 알아. 내 눈엔 다 보여!" 이렇게 뭐든 다 아는 듯한, 투시안을 가진 듯 말하는 부모는 마음의 내시경을 시작조차 할 수 없다.

독심술을 가진 것처럼 말하는 교사나 직장 상사도 마음의 내시경을 갖추기 힘들기는 마찬가지다. "네가 무슨 생각하는지 다 알아. 내가 그동안 너 같은 학생(혹은 직원)을 어디 한두 번 겪은 줄 아니?" 이들은 실제 많은 경험을 확보한 사람일 수도 있다. 그래서 인간관계에서 자신의 직관이나 판단에 대한 신뢰도도 그만큼 높다. 그런데 바로 그러한 이유 탓에 상대방의 마음을 헤아리는 일이 더 어려워지고 있다는 사실을 모를 때가 많다.

이런 경우 무엇보다 '나는 상대방의 마음을 절대로 다 알 수 없다'라는 사실을 겸허하게 받아들이는 태도가 중요하다. 이런 태도를 '초보자 마음가짐 beginner's mindset'이라고 한다. 우리는 상대방의 마음 밭에서 절대로 주인이 될 수 없다. 그래서 상대방의 마음에는 지극히 초보적인 자세로 조심스럽게 다가가야 한다. 호기심은 진정 상대방을 이해하려는 '공감 empathy'의 마음과 통한다. 그리고 상대방의 마음을 충분히 이해하고 공감하여 하나가 되고 싶어 하는 '연민 compassion'의 마음과도 연결된다. 정리하자면, 마음의 내시경을 작동하기 위한 '호기심'의 렌즈는 다음과 같은 마음일 것이다.

'네가 느끼는 감정을 내가 잘 몰라서 그러는데, 정말 알고 싶어. 너를 깊이 이해하고 싶고 함께 느끼고 싶어. 그래서 너와 내가 하나로 연결되는 마음을 갖고 싶어.'

때로는 나 스스로의 마음속을 들여다보기 위한 내시경을 준비할 때도 이러한 호기심, 공감, 연민의 렌즈가 필요하다. 우리 안의 느낌을 다룰 때는 이러한 호기심의 렌즈를 구비하기가 더 어려워진다. 자꾸 내 안에 있는 특정한 느낌에 대한 부정적인 생각이 자신을 지배하기 때문이다. 내 안에 있는 느낌 중에서 스스로도 불편하게 느껴지는 감정들이 적지 않다는 말이다. 아래의 감정들 중 몇 가지나 자신에게 해당하는지 살펴보자.

1. 중요한 실행의 순간에 나의 마음을 얼어붙게 만드는 근심
2. 친밀감에 대한 그리움
3. 누군가에 의해 자꾸만 상처를 받아 불쑥 튀어나오는 분노
4. 사람들과 함께 있을 때 생기는 소외감
5. 미래에 대한 최악의 경우만을 떠올리는 걱정

이러한 감정들 중 한두 가지를 가지고 있다면 사회생활이 쉽지 않을 가능성이 크다. 늘 걱정이 많고, 아주 쉽게 상처받고, 예민한 인간관계를 유지하다가도 갑자기 견디기 힘든 분노감에 사로잡힐 때도 있을 것이다. 그런데 이런 감정들을 부정적이라고 배척하거나 내 안에서 없어져야 할 감정으로 여기면 마음의 내시경을 작동할 수 없다. 그러니 부정적인 판단을 잠시라도 보류해야 한다. 그리고 나서 진정으로 궁금해해야 한다.

마음속 감정들과
대화를 시작하자

내 안에 있는 이런 감정이 내 가족 구성원 중 한 명이라고 상상해 보라. 그 구성원의 행동만 보고 지레 판단하지 않고, 찬찬히 그 사람이 무엇에 의해 그런 행동을 하는지 궁금해하는 모습을 떠올려 보라. 상대방을 이해하기 위해 나의 편견과 비난을 보류한 채 공감하고 연결하려고 했던 것처럼, 내 안에 있는 감정에게도 그렇게 접근해 보자. 그 감정들은 내 마음속 시스템에서 가족을 구성하고 있는 소인격체이기 때문이다.

마치 가족에게 말을 건네듯, 내 안의 감정에게 말을 건네는 연습을 시작해 보자. 이는 마음의 내시경을 작동하는 첫걸음이다. 일단 알고 싶은 감정이 내 마음속 어디에 자리 잡고 있을지 살펴봐야 한다. 조용히 눈을 감고 내 신체의 어딘가에 이 감정이 있다고 상상해 보라. 가슴 한복판에 누군가와 친밀감을 나누고 싶어하는 간절한 마음이 자리하고 있을지도 모른다. 늘 최악의 상태를 떠올리는 과도한 걱정은 머릿속에 꽉 차 있을 수 있다. 이는 사람마다 다양하게 느낄 것이다.

일단 내 몸에서 그 감정의 위치를 느꼈다면, 이제 그 감정과 대화를 나눌 준비가 되었다. 이제부터는 그 감정을 오늘 처음 마주한 듯 깊은 호기심을 갖고 이해해 보려는 공감의 마음이 중요하다. 그런데 막상 눈을 감고 대화를 시작해 보려 해도 감정에게 다가서는 일이 말처럼 쉽지만은 않다. 왠지 모르게 무섭거나 불안한 마음이 들기 시작할 것이다. 이미 호기심과 공감의 렌즈에 이물질이 끼기 시작했다는 증거다. 이는 자연스러운 현상이다. 또 다른 나를 세워서 내 마음속 시스템으로 들어가려고 해도, 그 소인격체 역시 내 마음속 시스템의 한 부분이기 때문이다. 그 부분조차 당연히 내면 시스템의 영향권 내에 있기 마련이다.

마음속 시스템의 영향권을 벗어날 수는 없어도, 복잡하게 얽힌 감정이나 생각 같은 소인격체들과 최대한 분리되어 리더십을 발휘하면 비로소 내면 시스템 여행을 시작할 수 있다. 이러한 셀프 리더십이란 판단하지 않는 호기심, 공감과 연민의 마음으로 가득 찬 인식 상태다. 이런 인식 상태를 만드는 일은 때론 종교적인 명상에 비유되기도 한다. 명상 수도자처럼 편견 없이 마음의 내시경 관찰을 애써 시도해도 마음속 시스템의 다른 구성원들은 자꾸 불안해한다. 어떻게든 내 자신(주인공)의 전체 시스템을 외부 위험으로부터 보호하려고 애쓰는 소인격체들의 관성 때문이다. 그래서 눈을 감고 분노감이나 소외감 같은 감정에 다가서려고 하면, 불안이 다가와서 불안하게 만들고 어떨 때는 가슴떨림이 다가와서 대화를 힘들게 만들기도 한다. 그러면 어쩌랴? 다시 친절하게 설득하면 된다. 불안은 내가 숨겨져 있는 감정과 대화하면 위험한 일이 생길까 봐 보호자로서 다가온 감정일 가능성이 크기 때문이다.

'불안한 감정아, 내가 어떻게 될까 봐 나를 보호하려고 하는구나. 걱정하지 마! 아무 일도 안 일어날 거야. 내 안의 분노에게 다가가서 그저 말을 걸어 보려고 해. 혹시라도 큰일이 생기면 내가 바로 중단할 거니까 불안하게 생각 말고, 잠시만 내가 하는 일을 지켜봐 줄래?'

그렇게 떠오르는 생각이나 느낌, 혹은 감각들을 차분히 설득하고 잠시만 떨어져 있어 달라고 부탁해 보자. 그러면 불안과 가슴떨림도 자연스럽게 덜 느껴진다. 한두 번의 작업으로 해결되지 않을 때도 많다. 인내심을 가지고 지속하면 어느새 불안과 가슴떨림이 깨끗이 사라지는 상태를 경험할 것이다. 그렇게 대화하고 싶은 감정에게 다가가 그 감정을 진심으로 궁금해하고, 공감의 마음을 전하면 된다. 그리고 자신의 마음속 시스템에서 그동안 그 감정이 어떤 일을 해 왔는지 이렇게 물어보자.

'분노야, 그동안 내가 너를 너무 미워했던 것 같아. 미안해. 이젠 너에 대해 자세히 알고 싶어. 너랑 친해지고 싶고 너를 충분히 이해했으면 좋겠어. 그동안 네가 내 안에서 어떤 일을 해 왔는지 좀 알려줄 수 있겠니?'

내 안의 분노와 대화가 잘 이루어지면, 그동안 분노가 왜 그토록 자주 과도하게 표출되었는지 느낄 수 있다. 내가 경험한 어린 시절 장면을 떠올릴 수 있고, 상처를 주었던 여러 대상이 차례로 생각나기도 한다. 그럴 때마다 자신이 느꼈던 수치심이나 버려진 느낌 등이 새롭게 떠오를 수도 있다. 이런 여러 감정들이 느껴지면 그대로 받아들이면 된다. 버리거나 없애야 할 감정은 존재하지 않는다. 특정 감정을 느끼지 않기 위해 그동안 분노 감정이 희생하여 과도 기능을 했다면, 이제는 분노 감정에도 휴식을 줄 수 있어야 한다.

그동안 느끼지 못했던 수치심이나 유기 불안 등도 내 안에 있는 감정으로 받아들이고 인정하면 마음속 시스템은 훨씬 자연스러워진다. 내가 그렇게 유배해 놓았던 감정을 느끼면서도 마음속 시스템이 붕괴되지 않는다면, 더 이상 이러한 감정들을 숨길 필요도 없으며 그간 이를 방어하고자 과도하게 애썼던 감정들도 안식을 취할 수 있다. 이렇게 밖으로 자주 드러나는 강경파 감정들의 과도한 기능이 줄어들고 숨겨져 있던 온건파 감정들의 과소했던 기능이 살아나면 비로소 내면 시스템의 민주화가 시작된다. 내 마음속의 작은 힐링이 물꼬를 트는 것도 이때부터다.

CHAPTER 11

악역을 맡은 감정을
이해해 보는 연습

마음속 시스템의 매니저는
무엇을 원하는 걸까

마음의 내시경으로 자신의 감정을 잘 들여다보았다면, 마음속 시스템 안에는 수도 없이 많은 감정이 있다는 사실을 깨달았을 것이다. 그중에는 우리가 통제해야 한다고 믿는 감정들이 반드시 존재한다. 예컨대, 남성은 공적인 자리에서 쉽사리 눈물을 흘려서는 안 된다고 믿는다. 남성 대부분은 어릴 때부터 남들 앞에서 우는 행동은 치명적인 약점이 된다고 배워 왔다. 특히 여성 앞에서는 입술을 깨물면서라도 눈물을 참아야 진짜 남자라고 여긴다. 우리의 마음속 시스템 안에는 이처럼 감정을 통제해야 한다고 은밀한 명령을 내리는 목소리가 있다. 이러한 목소리의 주인공이 바로 마음속 시스템의 '매니저'다.

매니저는 마음속 시스템에서 가장 활동적으로 기능하는 소인격체다. 이 소인격체는 마치 호텔의 지배인과 흡사한 역할을 한다. 호텔 내 모든 투숙객의 안전을 책임지고, 크고 작은 문제가 생길 때 안내 데스크에서 제일 먼저 호출하는 사람이 바로 호텔 매니저다. 우리의 내면에서도 이처럼 매일의 삶에서 시스템 전체의 안전을 책임지는 관리자가 곧 매니저다. 매니저는 우리의 감정은 물론이고 일거수일

투족을 모두 통제하려는 경향이 있다. 마치 우리를 향해 쉬지 않고 강론하는 설교자 같다. 우리가 남들에게 흠 잡히는 일을 할까 봐 늘 노심초사 경계 상태에 있기 때문이다. 그 노고를 생각하면 실로 고마운 인물이다.

매니저의 명령은 바로 우리 자신의 정체성과 관련되어 있다. 예컨대 '네가 누구냐? 넌 착한 아들이잖아?' '넌 좋은 사람이야! 그러니까 화내지 마!' '너는 열심히 일하는 사람이잖아.'처럼 자신을 규정하는 자화상을 제시하는 식이다. 우리 앞에 위기가 닥쳐왔을 때, '나는 잘할 수 있어!' '나는 강해. 나는 절대로 지지 않아!'처럼 스스로 결의를 다지도록 돕는 내면의 목소리가 들려온 순간이 있을 것이다. 이럴 때마다 마음속 시스템의 매니저가 철저하게 우리를 관리하는 중이라고 볼 수 있다.

매니저의 가장 중요한 기능은 내면 시스템 보호로, 이를 위해 특별한 감정을 추방하는 역할을 담당한다. 좋은 사람이 되려면 분노 감정은 구석으로 유배해 놓아야 한다. 일을 열심히 하는 내가 되려면 놀고자 하는 마음과 잠시 여유를 갖고자 하는 평안함을 억압해야만 한다. 이처럼 매니저가 특정한 감정을 억압하고 통제하려는 이유는 무엇일까?

우리의 마음속 매니저는 외부세계와 내면 시스템 사이에서 우리만의 '현실세계를 만들어 내는reality-making' 역할을 자임해 왔다. 이는 외부의 현실을 마음속 시스템 안으로 내면화하는 역할이다. 당연히 세상살이가 험하면 험할수록 외부에서의 생존에 어려움이 없도록 내면을 더 보수적으로 관리하고자 한다. 어린 시절 동네 오빠들에게 성희롱을 당한 여자아이가 있다. 이 여자아이의 내면에서는 아주 강경한 매니저가 자신만의 '내적인 현실 *internal reality*'을 만들어 간다. '세상은 절대 만만치 않아! 특히 남자들은 다 위험한 동물이야!' 때때로 마음속 매니저는 부모나 중요한 대상의 기준을 내면화하는 역할을 하기도 한다. '너 알지. 엄마는 이런 걸 원치 않잖아?' 그리고 주류 문화의 요구에 대응하는 나를 만들고자 한다. '한국에선 여자가 그렇게 먼저 나서면 안 되는 거야!'

이 매니저와 늘 함께 동반되는 감정이 있는데, 바로 불안감이다. 외부세계에서 원하는 나를 만드는 데에 불안감을 많이 느낄수록 매니저는 더욱 철저하게 내 내면을 관리한다. 깐깐한 매니저는 나의 단점만 지적하고 자꾸 기운을 뺀다. 하지만 이유 없이 그러는 건 절대 아니다. 외부세계에서 내가 끊임없이 사방 눈치를 보면서라도 최소한의 인정을 받고 살아남도록 철저히 관리하고자 하는 것이다. 그러니 마음속 시스템의 매니저는 나를 힘들게 하려는 목적으로 흠집만을 끄집어내는 것이 아니라는 점을 깨달아야 한다. 내가 사회적 생존에 그만큼 불안이 많아 매니저의 기능을 과도하게 할 뿐이다.

정말로 우리를 한없이 힘들게 하는 매니저도 있긴 하다. 끝없이 기를 죽이는 염세주의자 매니저다. '너는 절대로 안되게 되어 있어!' '그것 봐, 내가 뭐랬어! 기대하지도 말라고 했지?' 이럴 때는 매니저가 절대로 내 편이 아닌 듯싶다. 알고 보면 이는 생존에 대한 불안이 하늘

끝까지 찬 매니저의 목소리다. 이런 목소리를 자주 듣는 이들은 자존감이 바닥을 친다.

강경파 감정도 공감을 원한다

매니저는 과연 마음속 시스템의 악역일까? 물론 그렇지 않다. 그럼 매니저가 진정 원하는 일은 무엇일까? 매니저에게 주어진 임무는 시스템 전체의 보수적 유지와 관리다. 마음속 시스템을 국가로 본다면, 매니저는 변화보다는 안정과 항상성을 최우선 과제로 삼는 보수우파 진영을 대표한다.

매니저는 과거에 경험한 시스템의 위기를 다시 경험하지 않기 위해 평소에 지나칠 정도로 열심히 경계 근무에 집중한다. 그러니 지나치게 통제적으로 보이는 매니저의 역할을 있는 그대로 인정해야 한다. 나를 몰아붙이는 내면의 목소리 때문에 못 살겠다고 없애려 든다면, 매니저는 자신의 역할을 더더욱 강화할지도 모른다. 우리의 마음속 시스템에서 가장 희생적으로, 가장 열심히 기능해 온 매니저의 노고를 기억하고 치하해야 마땅하다. 그래야 전체 시스템을 적절하게 돌볼 수 있다. 매니저의 노고에 감사하려면 그가 겪은 모든 감정도 함께 어루만져야 한다.

예전 만화영화 속 주인공 '캔디'의 내면에 "외로워도 슬퍼도 나는 안 울어!"라고 말하는 매니저가 있다고 가정해 보자. 어떤 때에도 울지 않아야 한다고 그녀를 관리해 온 매니저에게 그동안 수고 많았다는 말을 건네야 한다. 그리고 그 매니저의 불안에 공감해 주어야 한다. 슬퍼하면 자신 안에 있는 '부모 없는 아이'로서의 외로움과 수치심이 드러날까 봐 노심초사했던 매니저 감정에 공감해야, 내면의 감정 시스템 전체를 보살필 수 있다. 다시 말해 나를 관리해 온 매니저의 불안에 공감할 때 그들이 과도한 기능을 조금이라도 내려놓을 수 있다. 그러면 매니저가 그토록 방어하고 보호하려고 했던 유약한 온건파 감정들도 전체 그림 안에 드러난다.

'캔디' 마음속 매니저는 슬픔이라는 감정을 통제해야만 자신의 주인공이 살아남을 수 있다고 굳게 믿고 있었던 것이다. 그러나 우리의 마음속 시스템 안에서 통제하거나 없애야 할 감정은 단 하나도 없다고 하지 않았던가. 어떤 것이든 모두 다 필요한 감정들이고, 우리 안에서 마치 가족 같은 시스템을 이루며 살아가고 있는 감정들이다. 그러니 매니저를 혼낼 게 아니라 충분히 이해해 주어야 한다. 매니저 감정은 그 오랜 기간 이유 없이 일해 온 게 아니다. 내가 가정에서 혹은 다른 조직이나 사회단체 안에서 인정받지 못하고 거부될까 봐 지나치게 불안해서 그런 명령을 끊임없이 해 댔는지도 모른다. 아래 열거한 내용은 내 안에서 나를 심하게 통제해 온 매니저들의 주된 모습이다. 이 중 혹시 한두 가지가 내 안에 자리하고 있지는 않은지 살펴보자.

1. 자신의 용모나 행동을 비판하는 내적인 목소리

2. 다른 사람을 먼저 돌보고 자신은 늘 뒷전에 두려는 충동

3. 다른 사람이 나보다 잘한다는 사실을 알게 될 때, 자신에 대해
   부정적으로 느끼는 경쟁의식

4. 자신의 삶의 업적이나 성취에 대한 부정적인 태도

5. 어떠한 실수도 용납하지 않는 내 안의 완벽주의

나를 통제하려는
내면의 목소리를 잠재우자

내면에 이런 매니저가 있었다면, 우리는 그 매니저 때문에 힘들어하고 심지어 내면에서 아예 없어지기를 원할지도 모른다. 그러나 이제 역발상이 필요하다. 그들이 얼마나 고생하면서 우리를 지켜 왔는지 이제라도 인정해 주자.

눈을 감고 매니저가 우리 몸의 어디쯤 자리 잡고 있는지 찾아보라. 잘 느껴지지 않으면 머릿속 깊은 곳 어딘가에서 매니저가 우리에게 명령을 해 왔다고 상상해 보라. 눈을 감고 마음속 소인격체를 의인화하여 상상하고, 신체 일부분으로 느끼도록 내면의 대화를 진행하는 과정을 심리 상담에서는 '심상작업 imagery work'이라고 부른다. 혼자서 하기는 조금 어색하지만 용기 내어 시도해 보자.

'넌 그런 행동을 해서는 안 되거든!'

'다른 사람의 입장을 늘 생각하고 그들에게 좋은 사람이 되어야 해!'

'넌 아직 멀었어. 넌 최고가 될 수 없어!'

'그 정도로 어디서 내세우려고 그래. 남들이 비웃을 거야!'

'넌 완벽해야 해! 아니면 최고가 될 수 없어!'

나의 마음속 어딘가에서 이런 명령어가 들린다면 바로 거기가 내 안의 매니저가 터 잡고 일하는 곳이다. 우리 몸속 어딘가에 있을 그 매니저, 내 안에서 가장 바쁘게 살아온 소인격체에게 이제 따뜻한 위로를 건넬 차례다.

눈을 감고서 해도 되고, 머리에 손을 얹고 차분하게 말해도 된다. 남들에겐 약간 이상하게 보일지라도 신경 쓰지 말자. 어차피 우리 마음속 시스템은 스스로 책임지고 관리하며 돌봐야 할 내면 현실이니 바깥 시선은 그리 중요하지 않다.

'지금까지 참 고생 많이 했어! 그동안 네가 한 일을 잘 몰라줘서 미안해. 얼마나 불안했니? 내가 무너질까 봐. 내가 세상에 나가서 또 엄청난 일을 겪을까 봐 걱정도 참 많았을 거야. 정말 고마워!'

처음에는 마음속 매니저가 이 말을 듣는다는 느낌이 전혀 들지 않을 수도 있다. 그래도 내 안의 매니저에게 꾸준히 감사의 마음을 전해 보라. 이상한 짓 때려치우라는 명령어가 들릴 수도 있다. 이는 매니저의 불안이 더욱 높아졌기 때문에 내리는 명령이다. 개의치 말고 감사의 느낌을 쉼 없이 전달하는 게 중요하다. 이 정도만으로도 매니저는 그동안 정신없이 진행해 온 과도한 업무의 부담감을 어느 정도 내려놓을 수 있다. 이렇게 매니저와의 색다른 교감을 꾸준히 진행하다 보면 그동안 매니저가 지나치게 방어하고 관리하려 했던, 여러 가지 숨겨진 감정들을 우리에게 되돌려줄 것이다. 이게 바로 '공감'과 '자기연민self-compassion'의 힘이다.

'이제 잠시 쉬어도 돼! 내가 내 감정들을 더 많이 알 수 있도록 잠시만 쉬어 주겠니? 너무 많이는 말고, 내가 알아도 괜찮은 감정들이 있다면 아주 조금씩만 느낄 수 있도록 잠시만 네 일을 멈추어 주면 좋겠어.'

심리상담 전문가 없이 혼자서 이런 과정을 진행하기란 어색할 수도 있다. 하지만 너무 큰 욕심 내지 말고 그 원리만이라도 이해해 보자. 마음속 시스템에서 쉼 없이 달려 온 매니저가 자신의 관리 기능을 잠시 멈추면 내면에 추방되어 있었던 외로움이나 버려진 느낌, 수치심 등이 갑자기 조금씩 느껴질 것이다. 시스템의 어두운 구석에 숨겨져 있던 '유배자'가 꿈틀거리는 순간이다. 하지만 아직 마음속 시스템에 안전감이 충분하게 확보되지 않았다면 갑자기 불안감이 엄습하면서 돌발적으로 눈을 뜨게 될지도 모른다. 시스템의 위기 상황이라고 감지한 '소방관'이 긴급 출동하면서 생기는 일이다.

혼자 하는 심상작업에서는, 일단 간단하게 매니저를 인정하고 공감하는 것만으로도 충분하다. 매니저가 자신을 지나치게 몰아붙인 사람일수록 그 매니저는 내면의 수많은 감정들을 철저하게 통제하거나 억압해야 한다는 의무감에 시달려 왔을 수도 있다. 매니저 감정에 공감하면 할수록 마음속 시스템의 자동회로 전력이 낮아지고 내면이 유연해지는 것은 자연적인 이치다. 이제 마음속 시스템의 전체 그림을 이해하기 위한 첫 단추를 끼운 셈이다.

CHAPTER 12

강경파 감정이 감춘 내 상처를 찾는 연습

강경파 감정은 항상
남 탓을 한다

앞서 말했듯 매니저는 마음속 감정 시스템에서 지배인을 담당하는 감정이다. 매니저가 감정들을 통제하는 기능을 멈추면, 이제껏 억압되어 온 감정인 '유배자'가 서서히 고개를 들기 시작한다. 이처럼 나의 내면에 겹겹이 숨겨져 있는 감정들을 모두 파악하려면 전체 시스템을 이해하는 지혜가 필요하다. 우리가 가장 자주 느끼는 분노, 미움 등의 감정은 쉽게 표현되고 드러나는 방식도 시끌벅적한 '강경파 감정'일 가능성이 크다. 이런 강경파 감정들은 모두 원심력의 경향을 보인다. 한번 등장하면 내면을 향하기보단 애먼 상대방이나 세상을 향한다는 말이다. "공부 때문에 짜증 나!" "너 때문에 화가 나!" "나는 일등만 알아주는 이 사회가 싫어!" 등이 원심력을 보여 주는 대표적 표현들이다. 내가 느낀 감정의 원인과 책임을 밖에서 찾는 감정들이다.

문제는 강경파는 또 다른 강경파를 부른다는 것이다. 내가 강경파 감정을 표출하면 상대방도 강경파 감정으로 맞대응하기 쉽다. 강경파 감정끼리 맞붙으면 결과는 걷잡을 수 없이 치명적이다. 분노나 미움의 감정이 맞부딪치면 싸움으로 이어지기 마련이다. 친구 간의 다툼이나 부부 싸움은 대부분 강경파 감정끼리의 격돌이다. 아무리 잘 잘못을 따져 보아도 싸움은 그치지 않는다. 서로의 감정이 충돌하는 이런 싸움은 온건파 감정이 드러나기 전까지 절대 해결되지 않는다. 심리상담사는 이러한 강경파 감정에 휘둘리지 않고, 온건파 감정을 꺼내어 소통하게 만드는 전문가들이다.

마음속 시스템을 제대로 이해하려면 먼저 강경파 감정에 놀라지 말아야 한다. 온건파 감정을 다루어야 할 바로 그 시점에 상대방의 강경파 감정에 놀라 맞대응하다 보면 감정의 전력량만 높아지기 일쑤다. 잘잘못을 따지다 보면 점점 화가 나고, 상대방에게 책임을 전가하게 된다. 결국 감정의 전력만 올라갈 뿐 마음속 시스템의 자동회로는 변화하지 않는다.

그러니 강경파 감정에 놀라지 말고, 차분한 마음으로 짝을 이루는 온건파 감정을 찾아야 한다. 온건파 감정은 내 존재가 내면에서 스스로 느끼는 감정이다. 원심력보다는 구심력을 가진 감정이다. 그러다 보니 밖으로 드러나기보다는 내면 가장 깊숙한 곳에 가라앉는 경우가 많다. 이런 구심력 감정은 대개 존재의 가치나 자격을 스스로 평가할 때 발생하는 느낌이다. 우리가 스스로 외롭고 버려졌다고 느끼거나 수치와 모멸감, 무력감을 경험할 경우 남몰래 느끼는 감정이라는 뜻이다. 스스로도 느끼기 힘들어하는 감정을 다른 사람 앞에서 노출하기란 여간 어렵지 않다.

'나는 외로워! 나는 결코 사랑받기 힘든 존재야.'

'난 결국 버려질지도 몰라! 나를 아무도 중요하게 생각하지 않아!'

'나는 비참해! 사람들이 또 나에게 창피를 줄 테니까!'

'난 아무것도 할 수 없어! 누구에게도 인정받을 수 없을 거야!'

이처럼 온건파 감정은 주로 '자신의 존재감sense of being'을 비하하면서 느끼는 아픈 감정이다. 모든 사람은 강경파와 온건파 감정을 둘 다 갖고 있다. 모든 온건파 감정의 배후에는 중요한 상대방에게 인정과 사랑을 받고 싶다는 욕구가 숨겨져 있기 때문이다. 즉, 이 땅의 모든 사람은 인정과 사랑의 욕구를 가지고 태어났다는 얘기다. 강경파 감정은 온건파 감정을 보호하기 위해 발생한다. 강경파 감정에 휘둘리지 않고, 차분히 그 짝인 온건파 감정을 찾으면 마음속 시스템을 큰 동요 없이 지혜롭게 관리할 수 있다.

상대방의 강경파 감정에 맞대응하지 않는 법

오래 묵은 외로움이 느껴질 때, 오히려 가까운 친구에게 얼굴 보기 싫다며 버럭 화를 냈다면 왜일까? 버려짐의 느낌이 들수록 자꾸 상대방을 미워하게 된다. 수치심을 경험할까 봐 상대방에게 욕을 하면서 필요 이상 격분하기도 한다. 구심력을 가진 온건파 감정을 지키기 위해, 강경파 감정이 필사적으로 감정을 밖으로 표출하고 있는 양상이다. 앞서 이야기한 것처럼 끓는 주전자 뚜껑을 나무라거나 부정적으로 평가해서는 안 된다. 내면이 끓고 있다는 걸 알려준 뚜껑에 오히려 고마워해야 한다. 누군가가 갑자기 화를 내도 드러난 감정만으로 나쁘게 판단하는 대신, 감정을 표현해 주어서 감사하다고 해야 하는 이유다. 강경파 감정에 강경파 감정으로 맞대응하는 것을 피하기 위한 주문을 외워 보자.

"화가 난 모양이구나. 그렇게 감정 표현을 해 주어서 고마워."

"지금 말하기 싫은 모양이구나. 그렇게 명확하게 말해 주어서 정말 고마워."

강경파 감정에게 비판이나 비난이 아니라 도리어 고마워하는 말을 건네는 건 아무래도 어색하다. 내게 화를 내거나 싫다고, 밉다고 말하는 이들에게 되레 고맙다고 하는 것은 멍청한 짓처럼 보인다. 하지만 이는 스마트한 역발상 전략이다. 강경파 감정이 마음속 시스템에서 해 온 일을 제대로 알아야만 가능한 태도이기도 하다. 내면의 유약하고 취약한 감정을 방어하기 위해 희생적으로 활동해 온 강경파 감정 입장에서 이런 역발상 태도는 눈물 나게 감동적인 일이다. 그래서 유능한 심리상담 전문가들은 미움이나 분노 감정을 나쁘다고 여기는 내담자의 평가에 전적으로 동의하지 않는다. 그 내면적인 기능을 알면 참 고마운 미움 감정일 때가 있고, 꼭 필요한 분노 감정일 때도 많다.

상대방의 강경파 감정에 맞대응하지 않고 다르게 반응하려면 어떻게 해야 할까? 강경파 감정이 발생한 이유에 대하여 진심으로 궁금해하는 태도가 중요하다. 앞서 마음의 내시경을 작동하기 위해서는 호기심의 렌즈가 필요하다는 말을 상기하라.

"네가 화가 난 데는 분명히 이유가 있을 거야. 내가 어떻게 해 주기를 바라는지 알려줘."

"말하기 싫은 이유가 분명히 있겠지. 엄마가 도와줄 수 있는 게 있으면 꼭 알려줘."

마음속 시스템에서는 상대방의 말이나 행동이 간신히 추방해 놓은 온건파 감정을 동요시키는 요인으로 작용할 수 있다. 갑자기 바빠진 강경파 감정을 인정하고, 그 촉발 요인을 궁금해하면 온건파 감정이 조심스럽게 자신을 드러내기도 한다.

걸핏하면 남 탓하는 사람의
숨은 심리를 알자

내가 속한 대학에서는 매년 한국에서 일하는 일본인 기업 대표나 주재원을 위한 교육 프로그램을 연다. 가끔 나는 모집된 일본인 리더들을 위해 한국인의 관계심리에 관한 강의를 맡곤 했다. 참석자들은 강의를 듣고 나서 참 많은 질문을 던지곤 했는데, 도발적인 질문도 많았다. 도발적인 질문이란 대개 한국인들의 태도를 부정적으로 평가하고 이를 일반화하여 묻는 경우다. 그중 지금도 기억에 남는 질문이 하나 있다.

한 일본인 대표가 자신이 중요하게 생각하는 기획부서에 근무하는 젊은 한국인 직원에 대한 불만을 털어놓았다. 자신이 부임하기 전 기록을 보니 그의 성과나 전문성이 매우 높이 평가되었지만, 자신이 온 다음부터 이상하게 변한 것 같다는 말이었다. 그중 가장 마음에 안 드는 부분은 자신이 업무 결과를 평가하려고 할 때마다 지나치게 자기변명이 심하다는 점이었다. 예를 들면, 중요한 계약을 성사시키지 못하고 실패로 돌아가면 잘못했다는 말부터 해야 하는데, 오히려 역정을 낸다는 거다.

그 직원이 일본인 대표에게 화를 낸다는 뜻이냐고 물었더니 그렇지는 않다고 고개를 저었다. 대신 계약 당사자인 고객에게 화를 낸다고 했다. 고객이 이해를 잘못하여 계약이 수포가 되었다는 식으로 늘 고객 탓을 할 때는 대표도 정말 화가 난다고 했다. 화가 나면 대표님은 어떻게 반응하느냐고 물었더니, 영어로 소통하기 때문에 화를 참으려고 하지만 스트레스가 점점 쌓여 간다고 답했다. 그의 마지막 말은 도발적이었다. "한국 사람들과 일해 보니까 똑똑한 사람들은 참 많은데 대개 자기 성찰을 못 합니다. 잘못되면 다 남 탓만 해요. 제가 볼 때는 한국인 대부분이 그런 경향이 있는 듯한데, 아닌가요?"

여러분이 이런 질문을 받았다면 이 질문을 어떻게 평가하겠는가? 그리고 답변은 어떻게 해야 할까? 일본인 대표에게 그런 질문을 받으니 나도 인간인지라 기분이 썩 좋지는 않았다. 나는 기업에서 강연 요청이 있을 때마다 리더들에게 하소연을 듣는다. 꼭 일본인 리더뿐 아니라, 한국인 리더들도 그런 평가를 하는 걸 들은 적은 있다. 요즘 젊은 친구들은 무슨 지적만 하면 기분 나빠 하고, 때로는 벌컥 화를 내는 직원도 있다고.

나는 이 일본인 대표에게 먼저 강경파 감정과 온건파 감정을 설명했다. 강경파는 다른 사람을 향하는 원심력을 가진 감정이고, 온건파 감정은 자신의 존재감을 향하는 구심력을 가진 감정이라고 말이다. 그런데 우리는 늘 강경파 감정을 부정적으로 평가하는 데 정신이 팔려 그 짝꿍 감정을 놓친다. 즉, 동시에 발생하는 구심력을 가진 온건파 감정은 전혀 이해하지 못할 경우가 많다고 말했다. 기계 설비 회사를 경영하는 대표라 조금 더 물리학적인 설명도 첨가했다. 진짜 실재하는 에너지는 구심력이고, 원심력은 구심력을 느끼지 못하도록 만드는 가상의 힘이라고. 구심력을 가진 온건파 감정을 놓치면 상대를 반도 이해하지 못하는데다 관계도 점점 나빠진다고 말이다.

그 일본인 대표는 온건파 감정을 찾는 비법이 있느냐고 물었다. 나는 그 직원이 마음속으로 간절하게 원하는 관계 욕구를 먼저 찾아보라고 했다. 예컨대, 고객과의 계약을 간절히 원하는 욕구가 있었을 거라고 추측할 수도 있다. 이때 그런 욕구가 무너지면 느끼는 감정이 온건파 감정이다. 그런 욕구가 무너졌을 때 남 탓을 자꾸 하고 화만 낸다고 여기면, 이는 원심력 감정만 보는 것이다. 원심력에 가려 잘 보이지 않는 직원 마음속 구심력을 잘 살펴야 한다. 고객과의 계약이라는 욕구를 이루지 못한 직원은 자신이 실패자인 듯한 부끄러움을 느낄 수밖에 없다. 하지만 누구도 이 수치심과 자괴감을 눈치채지 못하도록 분노나 불평 같은 강경파 감정이 단단히 방어구축을 한다.

나는 일본인 대표에게 물었다. "그 젊은 직원이 이전에는 성과가 높은 직원이었다고 하셨는데, 새로 부임한 대표님에게 본인이 어떤 평가를 받기 원할까요?" 대표는 당연히 자신에게도 인정받고 좋은 평가를 받길 원하지 않겠냐고 대답했다. 나는 다시 물었다. "그 직원의 바람이 이루어졌나요?" 대표는 고개를 저었다. 자신이 부임한 이후로는 단 한 번도 긍정적인 평가를 내릴 수 없었던 것 같다고 했다. 나는 그럼 그 직원이 그런 이루어지지 않는 욕구로 인해 느낄 수밖에 없었을 구심력 감정이 무엇일지 물었다. 대표는 아마도 직원 자신의 존재가 점점 회사 내 중요도를 잃어 가는 느낌일 거라고 대답했다.

마음의 경계태세를 허무는 최고의 무기

온건파 감정 찾는 법을 알려 주었으니, 이제 구체적인 코칭 방법을 소개할 차례다. 나는 그 일본인 대표에게 조만간 그 직원을 일대일로 만나 그의 온건파 감정을 자신이 이해하게 되었다고 따뜻하게 말해 보도록 코칭했다.

"고객과의 계약을 이번에는 꼭 성사시키고 싶었을 텐데, 결과가 그렇게 되었으니 자신이 얼마나 속상하고 부끄러웠을지 내가 느끼게 되었어요. 그리고 매번 사장인 내게 칭찬받고 싶은 바람도 참 컸을 것 같은데 제대로 된 격려 한번 못 해 줘서 그동안 자신이 회사에서 점점 불필요한 존재가 되는 건 아닌지 많이 불안하게 느꼈을 것 같아요. 내가 충분히 이해해요."

일본인 대표는 영어로 소통해야 하니 잘 될지 모르겠다면서도 내 답변에는 고개를 끄덕였다.

몇 주 뒤 나는 뜻밖의 이메일을 받았다. 바로 그 일본인 대표가 영문으로 작성해 보낸 이메일이었다. 굳이 학교 홈페이지를 뒤져 내 이메일 주소를 찾아 보낸 메시지였다. 그는 이메일에서 내가 시키는 대로 실천했다고 보고했다. 효과를 별로 기대하지는 않았다는데, 그 결과가 믿기지 않아 내게 이메일을 보낸다고 했다. 강의에서 배운 대로 직원과 단둘이 만나 소위 온건파-구심력 감정을 자신이 느꼈다고 말하니 그 직원이 갑자기 눈물을 글썽이더라는 것이다. 그리고 자신을 이해해 줘서 고맙다는 말도 전했다고 했다. 직원이 마지막에 대표에게 건넨 말은 대표에게 큰 감동을 준 듯했다.

"저를 이렇게 이해해 주시는 사장님을 위해서라도 반드시 다음에는 계약 성사를 위해 최선을 다해 보겠습니다."

바로 직전까지 남 탓을 일삼고 불평하면서 분통만 터뜨리던 직원이 갑자기 변하는 모습에 그 대표는 이메일에 이렇게 남겼다. "정말 마법 같아요 It's a magic, indeed!" 나는 바로 그 이메일에 답신을 보냈다. "대표님, 나는 결코 마술사가 아닙니다. 하지만 서로가 숨겨 놓은 온건파 감정을 알아주고 공감하는 순간 누구에게나 그런 마술 같은 일들이 생깁니다."

강경파 감정인 불평, 분노 등에 놀라지 말자. 흥분하지 말고 강경파 감정들의 짝이 되는 온건파 감정을 찾아야 한다. 그 온건파 감정이 생기는 이유는 누구나 관계를 중시하고, 중요한 상대방으로부터 인정과 칭찬을 받고 싶어 하는 욕구가 있기 때문이다. 그래서 그 욕구가 잘 이루어지지 않으면 속상하고 창피하고 외로워진다. 그 숨겨진 온건파 감정을 만나 공감해 주면 서로의 관계는 더욱 깊어진다. 애초에 상호 간 끈끈한 관계를 맺고 싶은 바람이 있었고, 그 바람이 이뤄지지 않아서 생긴 감정이니 어찌 보면 너무도 당연한 이야기가 아닌가?

CHAPTER 13

숨어 있던 온건파 감정을
받아들이고 표현하는 연습

마음속 시스템의 균형을 돕는
'정서적 조율'

우리가 살아가는 외부세계에도 강경파와 온건파가 있다. 강경파라고 부른 이들은 밖으로 자주 나와 떠드는 이들이다. 눈에 자주 띄고 목소리도 크다. 반면에 온건파는 밖으로 잘 나오지 않으며 목소리도 크지 않은 이들이다. 흔히 사회 취약 계층이라고 하는 이들이 바로 온건파라고 할 수 있지 않을까. 가끔 방송에서 아프리카 외진 마을, 숨조차 쉬기 힘든 좁은 공간에서 사람이 여럿 모여 사는 모습을 보게 되면 마음이 먹먹해진다. 많은 사람이 한 하늘 아래 그런 모습으로 살아가는 이들이 있다는 사실을 전혀 모르거나 잊고 살 때가 많지 않은가? 우리의 감정세계도 그와 크게 다르지 않다.

목소리 큰 사람만 존재하는 줄 아는 세상은 결코 좋은 세상이 아니다. 숨겨진 약자들을 찾아내어 세상 밖으로 당당하게 나올 수 있도록 돕는 세상이 정말 살기 좋은 세상이다. 그러려면 누군가 나서서 숨어 있는 온건파 약자들을 찾아내 함께 거리로, 밖으로 불러내야 한다. 그들의 작은 목소리가 세상에 메아리치도록 다리를 놓아야 한다. 우리의 마음속 세상도 마찬가지 원리로 움직인다. 내면에서 강경파들이 판을 치고 살았다면 이제는 온건파 취약 감정들도 숨을 쉬게 해야 한다. 한 번도 밖으로 드러내지 못한 감정, 아니 우리 자신조차 느끼지 못했던 숨은 감정들이 우리 마음 안에도 살고 있다. 그런 취약한 감정을 적극적으로 느끼고 살면 우리 마음도 지금보다 더 살기 좋은 세계가 된다. 마음속 세상을 좋은 세상, 평등한 세상으로 만드는 가장 쉬운 방법은 바깥 세상이 그런 곳이 되는 것이다. 내면세계는 외부세계에서 일어난 일에 맞게 늘 재구성되곤 하기 때문이다.

유미라는 한 사춘기 소녀가 있다. 어느 날 유미는 엄마로부터 자신은 엄마가 계획하고 원해서 낳은 아이가 아니라 실수로 태어난 아이란 말을 듣게 되었다. 그날 이후로 유미의 마음속 시스템은 이전과 완전히 다른 지옥 같은 세상으로 변할 수 있다. 갑자기 이유 없는 짜증이 늘고, 부모님이 싸우면 이전보다 불안감이 훨씬 더 크게 느껴질 수도 있다. 그날 이후 자신의 존재감에 깊이 상처를 입었기 때문이다. 유미는 자신의 존재가 사랑을 받을 만하지 않다는 '무가치성'의 느낌이 너무나 크고 아파서, 자주 느꼈다가는 정말 큰일이라도 날 듯한 두려움이 밀려온다. 유미의 내면 시스템은 자연스럽게 이 온건파 감정에 대한 방어체제를 구축하게 된다. 만약 딸의 이런 행태가 이상하다고 여긴 부모가 딸의 속마음을 묻게 되었다고 하자. 강경파 감정인 짜증 대신, 자신의 마음이 완전히 혼란스러워졌다면서 온건파 감정들도 모두 드러내려면 어떤 조건이 충족되어야 할까?

유미의 마음속 시스템이 지금까지 부모나 가족들 사이에서 안전감을 느꼈다면 상황은 해결하기 훨씬 쉬워진다. 심리학자들은 이런 안전감은 아주 어린 시절부터 아이가 부모와 감정적인 교류를 충분히 경험할 때 형성 가능하다고 주장한다. 바로 이런 '정서적 조율affective attunement'이 안전감의 선행 조건이다. 정서적 조율이란 아이 안에 내재한 다양한 감정들이 모두 나올 수 있도록 바깥 세상, 특히 가정에서 부모가 아이의 감정에 맞추어 주는 과정이다. 눈물을 글썽이면 슬픔을 받아 주는 부모, 화를 내면 어떤 불만이 있는지 궁금해 하는 부모라면 강경파와 온건파의 경계 구분을 모호하게 만들 수 있다.

보통 부모들은 자녀가 눈물을 흘리면 그치라고 하고, 화를 내면 밥을 안 주겠다는 식의 억압적인 말로 감정을 단속한다. 못된 부모여서 그런 게 아니다. 삶에 쫓겨 바쁘게 살아왔던 부모 세대들은 자녀의 세세한 감정까지 나눌 여유가 없었다. 지난 세대 우리 사회도 마찬가지 아니었던가. 개인의 숨겨진 감정보다 지성과 학식을 강조하고, 유약한 모습보다는 강하고 희생적인 모습을 강조해 온 사회 분위기도 온건한 감정들이 세상 구경을 못 하게 한 하나의 원인이다. 어린 시절 부모와 감정조율을 하며 살지 못했다고 아쉬워하는 사람이 있다면 지금이라도 늦지 않았다고 말해 주고 싶다. 성인이 된 이후라도 외부세계에서 온건파 감정들이 받아들여지고 인정받는다면 마음속 시스템은 서서히 다시 제자리를 찾아간다.

'착한 아이'의 숨겨진 눈물

예전에 50대 중반의 미선 씨와 집단 상담을 한 적이 있다. 미선 씨는 5남매의 장녀로 태어나 성실하게 살아온 간호사였다. 그녀는 자신이 늘 부모님의 자랑이었다고 자신 있게 말했다. 동네에서 식당을 하던 부모님의 일을 돕는 건 물론, 동생들의 끼니를 챙기는 것도 늘 장녀인 그녀의 몫이었다. 그녀의 말대로 그녀는 부모에게는 분명 '착한 아이'였을 것이다. 그렇다면 친구들에게는 어떤 아이였을까? 미선은 자신이 친구들에게도 인기가 있었다고 했다. 친구들에게도 싫은 소리 한번 못하는 아이였을 수도 있겠다. 그런데 이상한 점을 발견했다. 중학교 때부터 가정 살림을 도맡아 하고 동생들 뒷바라지까지 했다면 친구들과 놀 시간이 충분히 있었을까?

그래서 미선 씨에게 혹시 어린 시절, 친구들 집에서 놀다 오거나 생일잔치에 참여한 적이 있었는지 물었다. 예상대로 그럴 기회는 거의 없었다고 했다. 그리고 덧붙여 말하기를 그래도 자신은 아무렇지 않았단다. 이유는 간단했다. 집안에서 그녀는 할 일이 너무 많았고, 무엇보다 어린 나이에 그 일을 너끈히 감당하는 자신이 늘 자랑스러웠다는 것이다. 돌아가신 아버지는 생전에 늘 만약 큰딸이 없었다면 그 시절 식당 운영과 자녀 양육은 불가능했을 거라고 말했단다. 어머니가 지금까지도 그때 장녀가 한 일을 자랑스럽게 회고하는 것을 들을 때면 절로 기분이 좋아지고 보람이 느껴진다고 했다.

나는 그녀의 마음속 시스템에서 기쁨과 강한 자부심은 느껴졌지만, 외로움이나 두려움 같은 느낌은 전혀 표현되지 않는다는 걸 감지했다. 궁금하기 짝이 없었다. 친구들이 가장 필요했을 사춘기 때 그녀는 집안을 지키며 가정부처럼 생활했다. 그저 천성이 착해서였을까? 나는 미선 씨를 관리하는 엄격한 감정 매니저에게 조심스럽게 대화를 시작했다.

"아마도 간호사 선생님은 누군가를 위해서 자신을 온통 던져 일할 때 제일 기쁜가 봐요? 간호사라는 직업을 선택한 것도 그런 이유가 있지 않았을까 싶은데요. 어떠세요?"

미선 씨는 내 말에 강하게 긍정하면서 또다시 그런 자신이 너무 자랑스럽다는 말을 되풀이했다. 특히 최근 병원 내에서 '감정 노동'이니 뭐니 하면서 간호사들이 스트레스가 너무 많다고들 하지만, 자신은 전혀 그런 문제가 없다고 자신했다. 심지어 주위 간호사 동료들도 자신에게 타고난 간호사라는 칭찬을 아끼지 않는다고 했다. 나는 다음 질문을 던졌다. "다른 사람을 위해 그렇게 희생적으로 일하는 게 쉽지 않은 일이잖아요? 그래도 그렇게 일해야만 마음이 편해지는 데엔 분명히 어떤 이유가 있을 것 같아요. 그게 뭘까요?" 미선 씨는 약간 당황하면서 그런 이유가 꼭 존재해야 하는지 모르겠다며 짜증 섞인 목소리로 말했다. 그러더니 잠시 후 조금 진정된 목소리로 솔직히 일이 힘들지 않다면 거짓말이겠지만, 그런 희생이 힘들어서 못 하겠다고 할 정도는 아니라고 잘라 말했다.

나는 다시금 그녀의 마음속에 '그렇게 희생적으로 사는 일이 좋은 일이고, 꼭 필요하다'라고 느끼는 부분이 있는 것 같다는 말을 조심스레 전했다. 그래서 그 부분이 힘들다는 걸 느낄 틈도 주지 않고 지치지 않는 강행군을 하도록 관리해 왔다고 덧붙였다. 어린 시절 친구들 생일잔치에 가지 못할 때 느낄 수 있는 외로움, 소외감, 어린 나이에 네 명이나 되는 동생을 혼자 감당하게 됐을 때 느꼈을 두려움 등이 분명히 마음속 시스템 어딘가에 있을 것 같다는 말과 함께 이렇게 전했다.

"외로움, 소외감, 두려움 같은 느낌을 다 느껴도 괜찮은데, 힘들어도 괜찮은데……."

그리고 집단 상담을 함께 하는 이들에게도 그녀에게 다음과 같이 돌아가면서 말하도록 했다.

"어린 시절부터 지금까지 참 많이 힘들었네요. 그리고 힘들다고 말해도 괜찮아요."

그녀를 모두 공감의 눈빛으로 바라보며 함께 복창하도록 했다.

"힘들다고 이야기해도 괜찮아요."

그렇게 서너 번을 반복하는 동안, 미선은 갑자기 폭포수 같은 눈물을 쏟아 냈다. 실로 순식간의 일이었다. 엉엉 소리를 내면서 울 정도였다. 그녀는 큰 소리로 말했다.

"정말로, 정말로 힘들었어요."

갑작스러운 그녀의 태도 변화에 집단원들도 모두 놀라는 기색이 역력했다. 미선 씨의 마음속 시스템이 외부세계에서 전에 없던 안전감을 느끼자 돌발적인 변화를 드러낸 것이다.

원인 없는 감정은 없다

그 긴 세월 동안, 미선 씨는 왜 그토록 힘들다는 표현을 하지 못하고 산 걸까? 왜 내면에 있던 모든 온건파 감정들을 얼어붙도록 만든 걸까? 겉으로는 그토록 자부심과 기쁨만을 느끼면서, 그렇게 희생적인 삶을 살도록 명령한 매니저의 의도는 무엇이었을까?

중학생이 된 어느 날 미선 씨는 부모님이 소리 높여 다투는 중에, 자신만 없었으면 두 분이 결혼하지 않았을 것이라는 말을 듣게 된다. 자신이 실수로 태어난 '원치 않던 unwanted' 아이란 사실은 어린 미선 씨를 알 수 없는 충격에 몰아넣었다. 그때 이후 그녀는 자기 존재의 무가치성을 보상하기 위해 부모에게 무조건 착한 아이로 충성해야 한다는 절체절명의 의무감을 떠안았다. 가정 살림도 양육도 닥치는 대로 자신의 몫으로 만들었다. 부모님의 칭찬이 이 아이에게 얼마나 큰 힘이 되었을지 충분히 상상이 갔다. 하지만 매니저는 부모의 칭찬에 목말라 미선 씨를 더 혹독하게, 더욱 힘들게 몰아갔을 것이다. 그리고 의무감과 자부심을 빼고는 모든 감정들은 추방해 버렸는지도 모른다.

나는 미선 씨의 마음속 시스템에 좀 더 확실한 변화를 주고 싶었다. 집단에서뿐 아니라 가족 안에서도 변화를 경험하면 더 확실하게 내면 시스템의 변화를 완성할 수 있다. 그녀의 아버지는 몇 해 전에 이미 병환으로 돌아가시고 어머니만 생존해 있었다. 그날 미선 씨에게 어머니를 찾아가 집단 상담에서 자신이 경험한 일들을 그대로 전달하라는 과제를 내 줬다. 미선 씨는 이제 와 노모에게 그런 이야기를 하기를 처음엔 못마땅하게 여겼다. 나는 집단 상담을 인도하는 교수의 숙제라고 하면 된다고 부담감을 덜어 주었다. 그냥 집단 상담 중에 했던 어린 시절 이야기를 하다가 나도 모르게 많이 힘들었던지 눈물이 났고, 어린 시절 친구들과 충분히 놀지 못했던 아쉬움과 외로움, 소외감이 몰려왔다고 어머니에게 편하게 전하면 된다고 했다.

미선 씨의 표정에서 힘들어하는 눈치가 역력했다. 아마도 그녀의 마음속 매니저는 집단 안에서 관리가 소홀해진 틈을 타, 온건파 감정들이 모두 바깥으로 나간 점을 조금 불안해할지도 모른다. 매니저는 어머니에게 오늘 일을 다 말하면 어머니가 실망할지도 모른다고, 착했던 딸이 이제 더는 착하지 않다고 나무랄지도 모른다고 불안을 느낄 수도 있다. 그러면 매니저는 더더욱 그녀가 이야기하기를 꺼리도록 만들지도 모른다. 결국 다음 날 미선 씨는 어머니와 만남을 마치고 돌아왔다. 궁금해하는 집단원들에게 말을 시작하자마자 다시금 그녀의 눈가가 촉촉해졌다.

"엄마가 혹시라도 이상하게 생각하면 어쩌나 정말 걱정 많이 했거든요. 교수님이 숙제로 내주셨으니까 그냥 하자, 그래서 집단 상담에서 일어난 일만 이야기하는데 갑자기 눈물이 나기 시작하는 거예요. 말이 끝나기도 전에 엄마가 저를 꼭 껴안아 줘서 한참을 함께 울었어요."

어머니의 공감에 힘을 얻은 그녀는 어린 시절에 들은 '원치 않은' 아이였다는 말에 받은 충격과 두려움도 함께 말할 수 있었다고 했다. 그녀의 어머니는 미안하다는 말과 함께 충분히 미선 씨의 온건파 감정을 받아들이고 공감해 주었다. 너무나 다행스러운 일이었다. 혹시 노모가 그런 감정을 온전하게 받아들여 주지 않더라도, 온건파 감정들은 표현하는 것만으로도 도움이 된다. 온건파 감정들이 다시 마음속 시스템에서 유배되지 않으려면 자꾸 감정을 꺼내 바깥 세상 구경을 시켜야 한다.

집단 상담이 계속 진행되던 다음 날, 미선 씨에게 또 다른 숙제를 내주었다. 그녀는 자신의 남편과 두 아들에게도 감정 표현을 자주 하는 아내, 엄마가 아니었다. 늘 착하고 성실한 아내요, 완벽한 엄마였다. 나는 먼저 미선 씨가 병원에서 '타고난 간호사'로서 느끼는 자부심 말고 혹시 남편과 자녀에게마저 지금껏 한 번도 꺼내 놓지 못한 감정이 있는지 물었다. 한참 뜸을 들인 뒤, 몇 년 전 부서 팀장 진급에 어려움을 겪은 뒤 느꼈던 서러움과 억울함, 수치심 등을 상담에서 꺼내 놓았다. 미선 씨는 집단원들에게 충분히 공감을 받은 후 다시 힘을 냈다.

셋째 날, 집단 상담에 참여한 그녀의 얼굴빛을 잊을 수 없다. 그야말로 천지개벽을 경험한 얼굴이었다. 미선 씨는 남편에게 처음으로 병원에서 경험한 숨겨 왔던 감정들을 꺼냈다. 내가 지시한 대로 집단 상담에서 교수가 내준 과제라고 하면서 말이다. 그 감정들을 이야기하자마자 또다시 그녀의 눈에 눈물이 맺혔다. 그 이야기를 조용히 듣던 남편은 처음으로 아내에게 눈물을 보이면서 미안해했다. 그동안 몰라줘서 미안하다고. 다음부터는 그런 힘든 일이 있으면 꼭 자신에게 이야기해 달라고. 미선은 왜 그동안 그토록 자신의 감정을 숨기고 착한 척, 강한 척만 하고 살았는지 모르겠다고 아쉬워했다.

완전히 숙제의 단맛에 빠져든 그녀는 대학생인 두 아들에게도 자신의 감정 이야기를 꺼내 놓았다. 두 아들은 놀라는 빛이 역력했다. 심지어 평소의 엄마 같지 않다고도 했다. 하지만 두 아들 역시 엄마의 달라진 모습이 싫지는 않은 모양이었다. 큰아들은 그동안 엄마는 가까이하기에 너무 먼 완벽한 모습이었는데, 이제는 훨씬 친근감 있는 인간적인 모습이라서 좋다고 전했다. 그런 이야기를 들으니 어떤 느낌이 들었냐고 다시 물었다.

"모르겠어요. 그동안 나는 내가 아니었던 것 같아요. 내가 너무 나 자신을 몰아붙였다고 해야 하나? 이제는 정말 진짜 나 자신으로 돌아온 느낌이에요."

정답이다. 힐링은 바로 가장 자연스러운 나 자신으로 돌아오는 것이다. 바깥 세상에 대한 지나친 두려움을 가지고 억지로 꾸미고, 뭔가를 숨기는 마음속 시스템의 부자연스러움을 바로잡아 가는 게 치유의 과정이다. 온건과 감정들을 찾아내면 충분히 인정하고, 다시 숨지 않게 자꾸 밖으로 표현해야 한다. 그래야 내면세계도 새로운 변화를 감지한다.

소외된 감정들을 불러내며
치유를 시작하자

가장 먼저 내 마음속 시스템 구석에 유배된 온건파 감정들을 스스로 잠시 느껴 볼 수 있으면 좋다. 하지만 온건파 감정들을 보호하려는 생각이나 다른 강경파 감정들이 잔뜩 긴장하고 있을 테니, 이들을 먼저 안심시키는 게 우선이다.

"내 안에 있는 숨겨진 감정을 느끼면 내가 너무 힘들어질까 봐 불안해하는 것을 잘 알아. 하지만 너무 힘들면 그때 나서서 도와주고, 잠시만 물러서서 내가 그 감정들을 잠시 느낄 수 있도록 지켜봐 줘. 부탁해."

강경파 감정들은 내 안에 숨겨진 취약한 감정들을 느끼게 되면 큰일이라도 날 줄 알고 불안해한다. 이상하겠지만 내 안에서 나를 지켜준 강경파 감정들이 놀라지 않게, 그저 불안을 잠시만 내려놓아 달라고 부탁해 보자. 눈을 감고 조용히 내 안에 있는 가슴떨림이나 분노 같은 강경파 감정들과 먼저 대화를 나누는 게 중요하다. 마음이 안정되면 아래의 마음들이 혹시나 내 안에 숨겨져 있는지 느껴 보자.

1. "가끔 외롭고 서러울 때가 있어. 부모님도 다른 사람들도 날 썩

좋아하지 않아."

2. "나는 중요한 사람이 아니야. 조금만 잘못하면 사람들이 모두 날 떠나갈 거야."

3. "난 인간도 아니야. 내가 짐승같이 매나 맞고 살았다는 걸 사람들이 알면 어쩌지?"

4. "내 모습은 형편없이 비참해. 내 진짜 모습을 보면 모두 실망할 거야."

5. "난 아무것도 할 수 없어. 내가 무엇을 해도 세상은 나를 인정해 주지 않아."

내 안에서 이러한 마음이 느껴지면 갑자기 숨이 막힐 듯 답답함이 느껴지기도 하고, 때로는 눈물이 뺨 위로 흘러내리기도 한다. 갑자기 불안감이 엄습하여 눈을 번쩍 뜨게 되기도 한다. 이런 상황들은 모두 온건파 감정들이 들썩거리자 이를 방어하던 다른 감정들이 따라 움직이는 순간이다.

너무 무리하게 마음속 시스템을 불안하게 해서는 안 된다. 하지만 온건파 감정들의 이름만이라도 불러 보라. 외로움, 서러움, 버려진 느낌, 수치심, 부적절감, 모멸감, 무력감 등등 때로는 그 감정의 이름을 불러 주는 것만으로 충분하다.

"내 안에 그런 외로움이 있었구나."

"내 안에 있는 창피함, 수치심 그동안 몰라줘서 미안해."

"늘 부족하다고 느끼는 부적절감, 무력감이 그동안 그렇게 숨어 있었구나."

나부터 그런 온건파 감정들을 알아주고 불러 주고 인정해 주는 일은 매우 중요하다. 그런 일이 가능해지면 이들을 철저하게 방어하고 보호하려고 했던 강경파 감정이나 매니저가 불안을 조금이라도 내려놓을 수 있기 때문이다. 다음에는 이러한 온건파 감정들을 누군가에게 표현하게 되고, 그 상대방이 온건파 감정을 받아준다면 더욱 안전감을 느끼게 된다. 그런 대상을 찾아보자. 가족이나 친한 친구라면 좋다. 정 없으면 심리상담 전문가를 찾는 것도 나쁘지 않다.

"나 그동안 많이 외로웠어."

"사실 나는 내 자신이 너무 창피해."

"난 아무에게도 인정받을 수 없을까 봐 정말 무서웠어. 그래서 아무것도 할 수 없었어."

이때 상대방은 절대 그렇지 않다고 부인하거나 그런 말을 하지 말라고 제어하는 역할이 아니다. 그냥 그대로 듣고 느껴 주면 된다. 아니, 그대로 수용하고 함께 느껴 주어야 힘이 난다. 여러 번 강조했던 공감의 힘이다.

"정말 몰랐네. 네게 그런 느낌이 있었구나. 몰라줘서 미안해. 이제 네가 얼마나 외로웠을지 충분히 느껴져."

곁에서 이렇게 말해주면서 언제든 취약한 마음속 시스템의 약자, 온건파 감정들을 충분히 받아줄 대상이 있는 사람은 행복하다. 보통 그런 사람은 자신도 주위 사람의 온건파 감정들을 함께 느낄 줄 아는 사람이 된다. 가족끼리, 친구끼리 이루어지는 상호 공감은 결국 행복한 가정과 살기 좋은 바깥 세상을 만드는 지름길이다.

CHAPTER 14

모든 감정이 나를 위해
존재함을 깨닫는 연습

분노만이 나를
보호해 준다고 느낄 때

상담에서 만난 이들 중 어린 시절 집단 따돌림을 심하게 당한 사람들은 자신이 겪은 사건을 통째로 잊으려는 경향을 보인다. 마음속 시스템의 원리로 보면 그 이유는 당연하다. 그래야 그 경험의 주인공이 위험한 감정으로부터 안전하다고 믿기 때문이다. 그래서 사건 이후로 친구를 사귀지 않고 혼자서 지내며, 사람이 많은 곳에만 가도 힘겨워하는 경우가 종종 발생한다. 이들은 그렇게 친구를 볼 때마다 왠지 모를 불안감을 느끼고 혼자서 우울감에 빠지게 된다. 그 순간 불안과 우울은 나쁜 감정으로 매도되고, 제거해야 할 치료의 대상으로 전락한다. 가정폭력의 피해자들도 비슷한 경험을 한다. 당시 기억을 떠올리기 힘들어하는 경우가 많을뿐더러, 대부분 자신이 겪었던 감정적 경험을 누구와도 깊이 나누어 본 적이 없다.

1998년 한 가정폭력 사건이 온 국민을 경악하게 했다. 그 사건은 국내에서 처음으로 아동학대 문제가 본격적으로 수면 위에 오르는 계기가 되었다. 일명 '영훈이(가명) 남매' 사건이다. 남매의 친아버지와 의붓어머니는 지속된 굶주림과 학대로 숨을 거둔 딸을 앞마당에 몰래 묻었다. 당시 여섯 살이었던 남동생은 극도의 영양결핍 상태로 발견되었을

뿐 아니라, 아이의 멍든 몸은 극심한 가정폭력의 흔적으로 가득했다. 발등은 쇠젓가락 등으로 찔린 상처투성이였고, 등에는 다리미로 지진 자국마저 발견되었다. 결국 이 사건의 영향으로 2000년 국내에서 처음으로 학대받는 아동을 부모로부터 격리하라는 내용을 담은 아동복지법 개정이 이루어졌다.

부모로부터 격리된 영훈이는 어떻게 되었을까? 사건 보도 11년 뒤인 2009년 한 일간지는 영훈이의 근황을 추적하여 보도한 적이 있다. 영훈이는 한 달간 병원에서 치료를 받은 후 한 젊은 부부의 가정에 위탁되었다. 하지만 아이는 그때부터 엄청나게 난폭해졌다. 어린이집 적응도 불가능했고 친구들도 사귈 수가 없었다. 안타깝게도 젊은 부부는 영훈이를 감당하지 못하고 파양하고 말았다. 1년 후 영훈이는 한 중년 부부의 가정에 재위탁되었다. 그러나 역시 1년여 만에 '스트레스와 그로 인한 폭력'을 이유로 재위탁가정에서 나와야만 했다. 이후 결국 영훈이는 가정이 아닌 한 쉼터에 머무르게 되었다. 다행히 쉼터에는 심리상담사들이 있어 심리치료를 통해 영훈이를 돕고자 했다.

지속되는 심리치료에도 영훈이는 좀처럼 자신의 속에 든 감정을 쉽게 드러내지 않았다. 이유가 뭘까? 영훈이가 유일하게 표현하는 감정은 강경파인 '분노'였다. 바로 이 분노가 영훈이의 모든 감정을 감싸 안고 보호하려고 했던 건 아닐까? 아마도 영훈이의 분노 감정은, 마음속 시스템 안에 너무도 취약한 감정들이 있어서 그것들이 세상 밖에 나오는 순간 다시 무서운 일이 일어날 거라고 두려워했을지도 모른다. 영훈이의 마음속 시스템에서는 분노가 중요한 보호자 역할을 하고 있다. 그래서 겉으로 보이는 난폭성만 가지고 영훈이의 속마음을 판단할 수 없는 노릇이다. 분노가 그렇게 설치지 않았더라면, 영훈이는 견디기 힘든 공포, 누나를 잃은 슬픔, 부모에게 버려진 느낌 등의 감정을 혼자서 주체하지 못하고 벌써 무너져 버렸을지도 모른다. 분노 감정은 영훈이를 겉으로는 공포나 슬픔 따위는 전혀 느끼지 않는, 꽤 강하고 거친 아이로 보이도록 하기에 충분했다.

억눌린 감정 해방은 트라우마 치료의 첫걸음

영훈이 같은 가정폭력 피해자들의 내면 시스템은 웬만하면 풀리지 않는 매우 강력한 자동회로를 가동시킨다. 모든 트라우마 피해자는 죽음의 공포, 즉 자신의 생존과 밀접하게 관련 있는 감정을 경험하기 때문이다. 죽음의 공포를 경험하면 일단 마음속 시스템을 가동시키는 인간의 뇌에서는 비상사태를 선포하여 긴장 상태를 최고도로 유지한다. 비상사태가 선포되면 정상적인 생활은 불가능해진다. 이때 내부에서 유일하게 느낄 수 있도록 허용되는 감정은 '불안'뿐이다. 외부를 향해서는 치밀한 경계심과 공격성만 남는다.

한번 비상사태가 선포되면 평화가 찾아왔다고 아무리 말해도 소용없다. 인간의 논리적인 사고 기능을 관장하는 대뇌피질이 제 구실을 못하기 때문이다. 대뇌피질은 생존을 위한 감정 경험과 밀접하게 연관된 변연계^{limbic system} 라는 중뇌 시스템을 감싸고 있다. 뇌 기능을 연구하는 신경학자들은 변연계가 대뇌피질보다 훨씬 먼저 진화되었다고 믿는다. 그래서 생존의 위험을 느끼는 비상사태 때는 변연계가 대뇌피질보다 먼저 발동을 건다고 말한다. 뇌신경학자들은 대뇌피질보다 훨씬 먼저 진화한 변연계가, 인류의 조상으로 추측되는 원시인들이나 포유류 동물에게 절실했던 감정 시스템을 자연스레 발달시켜 왔다고 진단한다.

밀림이나 대지 위의 포유류나 원시인들에게 가장 중요한 감정은 무엇일까? 다름 아닌 외부 위협에 대한 두려움이다. 두려움과 불안을 느끼지 못하면 그날로 맹수의 먹이가 될 위험이 크다. 수풀이 스치는 소리, 동물의 발걸음 소리에 온 신경을 기울이며 민감하게 반응하는 불안이야말로 생존을 위한 필수 감정이다. 변연계에 비상사태가 선포되면 생존을 위한 불안감, 비상시에 사용할 공격성과 분노만 전면에 나선다. 나머지 모든 감정은 무조건 가택연금 된다. 게다가 혹시라도 이들이 밖으로 나올까 불안해하는 관리자가 철저히 보초를 선다. "아무에게도, 어떤 말도 하지 마! 아무도 믿으면 안 돼!"

포유류의 변연계는 맹수를 만나면 두 가지 행동 반응을 보이도록 진화되었다. 하나는 줄행랑을 치는 것^{flight} 이고, 도저히 도망갈 틈이 없다면 목숨을 걸고 공격하는 것^{fight} 이다. 영훈이는 '누나'라는 단어를 꺼내는 데만 자그마치 8년이 걸렸다고 했다. 누군가가 접근하여 누나 생각이 나게 할 것 같으면, 곧바로 분노 감정이라는 119 구급대를 출동시켜 대화 분위기를 난장판으로 만들었다. 영훈이의 분노와 충동적인 행동은 바로 이 아이의 변연계가 공격 반응을 선택했단 신호다. 그렇다면 이런 사람들에게 상담사는 자신을 해치는 가해자가 아닌 친구요, 동반자라는 느낌을 주기 위해서는 무엇이 가장 중요할까? 먼저 불안과 분노 감정에 나쁜 꼬리표를 달지 말아야 한다. "이제 아빠도 없는데, 뭐가 그렇게 불안해서 그래? 그렇게 화만 내면 친구들이, 사람들이 너를 싫어해. 결국 양부모들도 다 떠나갔잖아." 이런 말은 마음속 시스템을 다시 극도의 불안으로 몰아갈 수밖에 없다. 심리상담사가 내담자의 강경파 감정들이 통제되지 않는다고 불안을 느끼는 순간 치료는 보나마나 실패로 끝난다.

트라우마를 집중적으로 다루려면 심리상담사는 내담자의 불안과 분노 감정이 숨기고 보호하는 온건파 감정을 궁금해해야 한다. 연민과 공감의 마음을 품으면서 내면 시스템을 이해하려고 시도하는 것이 중요하다는 얘기다. 마음속 시스템의 보호자 역할을 자임해 온 불안감과 분노부터 함께 느끼고 충분히 인정해 주는 시간이 필요하다. 그래야 마음속 시스템의 자동회로 방향과 상담자의 진행 태도가 긍정적인 궤를 공유할 수 있다.

"다른 감정이 느껴지면 네게 큰일이 날 줄 알고 네 마음속의 불안감이 그동안 얼마나 고생했는지 몰라. 그리고 분노 감정도 그동안 너를 지키기 위해서 불철주야 애써온 거야. 이제 잠시 쉬어도 된다고 말해 주자. 그동안 참 고마웠다는 이야기도 해주고."

영훈이는 쉼터에 들어온 지 3년이 지난 열한 살 때 처음으로 상담사에게 자신의 아픈 기억에 대해 입을 열었다. 이런 일은 마음속 시스템 안에 가득 차 있는 불안을 잠시 내려놓고 상담사를 동반자로 여기지 않았다면 영영 불가능할 수도 있었다.

"아버지가 옷을 들추고 내 등에 다리미를 갖다 댔어요. 진짜 타 죽는 줄 알았어요!"

영훈이가 내면 시스템 안에 가택연금 상태로 유배해 놓았던 극도의 공포감을 처음으로 표현해내는 순간이다. 다시 2년이 지나서야 처음으로 누나에 대해 그동안 숨겨온 감정을 표현하기 시작했다.

"누나가 먹을 것도 몰래 가져다주고 해서 참 고마웠는데, 누나를 지켜주지 못해 너무 미안해요."

영훈이의 눈에는 뜨거운 눈물이 흘렀다. 열세 살 영훈이의 내면에는 아직도 누나를 대신 죽게 했다는 죄책감에 빠진 여섯 살 불쌍한 아이가 있었다. 이 아이의 어깨에는 어마어마한 짐이 얹혀 있다. 누나의 죽음도, 가족이 뿔뿔이 흩어진 것도 자신의 잘못인 양 아이는 마음속 시스템 가장 구석진 자리에서 숨죽이면서 살아왔다. 이 유배된 아이의 짐을 덜어 주는 일이 트라우마 집중 심리상담의 핵심이다.

그날 이후 마음속에 유배되었던 여섯 살의 영훈이는 심리상담을 통해 다시 어렵게 세상으로 나왔다. 누나 이야기를 시작한 그해에 영훈이의 심리 상태는 거짓말처럼 안정되기 시작했다. 유배되었던 감정들인 공포감, 버려진 느낌, 죄책감 등이 모두 가택연금에서 풀려난 이후의 일이다. 물론 영훈이는 일생 동안 남들보다 더 많은 불안을 경험하게 될지도 모른다. 하지만 우울증 약을 챙겨 먹는 것만으로는 영훈이의 마음속 시스템이 평화를 되찾을 수 없다. 불안한 마음속 관리자와 분노 감정이 무조건 숨기고 보호하려고 했던 다른 감정들을, 누군가와 지속적으로 공유하고 함께 나누어야 한다.

2009년 영훈이의 근황 소식이 일간지에 소개됐다. 기사는 영훈이가 드럼을 좋아하고 여자 친구도 생겼다는 희망의 여운을 전했다. 그때부터 여자 친구와 주변의 친구, 이웃들의 역할이 참 중요하다. 영훈이의 불안이 또 다시 온건파 감정들을 마음 한구석에 유배하지 않아도 되도록 안전감을 주어야 한다. 안전감을 주는 대상과 함께라면 펑펑 울 수도 있어야 한다. 무엇보다 누나의 죽음을 솔직하게 애도하는 일이야말로 가장 바람직한 내면의 평화를 구축하는 방법이다.

마음속 가장 깊은 곳의 유배자, 유기불안

트라우마 경험 이후 생긴 유배자 감정들은 모든 책임을 떠안은 채 감금된 상태로 살아가는 내면 시스템에서 가장 힘없는 소인격체다. 온갖 취약해 보이는 온건파 감정들을 모두 다 품은 채, 연금 상태로 갇혀 있다. 처절한 공포감, 거절당한 느낌, 버려진 느낌 등은 유배자를 한없이 보잘것없고 수치스러운 모습으로 위축시킨다.

여기서 트라우마 집중 심리상담의 원리를 약간만 소개해 보자. 가장 안전한 내면 환경을 만들고 난 뒤, 마음속에 유배된 내면의 아이를 천천히 만나도록 하는 게 최우선이다. 눈을 감고 그 아이를 바라보고 느껴 본다. 그리고 그간 아이가 짊어져 왔던 무거운 짐을 충분히 느끼고 공감해 준다. 그 짐을 덜기 위해 아이가 원하는 바가 있는지 묻는다. 원하는 바가 없을 수도 있다. 그때 상담사는 "너는 잘못이 하나도 없으니, 이제 그 짐을 내려놓아도 돼."라고 조용히 설득한다. 때로는 짐을 불에 태워서 가볍게 하기도 하고, 종교를 가진 이들에게는 자신이 믿는 신이나 예수가 그 짐을 덜어 내도록 상상하게 한다. 마지막으로 그 아이를 꼭 안아 주며 "넌 괜찮아. 이제 아무 일도 없을 거야!"라고 속삭이게 한다.

이때쯤이면 대개 내담자는 뜨거운 눈물을 쏟아 낸다. 단순히 슬퍼서가 아니다. 마음속 시스템에 전에 없던 안전감이 확보되는 순간이요, 잃어버린 것들에 대한 애도가 시작되는 신호이다. 이렇게 유배되었던 내가 다시 내 안에 수용될 때 느끼는 공감의 눈물은 치유의 절정으로 이끄는 힘이 된다. 지금까지 '울면 지는 거야. 강한 척, 센 척해야 해!'라고 불안에 휩싸인 채 모질게 내담자를 관리해 온 매니저들도 새로운 경험을 하게 마련이다. 다시 받아들여지는 경험 안에서 비로소, 온건파 감정들을 밖에 나오지 못하게 방어하려고만 했던 그 황소 같은 고집을 꺾게 된다.

신체적인 죽음의 공포와 가족 시스템 내에서 부모에게 버려지는 두려움은 매우 유사한 방식으로 생존을 위한 자동회로를 만들어 낸다. 전자가 생물학적 생존을 위해서라면 후자는 사회적 생존을 위해서다. 어린 시절 매일매일 부모의 싸움을 지켜보는 일, 부모가 별거하거나 이혼 위기에 처한 경험, 혹은 부모의 오랜 병환으로 조부모와 함께 살았던 기억 등은 자신에게 닥친 정서적이고 관계적인 죽음을 목도하는 경험이다. 결국 아이가 느끼는 버려짐의 기억, 즉 가족 시스템 내에서의 '유기불안'은 아이에게 자신의 정체성이나 자격조건entitlement을 비하할 수밖에 없도록 만든다. 이는 스스로를 태어나지 말았어야 할 아이, 부모를 절대로 만족시킬 수 없는 아이, 누구에게도 사랑받을 수 없는 아이로 여기게 한다. 그런 모습은 너무도 초라하고 비참해서 마음속 시스템 안의 구석으로 유배하는 것이 상책이다.

가정폭력이나 학교폭력 같은 신체적 트라우마를 경험한 아이들은 점차 공격성을 무기로 '걸어다니는 시한폭탄walking time-bomb'처럼 변해 가는 생존 전략을 쓰는 경우가 많다. 반면에 부모에게 버려지는 불안인 '애착attachment' 트라우마를 경험한 아이는 자기주장을 하지 못하고 무조건 희생하는 착한 아이로 살아가는 생존 전략을 쓰는 경향이 많다. 이 아이들은 부모에게 한번 쓴맛을 본 경험을 발판으로 마음에 혹독한 매니저를 발동시킨다. '너, 다른 사람한테라도 인정받고 살려면 잘해야 해. 무조건 양보하고 내 생각을 주장하면 안 돼! 그렇지 않으면 다시 버려지는 경험을 하게 될지도 몰라.'

미국의 가족치료사 버지니아 사티어Virginia Satir는 이런 생존 전략을 사용하는 이들에게 '사람들을 기쁘게 해줄 목적으로 사는 이people pleaser'라는 별명을 붙이기도 했다. 이런 사람들은 때론 자라서 다른 사람을 돕는 직업을 선택하기도 한다. 예컨대 간호사나 사회복지사가 이들을 편안하게 하는 직종이다. 이들의 문제는 다른 사람들의 요구나 필요를 충족하는 데 관심이 있을 뿐, 자신의 욕구나 내면의 감정은 전혀 느끼지 못한다는 데 있다. 다른 사람들을 만족시킬 수 있다면 오래전 마음속 시스템에 유배시킨 감정을 안전하게 가둬 둘 수 있기 때문이다. 사람들이 즐거워하고 나를 좋아해 주면 그들이 자신을 버릴지도 모른다는 그 무시무시한 두려움은 어느 정도 잊게 된다. 두려움만 잊는다면 자신의 희생쯤은 얼마든지 감수할 수 있다.

아무런 조건 없는 인정과 공감의 힘

2016년 수지 해밀턴 Suzy Hamilton 이라는 미국 스타 육상선수의 충격적인 고백이 보도된 적 있다. 그녀는 조울증으로 인해 하루아침에 스타 선수에서 성매매 여성으로 전락한 믿기 힘든 이야기의 주인공이었다. 해밀턴은 불안과 식이장애 등으로 어린 시절부터 끊임없이 자살 충동을 느꼈다. 정신 병력이 있던 남동생은 그만 스스로 목숨을 끊었다. 무슨 연유에서인지 그녀는 스스로 충분히 사랑받을 만한 존재라고 여기지 못하고 살았던 게 분명하다. 누가 보아도 뛰어난 미모를 지닌 그녀였지만 내면의 자화상은 한없이 초라하고 부끄러운 모습이었던 것이다.

왜 해밀턴은 화려한 이력을 버리고 한순간에 라스베이거스의 콜걸로 전락하고 말았을까? 그녀는 언론의 주목을 한 몸에 받았던 미국의 국가대표 선수였지만, 큰 경기에는 유난히 약했다. 2000년 시드니 올림픽 1500미터 결승에서는 50미터를 앞두고 일부러 넘어졌다. 메달을 못 딸 것이 확실했기 때문이다. 각종 정신 병력과 남동생의 자살로 고통받는 가족을 위로하기 위해 출전한 경기였지만, 해밀턴은 가족으로부터 버림받을지 모른다는 두려움을 마음 깊이 숨기고 있었던 것이다. 그래서 실력이 모자라 메달을 따지 못하는 자신의 모습을 가족들에게 보여줄 수는 없었다. 오히려 가족들이 자신의 실수를 안타까워해 주기를 바랐는지도 모른다.

해밀턴은 결혼생활도 평탄치 못했다. 선수 생활을 접고 결혼한 그녀는 아이를 낳은 후 산후우울증을 겪었다. 끝도 없는 자살 충동이 이어졌다. 그녀가 오랫동안 유배시켜 왔던 부적절감이 심하게 들썩거렸을 수도 있다. 선수로서뿐 아니라 아내로서도 혹은 엄마로서도 늘 부족하고 충분치 않다고 느껴져 그녀를 무기력하게 만들었다.

　　결국 해밀턴은 어느 날 성적 유혹에 빠져든다. 남성들을 유혹하고 그들을 만족시키고 즐겁게 하는 일은 어쩌면 그녀가 부적절감과 버려짐의 느낌을 철저하게 봉쇄할 수 있는 최선의 방어 전략이었을지도 모른다. 주위에는 그녀와 하룻밤을 지내고 싶어 하는 이들로 넘쳐났고, 그녀 스스로도 뭇 남성들에게 충분히 필요한 사람으로 느껴졌다. 바로 이것이 남편과 아이마저 팽개치고 전문적인 성매매에 뛰어들게 된 진짜 이유다. 남들 눈에는 해밀턴이 막장 인생을 사는 것처럼 보일지라도 마음속 시스템으로 볼 때, 어쩌면 오랫동안 유배시킨 초라한 여자아이를 안전하게 지켜내기 위한 가장 확실한 방법을 찾은 셈이다.

　　그러던 해밀턴이 다시금 심리상담을 받기 시작했을 때 놀라운 일이 일어났다. 늘 버려질까 두려워했던 그녀가 먼저 등지고 떠났던 남편과 가족들이, 놀랍게도 아무런 조건 없이 그녀를 다시 사랑하는 가족의 일원으로 흔쾌히 받아 줬다는 것이다. 그 후 그녀의 내면 안에 철저하게 유배되었던 아이는 어떻게 변화했을까? 유배되었던 아이는 더는 버려질지도 모른다는 두려움을 가질 필요가 없어졌다. 이전 마음속 시스템에서 가장 취약했던 그 온건파 감정이 건드려질 때마다 출동하던 구원군 두 가지가 바로 자살 충동과 성매매였다. 이제 그 소방관들이 긴박했던 방어 작전을 끝마칠 만한 중요한 변화가 일어난 것이다. 전직 육상선수의 마지막 고백이 인상적이다. 해밀턴은 "성매매는 분명 후회하지만 결코 나 자신이 부끄럽지는 않다."라는 의미심장한 고백을 했다. 수치심과 부적절감으로 가득 찬 내면의 아이가 그 무거운 짐을 벗어 버렸기 때문에 가능한 고백이 아니었을까?

나의 모든 감정은
나를 위해 존재한다

우리 내면에도 깊이 유배된 우리 자신의 부적절한 모습과 연관된 감정들이 숨겨져 있다. 주변 사람들이 우리를 받아들이고 귀한 존재로 여겨준다면 가장 행복한 일이다. 하지만 그게 아니라면 우리 스스로 내면에서 유배된, 꽁꽁 얼어붙은 모습을 찾아내 먼저 안아주어야 한다. 그러면 내면세계에도 봄이 찾아온다.

우리가 어떤 기억이나 느낌을 유배할 수밖에 없는 이유는 너무도 명백하다. 내면 시스템은 늘 우리를 지나치게 염려해 외부의 공포로부터 안전하게 유지하려고 애쓰기 때문이다. 하지만 어떤 기억이 오래 숨겨져 있으면 자신뿐 아니라 주변 사람이 모두 불편해지고, 때로는 그 짐이 너무 가혹하다. 심리상담 전문가의 도움을 받기 전에는 내 안에 얼마나 많은 감정과 기억들이 유배되어 있는지 모를 수 있다. 혹시 아래와 같은 느낌이나 마음에 자꾸 빠져든다면 그 감정은 어딘가 모르게 유배된 기억과 연결되었을 가능성이 크다.

1. 스스로 외모와 능력이 부족하다고 느끼는 마음
2. 자신의 존재는 중요하지 않고, 쓸모없다고 믿는 마음

3. 무슨 일을 해도 남들이 비웃을 것 같은 막연한 느낌

4. 나는 애초에 태어날 필요가 없었다고 믿는 생각

5. 내 모습을 그대로 보이면 사람들이 모두 떠날 것 같은 느낌

이제 하루에 한 번씩 다음과 같은 주문을 외워 보자. 온몸이 편안한 상태로 누워서 하면 제일 좋다. 내 안에 과거 '나의 한 모습'이 유배되어 있다고 상상하고, 내 안에 있는 나에게 말을 건네 보자. "넌 분명한 이유가 있어서 이 세상에 온 존재야. 내가 너를 안아 줄게. 외로움도 슬픔도 수치심도 나랑 같이 나누자! 나는 너를 내 안에 더이상 버려 두지 않을 거야!"

앞서 소개한 코칭 전략인, 우리 마음속 시스템을 철저하게 관리해 왔던 매니저를 먼저 인정하고 그들의 불안을 잠시 내려놓게 하면 좀 더 쉽게 유배된 기억을 발견할 수 있다. 그동안 전혀 기억하지 못했던 뼈아픈 기억이 갑자기 생각나기도 한다. 그럴 때는 놀라지 말고 그냥 생각나는 그대로 기억을 바라보라. 눈물이 흐를 수도 있다. 좋은 징조다. 부모에게 모진 비난을 받았던 그때 그 아이, 아빠에게 매를 맞아 얼음처럼 굳어버린 그 아이, 한 명도 아는 척해 주지 않아 학교에서 유령처럼 존재해야 했던 그 아이, 그 아이가 보이면 그대로 맞아주어라. 이때 내가 그 아이를 그저 꼭 안아 주는 상상만 해도 미세한 신경 세포까지 모두 떨리는 듯한 뜨거운 공감과 공명을 경험하게 된다.

이제 천천히 그 아이의 무거운 짐을 느껴 보자. 그 어마어마한 무게

의 짐을 느끼고 나면, 그 앞에 모닥불을 피우고 재가 될 때까지 그 짐을 모두 태워 버리자. 그 아이의 표정이 가벼워지는 걸 목격하게 될지도 모른다. 그 아이는 이제 더는 내 안에 꼭꼭 숨어 가택연금 상태로 지낼 필요가 없다. 그때야 비로소 그 기억은 변연계의 기억저장소인 해마hippocampus에 다시 기억해도 괜찮은 기억으로 편입된다. 큰 상처와 충격 때문에 오래전 내면 구석으로 유배한 기억과 그 기억 안에 있는 또 다른 나는 내가 꼭 다시 만나고 품어야 할 대상임을 잊지 말자. 혼자서는 힘들 수도 있다. 필요하면 심리상담 전문가의 도움을 받아보는 것도 좋다. 누구든지 유배한 부분과 이를 방어하려는 강경파들이 지나치면 마음속 시스템의 과부하를 막을 수 없다.

나는 그간 심리상담을 통해 오랫동안 유배해 놓았던 자신과 만나는 수많은 내담자를 목격해 왔다. 내담자들이 표현하는 이러한 만남의 감격은 설명할 수 없을 정도로 크고 오묘하다. 그들의 고백 중 공통점은 "자기 안에 있는 모든 생각이나 감정, 욕구나 감각들이 지금껏 모두 자신을 위해 존재했었다"라는 점을 깨달았다는 것이다. 창피했던 기억, 무력했던 내 모습도 모두 나의 일부분이고, 이것을 받아들이는 일이 내가 버림받거나 비난받을 일이 아니라는 사실을 아는 것이 바로 힐링의 완성이다.

나쁜 감정에 흔들릴 때 읽는 책

초판 1쇄 발행 2024년 2월 26일
초판 3쇄 발행 2024년 7월 26일

지은이 • 권수영

펴낸이 • 박선경
기획/편집 • 이유나, 지혜빈, 김선우
홍보/마케팅 • 박언경, 황예린, 서민서
표지 디자인 • 어나더페이퍼
디자인 제작 • 디자인원(031-941-0991)

펴낸곳 • 도서출판 갈매나무
출판등록 • 2006년 7월 27일 제395-2006-000092호
주소 • 경기도 고양시 일산동구 호수로 358-39 (백석동, 동문타워 I) 808호
전화 • 031)967-5596
팩스 • 031)967-5597
블로그 • blog.naver.com/kevinmanse
이메일 • kevinmanse@naver.com
페이스북 • www.facebook.com/galmaenamu
인스타그램 • www.instagram.com/galmaenamu.pub

ISBN 979-11-91842-64-7/03180
값 18,500원